FRAGMENT UNIVERSITY

藤原ヒロシの特殊講義

非言語マーケティング

FRAGMENT UNIVERSITY　背景と経緯

１９９５年夏、集英社の男性ファッション誌『メンズノンノ』にて、連載企画「藤原ヒロシの〝ア・リトル・ノーレッジ〟」がスタートした。以後、約11年間、全１２８回にわたって紹介し続けた、藤原ヒロシが買ったもの、欲しいもの、出会う人、訪れた場所、気になる音楽は、ファッションの枠を超えて支持され、90年代に裏原宿という世界を見渡しても無二の文化を築き、社会現象にもなった。21世紀に入ると、若者に対する圧倒的ともいえる求心力、カリスマ性を知ったナイキ、バートン、リーバイスといったグローバルブランドが外部コンサルタントとして招聘し、企業側も大きな改革や成功を手にした。そして現在はルイ・ヴィトン、モンクレール、フェンディ、ブルガリといった名立たるヨーロッパのラグジュアリーブランドが協業を積極的にもちかけている。

なぜ藤原ヒロシにまつわるすべてが世の中に多大な影響を与え、ブランドやメーカーも信頼を寄せるのか。氏のつくり上げたヒットやムーブメントの数々は知られていても、その裏側にある知性、アイデアのつくり方や育て方、人脈や、コミュニケーションのスタイルについては語られていない。なぜなら氏は言語化を最も苦手とするクリエイターであり、それゆえのミステリアスな部分に周囲も魅了されていたからである。

しかし藤原ヒロシという存在によって〝ストリート〟という曖昧な言葉に意味が定義づけられ、〝コラボレーション〟や〝別注〟などそれまでになかった言葉が世の中に浸透した。そこで、氏の仕事には本人も意図しない〝マーケティング〟が介在しているのではないか、という仮説のもと、歩んできた歴史や数々の仕事の事例を抽出。それらを学術的に言語化するというプロジェクトが、集英社の男性ファッション誌『ウオモ』編集部、博報堂、編集プロダクション・マヌスクリプトの3社合同でスタートした。

関係各所への取材や情報収集、そして氏とのたび重なるミーティングを経て〝架空の大学〟というコンセプトのもとに体系化した「藤原ヒロシの特殊講義 非言語マーケティング」は、2023年7月に受講希望者を募り、東京大学伊藤国際学術研究センターでオープンキャンパスを実施。600人を超える応募者の中から厳正な事前選考の結果選ばれた58人の生徒とともに、同年10月から2024年3月にかけて、対面による全8回の講義を行った。本書はその内容をもとに、構成を改めたうえで加筆、修正を加えながら、一冊の講義録としてまとめたものである。

＊記載された内容の事実関係や登場人物に関する説明は、すべて講義開催時のものです。

FRAGMENT
UNIVERSITY

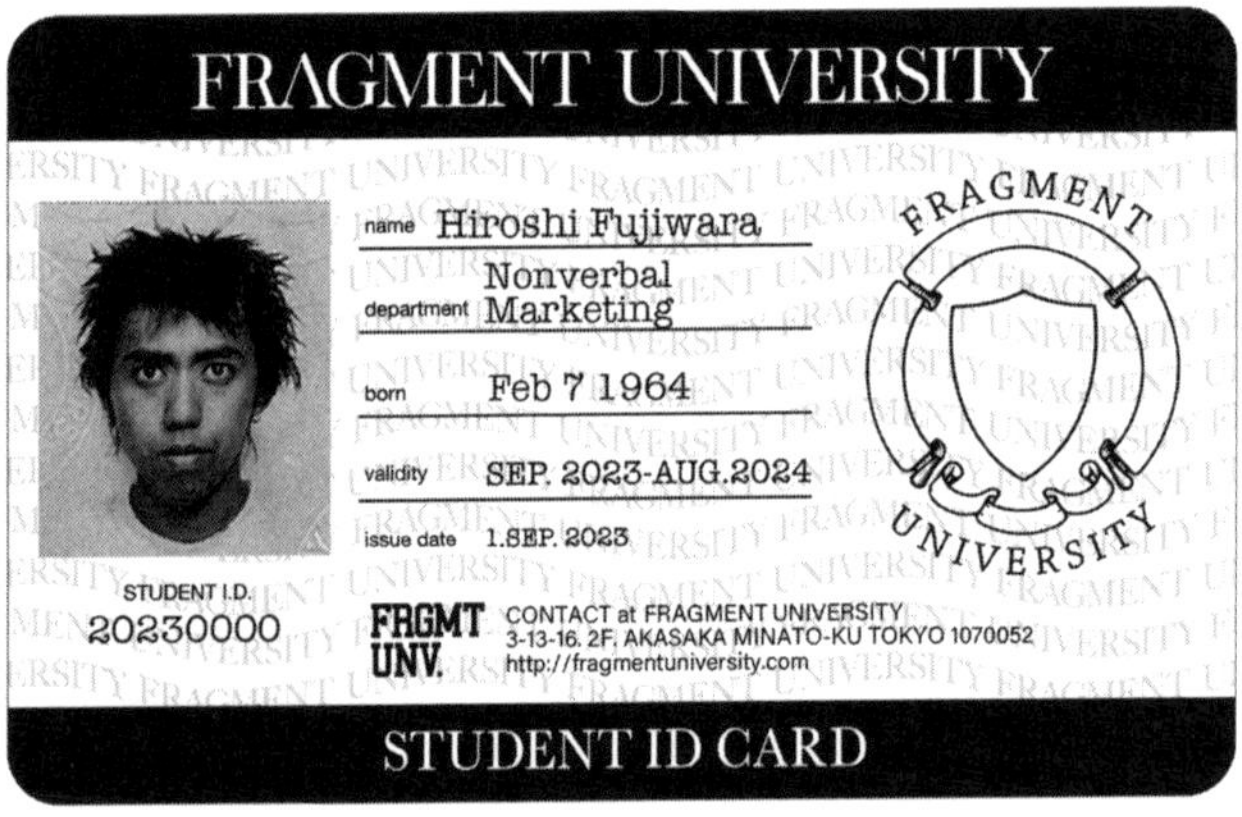
FRAGMENT UNIVERSITY
name Hiroshi Fujiwara
department Nonverbal Marketing
born Feb 7 1964
validity SEP. 2023-AUG.2024
issue date 1.SEP. 2023
FRAGMENT UNIVERSITY
STUDENT I.D.
20230000
FRGMT UNV.
CONTACT at FRAGMENT UNIVERSITY
3-13-16. 2F. AKASAKA MINATO-KU TOKYO 1070052
http://fragmentuniversity.com
STUDENT ID CARD

DAY1
CULTURAL ANTHRO-POLOGY
文化人類学
―遊学史―

1980年代に過ごしたロンドンやニューヨークといった
海外での経験、カルチャーとの邂逅を振り返り、
すべてのクリエイティブの根源となる
「パンクとDJの精神」を解き明かします。

2023.10.11 WED. 19:00–20:30
博報堂　東京都港区赤坂

登場人物：藤原ヒロシ、皆川壮一郎

藤原　さて今日、DAY1は「文化人類学―遊学史―」を勉強していきたいと思います。文化人類学というものについてはあまり知らなかったんですけれど、この授業をやるにあたって、スタッフも僕もいろいろ調べて、わりと面白いことがわかってきました。

まず文化人類学とは何か。それは異文化との出会いが重要な出発点であり、世界の文化から特性や相互関係を調査すること。それこそ今はインターネットが発達して、こういうことはすぐにウェブから情報として取り出せるんですけど、70年代、80年代、90年代までは、実際の場所に行かなきゃいけなかったり、特殊な雑誌を買って情報を得るとかしないとなかなかできなかったんですね。だから、おそらく90年代まではいわゆる万博的なものもすごく効果があった。特に1970年の大阪万博なんかは、まさに日本人にとって異文化との出会いだったと思います。

フィールドワークを通じて、人類の文化の共通性、異質性、多様性を知る学問。当たり前のことではなく、特定の事実についてのドキュメンタリー的なことが重要なのかもしれません。大切なのは日常の中の「変」を見つけること。普通のことについては、いろいろなところで情報を得ることができますが、訪れる場所、場所で出会った不思議な現象やカルチャーを楽しむことが文化人類学のいちばんの醍醐味とされています。そこで、僕が初めて出会った「違和感」とか変なもの、それについて少しお話ししたいと思います。

パンクの奇跡

チャプター1のお題はパンクです。僕は中学生のときにパンクというものを知りましたが、これが初めてもった違和感というか、それまでの日常にない異質なものだったと思います。パンクというと、多分みんなが想像するのは排他的なもの、汚いもの。〝No Future〟というタイトルがつくように、未来がないようなものですよね。とある知り合いが「クズみたいな音楽」とよく言っていました。僕は思わないですよ（笑）。いい音楽だと思います。

僕は1982年に初めてロンドンに行きました。そのときはすでにパンクがおしゃれなものというか、本当にこういう感じだったんですね［写真1］。キングズ・ロードを歩いているだけで、こういう人が何人もいたんですよ。写真を撮ろうとすると、お金をせびられる。多分、この格好をしてお金をもらうことをちょっとした仕事にしていたんでしょう。何というか、とにかく自分が人とは違う、異質なものを身につけることによってお金を得ている、見せ物小屋というわけではないですが、ホームレスみたいな人たちでした。だから僕は「あれ？僕が想像していたパンクとは全然違うな」と思いながらキングズ・ロードを歩いて、「ワールズエンド」というお店にいつも通っていました。その話もおいおいしていきたいと思います。

さて、ここからです。パンクという排他的なカルチャーが、どういう奇跡を起こしていったか、その話をしたいと思います。まず始まりはニューヨークとか、説はいろいろあるんですが、僕はやっぱりパンクの始まりはこの二人だと思っています。ヴィヴィアン・ウエストウッド[★1]とマルコム・マクラーレン[★2]ですね。これは多分1975年ぐらいの写真だと思うんで

写真1　1970年代のロンドン。逆立てた髪に鋲を打った革ジャンを着たパンクな若者たちが街にあふれていた。（撮影：Virginia Turbett）

すけれども、この頃から彼らは精神的なムーブメントであるパンクを物理的につくり上げることを考え始め、自分たちで過激なファッションをつくり出していったんですね。

混沌としたミックス

どんなものがあったか、代表作でいうとボンデージパンツですね。これが1976年に彼らがつくったパンツ［写真2］です。脚がつながっていたら歩くのも大変だろうに、ジッパーで縛られたりという、SM的なものを意識してつくられたともいわれますが、とにかく「無駄」が多いパンツでした。僕も中学生のときに、これを名古屋の「赤富士」というお店で買ったんですけれど。

共地のキルトスカートが付いていたり、英国のトラディショナルな要素をちゃんと残しています。これはスコットランドの家紋とされているようなタータンチェックなんですけれど、そういう伝統的なものを上手に使っていて、単に汚いものを〝do-it-yourself〟的な発想で手づくりしていたわけではけっしてなかったんですね。パンクには、わざとTシャツを破いたり、穴をあけたり、というイメージがあると思いますけど、彼らがつくり上げたパンクはけっして意図的に破るとかして既製品に手を加えるのではなくて、最初から破れているもの、最初からちゃんとつくり上げられたものだったんです。

こちらは彼らがつくったんじゃなくて、バーニー・ローズという人がデザインしたプリントのTシャツ［写真3］ですが、最初から裏返しにして、タグをつけてつくられたものでした。

写真2　ボンデージパンツ。膝部分がベルトで繋がれ、背面にはジップがつく。赤や黒のチェックが主流。

そしてどんどん過激なプリントがされていき、これはセックス・ピストルズ[★3]のシド・ヴィシャス[★4]が着ていたんですけれど、もう口に出すのもおぞましいほど過激なプリントでした。

そういえば僕がロンドンに行った2回目のときだったかな、そのままニューヨークに行ったんですけど、またニューヨークからロンドンに戻って入国するとき、このTシャツを着ていたんですよね。そうしたら税関で止められて、ほぼ24時間空港に勾留されたんですが、そのうちこのTシャツのせいだとわかりました。そりゃ、これを日本人が着ていたら止めるよな、という感じなんですけど。これを売っているだけで警察がお店に来て没収していく。そのくらいラディカルなTシャツだったらしいです。

そして、今では信じられないこういうナチスのマークですね。ナチスのマークを使って、キリストが磔《はりつけ》にされていて、女王陛下の切手があしらってある。これは思想というよりは、カルチャーをミックスした感じでしょうか。混沌としたミックスの象徴です。

God Save The Queen

さて、グループを組んで、とにかくいちばんの成功を収めたのはセックス・ピストルズであり、ジョニー・ロットン[★5]ですね。セックス・ピストルズは1976年にデビューしたんですけど、その前年ぐらいにマルコムたちのお店にたむろする若者を集めて結成されたバンドです。メンバーたちは不本意だったかもしれないけれども、ピストルズのおかげでヴィヴィアンとマルコムは名声を得た。

写真3　セックス・ピストルズのシド・ヴィシャスが着用した過激なメッセージのTシャツたち。

写真4　セックス・ピストルズのメンバー。右端がジョニー・ロットンで、隣はシド・ヴィシャス。©aflo

セックス・ピストルズは、この4人ですね［写真4］。有名なのが1977年にリリースされて物議を醸した「God Save The Queen」という曲です。

もともとは「No Future」というタイトルがつけられていたんですけれど、それをマルコムとジェイミー・リードだったかな、が「God Save The Queen」というタイトルにしようとなりました。これはイギリス国歌のソングタイトルでもあるんですが、BBCからラジオでの放送禁止を言い渡されました。それでもチャートを上っていって、みんながこの曲に夢中になったんです。

アフター・ピストルズ

さて、セックス・ピストルズと「God Save The Queen」をテレビで見た若者たちが、今までにないものを目の当たりにして刺激を受けて、自分たちにも何かできるんじゃないかと、いろいろなことを始めた。僕はそれがパンクの奇跡の一つだと思うんです。パンクを見てパンクを始めるのではなく、いろいろ、違うことをどんどん始めていった。ピストルズは1977年に「God Save The Queen」を出して以降、78年までしか活動せずに解散してしまったんですけれど、1979年にこういうバンドがまず出てきました。

スペシャルズ★6です。スペシャルズはそもそもテリー・ホールとかが、若い頃でもないですけど、パンクを聴いて、憧れて、自分たちの身近にあったレゲエやスカの音楽要素と混ぜてつくり上げたバンドといわれています。だからパンクを聴いて、自分たちも楽器を手にして始めたことが、こういう形で現れた。1979年なので、本当にピストルズ解散のすぐ後だったんですね。

ピストルズがきっかけとなってバンドをつくって、違う音楽でまず最初にヒットした、話題になったのは多分彼らだったと思います。そして、スペシャルズはアメリカでも受け入れられました。しかも、こういう曲もアメリカのチャートに入りました。聴いたことあるかな?

「Our Lips Are Sealed」。

ファン・ボーイ・スリーという、スペシャルズを解散してからテリー・ホールがつくったバンドなんですけど、トライバルな民族音楽を経て今のようなポップな曲になり、80年代に世界的に結構ヒットしました。もう一つ、ゴーゴーズというガールズバンドがあったんですけど、彼女たちも同時期に同じ曲をファン・ボーイ・スリーとのバージョン違いで出して、両方ヒットしたんですよ。そのゴーゴーズのボーカルだったかな?……彼女はテリー・ホールと恋愛をして。歌詞の内容はその二人の恋愛を赤裸々に歌っているんですけれど、アメリカでもイギリスでも日本でもヒットしました。なのでパンクを通った人たちがスカをやって、その後ポップの世界で成功を収めたという一例です。

よく思うんですが、今でも同年代のパンクの人っていますよね。パンクを経て、パンクのままで、そこが自分の居心地のいいところだと思ってとどまる人もいれば、その後にスカを好きになってスペシャルズを好きになり、かっこいいと思ってそこでとどまる人もいれば、その後、ファン・ボーイ・スリーのようにポップになったりとか、いろいろあると思うんです。

日本でもパンクでとどまっている僕と同年代もいれば、スカをずっと追求している人もいる。東京スカパラダイスオーケストラなんかはおそらくスペシャルズに影響されてスカを始めて、そのままずっとスカを続けているんですよね。居心地のいいところでとどまるというのもすごく重要なポイントだと思うし、そこから一つ先に進むのも面白いなと思います。

パンク・イコール・サムシングエルス

[★7]エヴリシング・バット・ザ・ガールというバンドも、アコースティックなバンドとしてデビューしたんですが、もともとは「God Save The Queen」をテレビで見て「私もギターを弾かないと」と思って始めたらしいです。こういうバンドでした。

1982年に結成したバンドですね。その前にボーカルの彼女はちょっとしたバンドをやっていたんですが、さっきも言ったように、ピストルズを見てから本格的に始めたんですね。だから全然パンクとはつながりがない。唯一つながっているのは髪型ぐらいで、やっている音楽はもっと全然アカデミックだったことに、当時の僕はあまり気づかなかったんですけど、エヴリシング・バット・ザ・ガール、彼女たちは今でもこういう曲をやっています。

これは1年ぐらい前に出た新譜というか、シングルなんですけど、今でもこうやって音楽を続けています。しかもパンクを経て、アコースティックになり、今も進化している。テリー・ホールはこの前亡くなったんですが、スペシャルズにしても、エヴリシング・バット・ザ・ガールにしても、何でこんなに才能があったか謎なんですね。パンクを聴いて、「僕たちにもできる」とギターを始めた人たちが、何でそうやって、いろいろなところに羽ばたいていったかというのは謎であり、それがパンクが起こした奇跡の一つだと思っています。

あらためて、なぜ僕がパンクを面白いなと思ったかというと、それまでのムーブメントは、例えばサイケデリックがきたとしたら、ずっとサイケデリックそのものをみんなで盛り上げていく感覚だったんですね。でもパンクはジョニー・ロットンなんかもよく言っていたように、人の真似をするなというか、オリジナルであることを大切にしていたから、パンク・イコール・パンクというアティチュードよりも、パンク・イコール・サムシングエルス（パンク以外の何か）だったんですね。パンクであり続けるのではなく、通りすぎて、ほかのものにどんどんいけというのが、そもそもの考え方だったんじゃないかと思います。音楽のカルチャーの中で、パンクは初めて、「そこから違うものにどんどん変化していってもいいんじゃないか」という概念を与えたのかなと思います。

さて、ここまではロンドンの話だったんですけど、その頃、ファクトリー・レコード[★8]というレコード・レーベルがあって。70年代にできたのかな。マンチェスターで起こったムーブメントですね。

これは『24アワー・パーティ・ピープル』[★9]という映画の一部なんですけれど、1976年にマンチェスターでセックス・ピストルズのライブがあり、当時観ていたお客さんは42人しかいなかったらしいんです。その中には後にシンプリー・レッド[★10]になるミック、後のジョイ・ディヴィジョン[★11]のメンバー、後のバズ・コックスのメンバー、ザ・スミスのモリッシー[★12]、あと、後にファクトリー・レコードを設立したトニー・ウィルソン。そして、そのレコードジャケットなどを手がけるようになったピーター・サヴィル[★13]もいたそうです。彼は今、MacやiPhoneをずっとデザインしていたジョニー・アイブがつくったラブフロムという会社で、デザイナーとしてやっています。シュプリームのTシャツとかでも話題になったと思います。

　これはこれで、パンクというものをきっかけに、マンチェスターで大きく羽ばたいたムーブメント。これもやっぱり奇跡の一つかなと思いますね。42人しか観ていなかったライブにみんなが影響されて、それぞれのことを始めて。最初はパンクっぽかったかもしれないですけれど、そこから世界的に有名なバンドになったり、いまだに現役で活躍するデザイナーになったり、面白い現象だと思います。

マルコム・マクラーレンの企み

　さてその頃、本家のマルコム・マクラーレンは何をやっていたかというと、彼は彼でまた違うことを企んでいました。バウ・ワウ・ワウ[★14]というバンドを結成したんですね。

　僕らがパンクを追いかけて、あっという間にピストルズが解散しちゃったと思ったら、急に音楽もファッションもガラッと変わってしまって、もう追いかけるのも大変だったんですけれど、でも実は概念的には結構近くて。マルコムがバウ・ワウ・ワウでやろうとしていたのは海賊ファッションで、海賊だからレコードなんて買わずに、誰かが買ったものをどんどんカセットテープにコピーして盗んでいけばいいんじゃないか、という考えでした。そういう意味ではパンクに近い思想だったんですね。なのでレコードで出すのではなく、カセットテープというコンセプトを重視していた。

そしてデビューアルバム［写真5］を出したんですが、ボーカルのアナベラがまだ14歳か15歳で、エドゥアール・マネの有名な『草上の昼食』［写真6］を真似てそのまま実写にしたジャケットが、チャイルドアビュースというか、児童ポルノ的なことですごく問題になったんです。マルコムはあえて今でいう炎上商法的なことをやって、みんなの目をひいた感じですかね。バウ・ワウ・ワウそのものはそんなにヒットはしなかったと思うんですけど、僕らにとってはかなり大きい存在というか、ポップカルチャーを語るうえでは重要なバンドだと思います。

ほとんど売れなかったし、ほとんどの人は知らないと思うんですけど、同じくマルコム・マクラーレンがプロデュースしたシー・シェリフという子もいました。動画を探しても2秒ぐらいのPVが見つかったぐらいで、YouTubeにも全然なかったんですが、僕は一度、PVもライブもロンドンで観たことがあるんです。何でこんな音楽をやっているんだろう、と思うようなカントリーミュージックをそのまま歌っている子でした。でも、洋服はマルコムとヴィヴィアンがつくったワールズエンドを着ていて、不思議だったんです。実はこれがマルコムのデビュー作となる『DUCK ROCK』というアルバムの布石になる曲でした。

マルコム・マクラーレンは、セックス・ピストルズ、ヴィヴィアン・ウエストウッドとともにパンクをつくり上げたとされている人です。これは1982年なんですけど、バウ・ワウ・ワウをやり、シー・シェリフをやり、なんでこんなカントリーミュージックをやっているんだろうと思ったら、彼がやろうとしていたのは、こういうことだったんですね。ヒップホップに目をつけました。

写真5　バウ・ワウ・ワウのデビューアルバムは1981年発表。邦題は『ジャングルでファン・ファン・ファン』。©aflo

写真6　パロディネタの絵画『草上の昼食』（エドゥアール・マネ作）もまた、裸体の女性が批判の対象になった。©aflo

違和感を作り出すミックス

70年代のパンクブームと同時期に、ディスコブームというのがありました。『サタデー・ナイト・フィーバー』という映画が公開されて、排他的なパンクとはすごく対照的な、もっときらびやかな音楽で、すごく流行りました。例えばシック[★15]というバンドは名曲とされるものをいろいろつくったんですが、僕も当時、パンクを聴きつつ、姉の影響でディスコにもついていっていたので、シックの「グッド・タイムス」をレコード店で予約して買いました。

さて、その後にシュガーヒル・ギャングの「ラッパーズ・ディライト」というタイトルの曲が出ました。この曲を収録したアルバムの日本語のタイトルは『おしゃべりラップ』。今思うと、おしゃべりもラップも同じことなんですけど、当時はラップという言葉すらなかったので。帯に書いてあったのは、「シックの名曲のベースラインに合わせて黒人がしゃべりまくる」みたいなコピーだったんです。これは何だろう?と思いながら買ったんですけど、それがこの曲です。「グッド・タイムス」のベースラインの上で、しゃべりまくるというラップです。

シックの「グッド・タイムス」が出たのが1979年の6月で、実はこの「ラッパーズ・ディライト」は1979年9月に出ました。今思えばたった3カ月間で曲を聴いて、歌詞を書いて、ラップして、レコードにするなんて不可能なんですよね。何でこうなったかというと、その答えがこちらです。

ニューヨークにデボラ・ハリー[★16]が率いるブロンディ[★17]というパンクのバンドがあったんですけど、「ラッパーズ・ディライト」が出た1979年の前から黒人たちの間ではブロンクスなんかでハウスパーティがよく行われていたみたいで、何となくヒップホップの盛り上がりは既にあったらしいんですね。で、ブロンディがシックのナイル・ロジャース[★18]を誘って行ったらしいんですよ。そのときにラップを聴いたナイル・ロジャースがすごく感銘を受けて、「グッド・タイムス」をつくり、多分同時期にそのネタとしての「グッド・タイムス」をシュガーヒル・ギャングにも渡して、一緒にラップをやった。そういう流れがあったと、何かの本で読んだことがあります。

さて、マルコム・マクラーレンもヒップホップにすごく魅了された一人だったんですが、彼はまた違うアプローチをしました。「ラッパーズ・ディライト」の場合は、ブラックミュージック好きのラッパーたちがブラックミュージックをネタとしてラップをやっていたんですけど、マルコム・マクラーレンはこういうことを始めました。

これは「バッファロー・ギャルズ」という曲なんですけど、スクエアダンスというか、黒人音楽とはまったくかけ離れた、どちらかというと黒人を揶揄している音楽ともいえるわけです。さっきのバウ・ワウ・ワウの次に手がけたシー・シェリフは、まさにこれと同じ音楽をやっていたんですね。そしてその1年後にこの曲を出したので、そこに布石があったのかなと僕は思います。そして、白人の音楽を黒人のビートに混ぜて、ラップをして、これも、まあまあの大ヒットだったんじゃないでしょうか。

もう違和感しかない感じでした。実際のヒップホップのことはあんまりわかってなかったんですけど、これを見ただけでも、違和感と違和感がぶつかり合うミックスのような感じはしました。でも、それがすごく面白くて、いろいろな人がこの曲をきっかけにヒップホップを知ったし、今までは黒人が黒人のためにやっている音楽だったのが、白人も巻き込んだり、いろいろなものをミックスすることが可能だということを世に発表したようなものでした。

そのハットはいつ、誰がかぶるのか

すべてのものをミックスする。例えば「バッファローハット」。あれはテキサス地方のヒ[19]ルビリーがかぶっている帽子に影響を受けたヒップホップの人たちが取り入れて、アディダスのジャージと合わせたりした。そして僕はその後、タイニー・パンクス[20]の頃に、パンクの格好にこの帽子だけかぶったりして、さらにその後、ファレル・ウィリアムス[21]もまた同じようにかぶるようになって。時代ごとに一つの帽子でもアイコンが変わっていく。

ただ、マルコム・マクラーレンや僕が今マウンテンハットをかぶっても意味がないと思うんですね。ファレルがこの時代にかぶったから意味があって、同じように僕が80年代にかぶっていたことに意味があったと思います。だから、時間軸というかタイミングもすごく重要だと思っています。

さて、ここまでが、パンクを通っていろいろなものを吸収した若者たちの、それぞれのアウトプットがあった、という奇跡の話でした。

パンクからどうやってヒップホップに流れていったか、ほかにも面白い話があります。「プラネット・ロック」ですね。アフリカ・バンバータ[22]という人の曲なんですけれど、聴いたことありますかね。

それまでラップは本当にブラックミュージックをベースにした、ブラックミュージックを楽しむための音楽だったものが、急に白人っぽい音楽を取り入れだしました。これはローランド[23]のTR-808という、「ヤオヤ」と呼ばれるリズムボックスが発売されたことにも関係があると思うんです。この曲のオリジナルはドイツのクラフトワーク[24]で、1976年に出たテクノの元祖といわれるような曲ですね。

マルコムが「バッファロー・ギャルズ」でヒルビリーのフォークダンスを混ぜたように、アフリカ・バンバータは1976年のドイツのプログレとかテクノのはしりのような、これもまた彼らと対極にあるような音楽をミックスし、「プラネット・ロック」という曲をつくってヒットさせました。これも、ヒップホップという音楽は違う何かを掛け合わせることで、より面白い、より興味深いものになるんだという、いい見本だと思います。

そして、その頃パンクをやっていたクラッシュ[25]は何をやっていたかというと、彼らも80年代はニューヨークに渡って、ヒップホップに出会い、目覚めていました。

変容を肯定していく先に

「This is Radio Clash」という曲なんですが、彼らもパンクとは全然違うことをやりだして、これが一つの分岐点だったと思いますね。パンクのイメージはほとんどなく、急にヒップホップになった曲でした。

それと、さっき話したブロンディですね。「ラプチュアー」で初めてラップをロックに持ちこんだ白人女性シンガーだといわれています。

僕はこのレコードをリアルタイムで買っていて、タイニー・パンクスをやりだしたときに、「Do the punk rock」という曲を出したんですけれど、その原曲が「ラプチュアー」なんです。この曲は「Do the punk rock」と言いながらドラムブレークに入るんですが、そこをＤＪでつなげていちばん最初のブレークに使っています。

ラップの内容で「ファブ・ファイブ・フレディー」と「グランドマスター・フラッシュ」というキーワードが出るんですが、ファブ・ファイブ・フレディーはその頃のヒップホップ界のリーダーのような存在で、多分今でもいちばん使われているスクラッチ〝シュシュシュシュシュ〟という音源をつくった人。そのレコードが「チェンジ・ザ・ビート」という12インチです。だから、最重要人物ともいえる人です。

そしてグランドマスター・フラッシュ、彼もＤＪの中では知らない人はいないぐらい、いちばん有名だった当時のヒップホップＤＪ。「ラプチュアー」のＰＶで、本来は彼がデボラ・ハリーの後ろでＤＪをする予定だったんですけど、現れなかったそう。さっきの映像を見ると、代わりに全然有名じゃない若者が演技っぽくＤＪをしているんですけど、わかりますかね。これです。

このダウンベストを着た若者が、実は元ＺＯＺＯの前澤（友作）君をうならせたジャン＝ミシェル・バスキア[★26]ですね。彼が公に表に出た初めての映像といわれています。そういうトリビアもあったりして、ヒップホップを白人の世界に広げていったブロンディですが、もともとはパンクの出身です。

その頃、ジョニー・ロットンはというと、後に本家のアフリカ・バンバータとともに、まさにパンクとヒップホップを混ぜたような曲をつくっています。

この「Time Zone-World Destruction」がいちばんわかりやすい、パンクとヒップホップが混ざった瞬間だったんじゃないかと思います。パンクがどんどん奇跡を起こしていく、という話でした。

では、ちょっと休憩をして、チャプター2を始めたいと思います。

藤原　では、チャプター2を始めます。まず、ここで一人紹介したいと思います。准教授の皆川壮一郎君です。

皆川　大変恐縮です。皆川と申します。博報堂ケトルでクリエイティブディレクターをしております。ヒロシさんとはLOVOTの仕事などでご一緒させていただいてます。今日はマーケティングの話を聴きに来たのに、何でパンクの話なんだ、ということなんですけど、ヒロシさんの人生を追体験しているような感じで、これが後のすべてにつながっているなと思いました。

文化人類学って、この話を大きくしたようなもので、他国の文化を知ることで、自分の文化を相対化するようなものだと思います。相対化するために並べるものの種類が多いのが、ヒロシさんなのではないでしょうか。

パンクやメタルにとどまった人も素晴らしいと言っていた一方で、実は選択肢がたくさんあるということに気づいたのが、ヒロシさんの初期の人生だったと思っています。そこで80

年代から90年代の手前にかけてのヒロシさんの動きを7つのキーワードにしてみました。

①現場主義

皆川　7つのキーワード、1つ目は「現場主義」です。結構暑苦しい言葉だと思うんですけど、これはフットワークの軽さを意味しています。

藤原　1982年にマルコム・マクラーレンにロンドンはもう面白くない、ニューヨークでヒップホップがハプニング中だから見に行け、と言われて行ったんですけど、お金が全然なかったので、今でいう、何というんですか、安いエアライン。

皆川　LCCです。

藤原　僕は乗ったことがないですけど、LCCにあたるもので行ったんですね。「ピープルエクスプレス」といって、すごく安くて、チケットの予約とかもなく、出発する日の朝に空港に行って、並んでチケットを買って、ワゴンサービスで好きな食べ物を現金で買ったり。バスのような飛行機でした。

90年代には僕も少し裕福になりまして、コンコルドに乗れる時期なんかがありました。

皆川　図鑑でしか見たことがないです。

藤原　コンコルドってすごく高いイメージだったんですが、一時期、かなり安くなったんです。当時は普通のチケットに10万円プラスすればコンコルドに乗れました。だから、僕も3回ぐらい乗ったことがあるんですけど、ロンドンをお昼過ぎに出てニューヨークに朝着くので、仕事をする人はとてもいい時間軸で動けたんです。隣でジュリア・ロバーツが、裸足にローファーを履いて座っていたことがあります。

皆川　今日、受講されている生徒の皆さんでいちばん下の年齢の方はなんと17歳です。30代、40代、50代の人もいるんですが、今みたいな話やさっきのパンクの話も、同じ時代に生きていないので、リアルに経験することはできません。この講義は、ヒロシさんの人生を追体験できるような講義にできたらいいなと、准教授として思っています。今でも現場には行かれているんでしたっけ？

藤原　現場には行っているほうだと思いますね。海外の仕事でも面白いなと思えば。最近だとジョージアのファッションウィークに行ったりとか。今年は戦争の関係でファッションウィークそのものが中止になって行けなかったんですけれど、アゼルバイジャンとか、機会があればいろいろなところで、いろいろなものを見ようとしていますね。

②並行関係

皆川　次は、上下関係の反対という意味での「並行関係」です。ヒロシさんが行った当時のロンドンとかニューヨークは超階級社会だったんですよね。

藤原　いいえ、むしろ日本が階級社会でした。ロンドンも多分階級社会だったんだろうけど、僕がロンドンで学んだことは、「すべてをシェアする」ことだったんですよね。例えば一つのマンションに何部屋かあって、僕が行ったときも適当に空いている部屋に泊まっていいよ、みたいな感じだったんです。その中には学生もいれば、すでに売れているデザイナーもいれば、ポップスターもいた。みんながそこを自由に使っていて、お金を持っている人がご飯を買ってきてくれたりとか、そういうシェアする感覚を学びました。それは日本でいう先輩、後輩みたいな縦社会とは違う世界だった気がするし、僕が憧れていた世界でもあったんだと思います。その結果、今でもフラットな人間関係みたいなものを構築できるようになったんじゃないかな。

皆川　ヒロシさんは年下の友達が多いし、ファッション業界以外の友達も多いなと思っています。生徒の皆さんにはヒロシさんを慕う人も、ヒロシさんご自身のお知り合いも、いろいろな職業の人がいるように感じますが、それもまたフラットということなのかなと。

藤原　そうですね。フラットな関係のほうが思ったことを言えるから、新しい情報も得られるじゃないですか。何かに気を遣っていると言いたいことも言えなかったり、欲しい情報を得られなかったりすると思うので。多分この写真が、きっと理想的な社会なんですよね。

皆川　これは何ですか？

藤原　喫煙室です。僕はたばこを吸わないので行ったことがないんですけど、みんな、ここに行くと、上司も部下も同じように会話ができると聞きます。実際そうなんですか？

皆川　会社にも喫煙所はありますけど、確かに、打ち合わせがまとまるとまでは言いませんが、そういう話を聞きますよね。

藤原　僕はそれを「山小屋シンドローム」と勝手に名づけたんですけど、スキーの山小屋でもそういうところがあります。スキー客には、すごい大企業の社長もいれば学生もいるけど、山小屋の中では肩書を抜きにして一つの共通言語で話せるという。それはすごく大切な時間だったりするんですよね。

皆川　ヒロシさんが以前に「マウントという言葉があってよかった」という話をされていたのが印象的でした。

藤原　あってよかったというか、新しい言葉ですよね。今までそういう言葉はなかったねという話を友人としていたんですけど、多分格闘技のマウントポジションが語源じゃないかな。

皆川　そうかもしれません。

藤原　そんなにいい言葉じゃないし、いい意味でもないんだろうけど、何か説明できないニュアンスは伝わります。

皆川　嫌なニュアンスですね。

藤原　「マウンティング」って、そもそも広告代理店が使いだした言葉ですよね。

皆川　本当ですか？

藤原　わからない。でも代理店の人しか使っているのを聞いたことがない気がします。

皆川　ヒロシさんはすぐ広告会社をディスります（笑）。でもヒロシさんのこの並行関係、フラットな関係というのは、今後、DAY3でも詳しく扱う予定ですけど、左右のフラットさをすごく重視するスタンスがヒロシさんのユニークさだと思っています。次は、さっきと言っていることが違うじゃないかという話なんですけど、「壁をつくる」。これについて話していただけますか。

③壁をつくる

藤原　僕がロンドンの「クラブチャチャ」というナイトクラブに行ったときに経験した話なんですが、ここのクラブに入るのはすごく難しくて。というのはドアマンがいて、もうそれはセンスの話なんですけど、おしゃれな人しか入れない。いわゆる普通っぽい人は全員入れてもらえなかったんです。「チャチャ」に入ると、中で「クラブヘブン」という1000人ぐらい入る大きな箱とつながっていて、自由に行ったり来たりできるんですが、そのクラブヘブンは男性だったら誰でも入れるけど、女性は入れないゲイディスコでした。チャチャからはヘブンを見に行って、またチャチャに戻ることができたんですが、ヘブンの客はチャチャには入れない。つまりヘブンにいる女性は絶対にチャチャのお客さんということで、そうやって「壁」を乗り越えた人だけが楽しめるポイントみたいなものがあったんです。

僕も何かするときに、世の中のすべての人を楽しませたり、幸せにすることは絶対できないから、何か面白いものを見つけて、壁を一つでも二つでも乗り越えられた人が、何かを得られる楽しさみたいなものをつくれれば、といつも思っています。ご褒美というのは上から目線で変ですけど。

皆川　今の80年代の話がどのように現代に生かされているのかという一例にちょっと触れてみようかと。これは僕個人としての解釈ではありますが、「WEEKEND」というお店があって、僕はそのお店の存在を知ってすぐにでも行きたかったんですが、場所も営業時間もまったく情報が出てなくてなんだよ、と思っていたんです。そうしたらあるとき「WEEKEND ONLY」

という情報だけがたまたまインスタグラムで出て。

藤原　そうですね。

皆川　それで場所がわかって、週末に開いているんじゃないかというので行ってみたら、お店の前に行列ができていたんです。この不親切さがすごいなと思って。

藤原　不親切というか、ロールプレイングゲーム的な楽しさがあるというのもあるし、世の中の人すべてを相手にするのは大変だし、できないので、少人数に向けて面白いことをやろうという気持ちの表れかもしれないですね。週末だけしかやっていませんよ、という一つの壁を乗り越えて来てくれた人だけに楽しんでもらうというか。

④アンバランス感覚

藤原　これはやっぱりパンクというか、僕がいちばんマルコムに感銘を受けたポイントだと思います。世の中はバランスに優れたものにあふれていて、バランス感覚を追求するものが多い中、アンバランスなものこそ美しいというか、そういうものに惹かれていました。例えばこのニューバランスの有名な広告［写真7］は、老人がスニーカーを履いていて、まったくバランスが悪いように見えるんですが、すごく意味があると思うんですね。老人こそがこういう履き心地のいい靴を履くのにぴったりだというのはよくわかるけど、写真そのものはぱっと見、すごくアンバランスで、いい写真で、いい広告だと思いました。

そしてトム・サックス[★27]の作品。これもシャネルというフランスを代表する大企業のロゴを

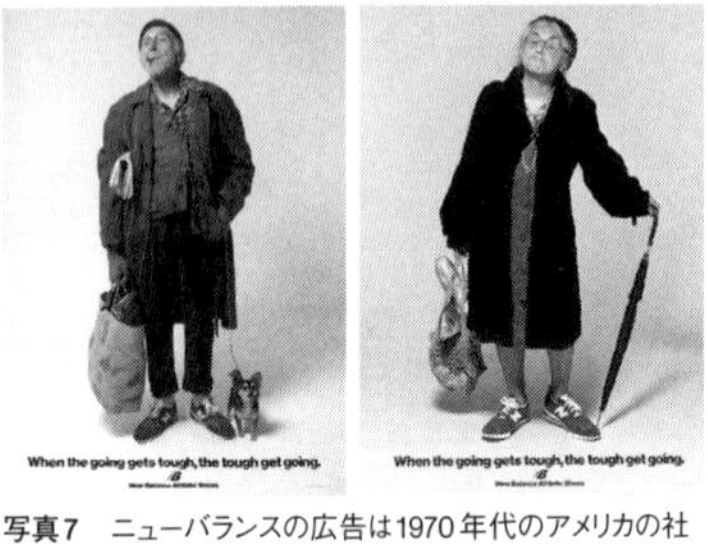

写真7　ニューバランスの広告は1970年代のアメリカの社会背景を反映したグラフィックが話題を集めた。

使ってギロチンをつくるという、すごくアンバランスなものだし、すごくシュールで面白いと思いました。アンバランスが際立った最高傑作だと思っています。

さらに、ルイ・ヴィトンのバッグです。それまでルイ・ヴィトンのモノグラムはすごくラグジュアリーで、誰も触れてはいけないようなブランドでした。実際、シュプリームがルイ・ヴィトンをもじってつくったスケートボードが訴えられる寸前だった、みたいな話もあるぐらいだったんですが、スティーブン・スプラウス[★28]がオフィシャルでグラフィティをやった。これが許されるんだという、ルイ・ヴィトンの懐の深さに驚きました。ヴィトンがファッションの世界にググッと入ってきた瞬間だったと思います。

皆川　ヒロシさんが仕事でも意識されているポイントですね。

藤原　はい。何かハイエンドなものがあったら、ローエンドのものを同時にやるとか、ついついそういう対極にあるものをうまくくっつけようとしてしまいます。でも、それは本当に僕がパンクに影響されたことから、いちばん得たものかなと思います。

⑤型を知って、型を破る

藤原　これはスタッフが考えたキーワードで、難しいなと思ったんですけれども、しっかりしたバックグラウンドがあるからこそ、アヴァンギャルドなことができるということですかね。ちょっと違うかもわからないんですけど、まずこの写真を。

僕がゲルハルト・リヒター[★29]を知ったのは80年代後半か90年代前半なんですが、フォトペインティングというんですかね、まるで写真のような油絵を初めて見て、こんなにきれいに絵を描ける人がいるんだと思ったら、有名なのはこっちのアブストラクトペインティングのほうだった。あの絵力というか、テクニックがあるからこそ、これをやっても許されるんですよね。一見、「そんなの誰でもできるじゃん」というものは世の中にいくらでもあるんですけど、誰にでもできそうなものこそ、ちゃんとしたバックグラウンドがあり、歴史があることが重要だと思いました。

さっきのペインティング、『ビルケナウ』というタイトルなんですけれども、アウシュビッツ収容所の絵をフォトペインティングみたいな技法で正確に描き上げてから、アブストラクトを加えています。アウシュビッツの影も形もなく、普通にアブストラクトな作品なんですけれど、下地にはちゃんとそういうものが残っているということですね。テクニックや知識があるからこそ、アブストラクトなものができるアーティストだと思います。

皆川 僕がこの講義の準備をしていて思うのは、ヒロシさんは調べものにすごく時間をかけますよね。

藤原 そうですね。知らないことは何でもすぐ調べます。

皆川 あと、「あれって変だよね」という感覚を、やっぱりすごく大事にしているなというのを併せて感じます。

藤原 「こんなの誰でもできるじゃん」というのは、本当に世の中にいっぱいあるんですよ。みんなはわからないと思いますけど、ヒップホップとかハウスで「パンプ・アップ・ザ・ボリューム」というDJがミックスしたような曲がすごく流行ったことがあったんです。僕の周りでも「こんなの誰でもつくれるじゃん」と言うＤＪが多かったんですよ。それぐらい、頑張れば簡単にできるようなものだったんですけど、誰でもできることなのに誰もやってなかったから、そのタイミングでそれをやる、ということはすごく大事だなと思って。「誰でもできる」と言う人は全然わかってないなと、いつも思っていました。

皆川　いつ、どこで、誰が、何をやるか。

藤原　そうなんです。ちょっとしたタイミングがすごく重要だと思いますね。

⑥ＤＪ的発想

皆川　ヒロシさんは現在はＤＪをやめていらっしゃいますが、ちょっと野暮な表現かもしれませんが、日本でスクラッチを流行らせたと聞いたことがあります。昔からＤＪそのものは職業として認知されていたんですよね？

藤原　職業というか、サラリーマンの仕事の一つという感覚でした。もともとはクラブの従業員で音楽が好きな人がＤＪをしていたので、レコードはクラブの備品だったんです。でも僕らの頃から自分の好きなレコードを持ってクラブに行って、好きな曲をかけるというのが普通になっていきました。それが海外では当たり前だったんですが、それまで日本でそういう発想はなかったみたいです。

皆川　その話に大きくフォーカスしようと思ったんですけど、重要なのはそこじゃないとヒロシさんに言われて。フロアの空気を読んで選曲しながら曲をつなげるのも重要なんですが、ヒロシさんに今も残っているのはこのDJ的な発想じゃないかと考えています。

藤原　それはさっきも話しましたが、アフリカ・バンバータがやったような、ドイツのテクノと黒人音楽をぶつけるとか、いろいろなものをミックスしてもいいんだというアティチュードみたいなものですね。それを学んだのはやっぱりDJだったと思います。もちろんセンスもテクニックも必要ですが、それさえあれば、いろいろなものをいいタイミングで混ぜることができて、素晴らしくアンバランスなものをつくり上げることができるんじゃないかな。今でもDJ的な感覚で物をつくっているところはあると思います。

⑦新しさより、面白さ

皆川　これはDAY2の内容にもつながるキーワードです。昔話はあんまりしたくない、ということだったんですが、若い生徒さんもいらっしゃるんで、ちょっと避けて通れないなと思って。「LAST ORGY[★30]（ラストオージー）」はどういったきっかけで始められたんでしたっけ？

藤原　これは高木完[★31]さんと一緒に。『宝島[★32]』の編集部に友達がいて、当時の僕らのことを若くて面白いと思ってくれて。「このページ使って自由に、好きなものを好きなようにやっていいよ」という感じで始めたと思うんですが、あんまり覚えてないんです。

皆川　当時は「最新こそが最高の情報」とされていた時代ですよね。

藤原　どうなんですかね。『モノ・マガジン』だったりとか、そういう新しい情報誌が出てきた頃かもしれませんが。もちろん新しい情報は僕もすごく好きだし、取り入れるんですけど、山のようにある新しい情報の中から面白いものを見つけるのって結構大変だと思うんです。だから、それを選ぶのがメディアの役割だったり、セレクトショップの役割だったりするんですけど。ただ、過去のものでも、それこそいいタイミングで出してくれれば、面白い情報って世の中にいっぱいあるなと思っていました。だから、「LAST ORGY」とかの連載では別に新しいものにこだわらず、そのときに二人が面白いと思うものを、とにかく表に出す。それこそページそのものが物自慢みたいになることもあると思うんですけど、僕らはそんなことは何も考えていなくて。「こんなものを持っているからすごいでしょう」じゃなくて「こんな面白いものがあった」とか「こんな面白い出来事がありますよ」というものを出していたつもりでした。

概念の断片を並べてみる

皆川　少しずつ時間が迫ってきたので、今日のサマリー、伝えたかったのはパンクのことだとは思うんですけど、もっと上位の概念で本当に言いたかったことを、最後にヒロシさんから伝えていただいて、授業を締めたいと思います。

藤原　さまざまな価値観の断片を収集することかな。いいと思ったものをちょっとずつ、メモでもいいですし。ヒップホップのつくり方ってまさにそういうことだと思うんですよね。いいサンプリングをつなげて一つのものをつくって、その上からラップをするとか、ボーカルをのせるとか。「断片を収集する」というのは結構重要なことだなと。

皆川　ちなみに、フラグメントデザインの「fragment」は断片を意味するんですよね。

藤原　それは偶然ですけど（笑）。別にあんまり意味はなくて。すぐ広告代理店はそういうことを言って結びつけようとするんですね（笑）。

皆川　ちょっと力みがちで、すみません（笑）。

藤原　高級なものもチープなものも、意味があるものも意味がないものも、とにかく面白いと思って集めたものをまずはテーブルの上に、実際テーブルの上ってわけじゃないんですけど、置いてみて、並べてみて、俯瞰する。

そして新しい価値観をそこから見つける。価値観というのは概念的なもので、物質じゃないんですが、見つけた何かをつなげたら、こういう面白いものができるんじゃないかな、と何となく自分の中で考えています。例えばここに「お～いお茶」と「黒烏龍茶」があるけど、ここには「メルセデス・ベンツ」が、ここには「スケートボード」がある。とにかく全部一つのフラットな状態で並べて、そこから混ぜたり選んだりして、新しい価値観を見つけていく。そういう作業を、おそらく僕は頭の中で、常に無意識にやっているんじゃないかと思います。

皆川　というように、すべてはつながっています。これが後からどう結びついていくかをお楽しみにという感じで、いったん今日の授業は終わります。

藤原　ありがとうございました。

皆川　次回は「社会学—メディア論—」です。80年代の「LAST ORGY」もそうですけど、僕らは新しいだけじゃなくて、面白い情報をとにかく探しまくっていました。それは新しくても古くてもいい。とにかく誰も知らない、見たことのないようなもの。そういうものを集めていたんですけど、今思い返すと、メディアの発達とともに、求めていたはずの情報から逆に追いかけられているという現状になっています。それはここ30年間で大きく変わったことだと思うので、メディアがどのように変化をしていったか、情報がどのように変化していったかというのを、次回お話ししたいと思います。

注

1　ヴィヴィアン・ウエストウッド
イギリスのファッションデザイナー、実業家。1970年代、当時パートナーのマルコム・マクラーレンとともにパンクロック・ムーブメントを牽引。デイムの称号をもつ。（1941〜2022）

2　マルコム・マクラーレン
イギリス・ロンドン出身の音楽プロデューサー、ファッションデザイナー、起業家。セックス・ピストルズの仕掛け人。パンクロック・ムーブメントの先導者。（1946〜2010）

3　セックス・ピストルズ
イギリスのバンド。1970年代後半にロンドンで勃興した、パンクロック・ムーブメントの代表的存在。

4　シド・ヴィシャス
イギリスのミュージシャン。セックス・ピストルズの2代目ベーシスト。本名、ジョン・サイモン・リッチー。波乱の人生がパンクの伝説として語り継がれた。（1957〜1979）

5　ジョニー・ロットン
イギリスのミュージシャン。本名、ジョン・ライドン。セックス・ピストルズのリード・ボーカル。バンド解散後、パブリック・イメージ・リミテッドを結成。（1956〜）

6　スペシャルズ
イギリスの2トーンバンド。ジャマイカのスカ音楽にイギリスのパンクロックとニューウェイヴを融合した軽快なサウンドが特徴。2トーン・スカムーブメントの先駆者。

7　エヴリシング・バット・ザ・ガール
イギリスの音楽デュオ。ダンスミュージック、エレクトロニカ、トリップホップ、ポップスのジャンルを融合させたユニークなサウンドが特徴。ネオ・アコースティックの代表的バンド。

8　ファクトリー・レコード
イギリス・マンチェスターで1978年に設立されたインディーズ・レコードレーベル。ジョイ・ディヴィジョン、ニュー・オーダー、ハッピー・マンデーズなど、多岐にわたるバンドやアーティストを輩出。

9　『24アワー・パーティ・ピープル』
2002年に製作されたイギリスの映画。1992年に破産したファクトリー・レコードのオーナー、トニー・ウィルソンの回想録をもとに、マンチェスター・ムーブメントを描いた作品。

10　シンプリー・レッド
イギリス・マンチェスター出身のポップ・ソウルバンド。

11　ジョイ・ディヴィジョン
イギリス・マンチェスターで結成されたロックバンド。パンクの影響を受けながらも、新しい音楽的探究を行ったポストパンクの先駆け。ニュー・オーダーの前身。

12　モリッシー
イギリスのシンガーソングライター、作詞家、音楽家。本名、スティーブン・パトリック・モリッシー。1980年代に活動したバンド、ザ・スミスのフロントマンとして活躍。（1959〜）

13　ピーター・サヴィル
イギリス・マンチェスター出身のグラフィックデザイナー。ファクトリー・レコードの専属デザイナーとして、所属ミュージシャンのアートワークを担当。（1955〜）

14　バウ・ワウ・ワウ
イギリスのニュー・ウェイヴバンド。セックス・ピストルズを手がけたマルコム・マクラーレンによってロンドンで結成されたグループ。

15　シック
アメリカのR&B、ファンク、ディスコバンド。1970年代後半のディスコブームを牽引。

16　デボラ・ハリー
アメリカのシンガーソングライター、女優、モデル。ロックバンド、ブロンディのフロントウーマンとしても知られ、ブロンドと赤い唇が特徴。（1945～）

17　ブロンディ
アメリカ・ニューヨークのロックバンド。1970年代末に隆盛したニュー・ウェイヴの代表的グループ。

18　ナイル・ロジャース
アメリカの音楽プロデューサー、ギタリスト。ファンク・バンド、シックの創設メンバー。マドンナやデヴィッド・ボウイのメインプロデューサーを務め、音楽シーンに影響力のある人物。（1952～）

19　ヒルビリー
アメリカのカントリー音楽の一種。アパラチア地方とオザーク地方の山岳地帯に住む人々の間で発展。伝統的な音楽文化や生活様式を表す言葉としても用いられる。

20　タイニー・パンクス
日本のヒップホップ黎明期に、藤原ヒロシと高木完によって結成されたヒップホップ・グループ。

21　ファレル・ウィリアムス
アメリカ・ヴァージニア州出身の音楽プロデューサー、歌手、MC、ファッションデザイナー。2023年、ルイ・ヴィトンのメンズ・クリエイティブ・ディレクターに就任。（1973～）

22　アフリカ・バンバータ
アメリカ・ニューヨーク州出身のミュージシャン、DJ。ヒップホップ黎明期から活動する、ヒップホップ・ヒストリーの御大。（1957～）

23　ローランドのTR-808
日本の大手電子楽器メーカー・ローランド社が1980年に発売したリズムマシン。プリセットパターンに打ち込みを加えた最初期のドラムマシンの一つ。

24　クラフトワーク
ドイツの電子音楽グループ。クラウトロックの代表格。テクノポップを開拓した先駆者。「エレクトロニック・ダンスミュージックのビートルズ」とも呼ばれる。

25　クラッシュ
イギリス・ロンドン出身のパンクロックバンド。セックス・ピストルズと並び世界的人気を誇る。

26　ジャン＝ミシェル・バスキア
アメリカの画家。グラフィティアートと現代アートの境界を超えて、個性的なビジュアルスタイルを生み出した、アメリカの現代美術における最重要アーティストの一人。（1960～1988）

27　トム・サックス
アメリカ・ニューヨーク生まれの現代美術家。彫刻、インスタレーションなどを用いて、日常的なオブジェクトやポップカルチャーのアイコンを使い、それを再解釈した作品制作を行う。（1966～）

28　スティーブン・スプラウス
アメリカのオハイオ州生まれのファッションデザイナー、アーティスト。ファッションブランドとコラボレーションを行い、グラフィティアートとファッションの境界を越えた独自のスタイルで活躍。（1953～2004）

29　ゲルハルト・リヒター
ドイツ・ドレスデン出身の抽象画家。世界で最も影響力のある現代アーティストの一人。「ドイツ最高峰の画家」と呼ばれる。（1932～）

30　LAST ORGY（ラストオージー）
藤原ヒロシと高木完によって結成された音楽ユニット、タイニー・パンクスの活動と並行して雑誌『宝島』でスタートした連載企画。

31　高木完
日本のヒップホップミュージシャン、DJ、音楽プロデューサー。（1961～）

32　『宝島』
日本の出版社、宝島社から発行されていた看板雑誌。2015年休刊。

DAY2
SOCIOL-
OGY
社会学
―メディア論―

『メンズノンノ』連載「藤原ヒロシの“ア・リトル・ノーレッジ”」、
2000年代の『ハニカム』に始まるウェブマガジンや
SNSを通じてアナログ、デジタルそれぞれの役割と変遷を
解きながらメディアとの最適なコミュニケーション方法を学びます。

2023.10.25 WED. 19:00–20:30
集英社　東京都千代田区神田神保町

登場人物：藤原ヒロシ、小澤匡行、
皆川壮一郎
ゲスト：日高麻子（集英社インターナショナル
代表取締役）

藤原　こんばんは。フラグメントユニバーシティ、DAY2になります。今日は「社会学―メディア論―」。前回はパンクから始まってヒップホップの話など、かなりポップな内容だったんですが、ここから少しずつ難しくなっていくと思います。もしかしたら回を増すごとに難しくなっていって、講義についてこられない人がいるかもしれないので、途中で退学とかもあるかもしれません（笑）。そのかわり、卒業したらもう無試験で有名な広告代理店とか出版社に入れるかもしれませんね。というのは冗談で、実はあまり難しくないんですが、それでは講義を始めたいと思います。

音楽進化論

さて、チャプター1。ちょっと社会学とは関係ないんですけど、テクノロジーの進化って何だろうと一度考えたことがあって、いろいろな人に聞いたり、自分でも考えてキーノートにまとめたりしました。そして、そのテクノロジーの進化を音楽に置き換えるとどういうことになるだろうというのを考えてみたんです。

もともと音楽って、ホールで聴くものだった。クラシックの音楽を街のどこかに聴きに行くとか、みんなで集まって全員でシェアするというのが音楽の始まりだったと思うんですね。それが長い間続いて、そこには会話があったり、コミュニケーションをとれるような状態だったと思います。

僕はその時代に生きていませんが、あるとき多分、すごい革命が起こったと思うんです。

それまで音楽というものは、その場所に行かないと聴けない、人が集まってくれないと聴いてもらえなかったものが、約30センチのレコードというものが生まれて家で聴けるようになった。最初はステレオそのものが家具のように大きかったと思うんですけど、それまで行っていたコンサートホールとかに比べるとかなり小さくなった。

物質化により拡張するクリエイティブ

音楽を聴きに行くときには、みんな着飾ったり、演奏する人たちもちょっとおしゃれを意識した、何かしらのクリエイティブみたいなものがあったと思います。それに比べると、レコードが登場したときは無機質な黒いレコード盤だけだったかもしれない。でも、実はそれだけではなくてレコードには、これはもう死語かもしれないけど、「ジャケ買い」という言葉がありました。レコード屋に行って、曲の内容はわからないけど、このジャケットめちゃめちゃかっこいい、かわいいという理由で買ったりもしていたぐらい、ジャケットはすごく重要でした。

今はまたレコードがリバイバルしているようですね。ここにいる人たちの多くはレコード世代だと思うのでみんな知っているかと思うんですけど、そこにはすごいクリエイティブがあって、僕も常にレコードを出すときはどんなジャケットにしようか、どんなアーティストにお願いしようか、あるいは知り合いが出すときにどんなジャケットをつくるのか、みたいなことをいつも考えていました。

だから音楽を再生するレコードそのものは無機質なヴァイナルだったんですが、そこにクリエイティブがしっかりついてきたのがレコードの時代ですね。

さて、自分で音楽を録音できるようになると、レコードがなくても家で音楽を楽しめるようになりました。レコーディングする機械もだんだん小型化して再生機のようになり、カセットテープが誕生しました。子どもの頃の僕はいつも家で騒いでたんですけど、歌番組とかを見ていた姉に、録音するから「しーっ」と言われて。せっかく面白い歌番組をやっているのに、みんなで「しーっ」と静かにしながら、それをテレビの前に置いて録音するということが毎晩あったような時代でした。何でも録音してそれを取っておくという時代だったんですね。

記録媒体は持ち歩くためのもの

それから続きまして、ヘッドホンで音楽を楽しむウォークマンというものが現れました。これは僕が中学校のときだったかな。ウォークマンが出たときに友達が買ったんですけど。初めてヘッドホンで音楽を楽しむという進化が起こったんです。音楽そのものの楽しみ方がすごく広がったきっかけがこのウォークマンでした。多分、現代の人たちは音楽を聴き始めたときからイヤホンなりヘッドホンなりを使っていると思うので、最初から音楽の奥行きみたいなものを感じられると思うんですけど、僕からしたら中学生のときにウォークマンが発売されたことで、音楽をすごく立体的に感じられるようになった。それまでカセットデッキだったのが、持ち歩けるくらいどんどん小さくなって、ウォークマンはカセットテープとほとんど同じサイズになった。

その次に出たのがDAT[★1]です。今となってはあまり知られていないかもしれないんですけど、デジタルオーディオの先駆けですかね。DATが出たときの謳《うた》い文句は「レコードから何の劣化もなくそのまま録音できる」というものでした。そのとき、ミュージシャンの人たちが「DATがあるとレコードが売れなくなるんじゃないか」と言って、デジタル録音反対、みたいな不買運動を起こす騒動がありました。音楽関係者の間では結構大きなムーブメントだったんじゃないかな。ワイドショーでも取り上げられるぐらい大きな問題になりました。現在はMP3、MP4でどんどん録音してシェアしていく時代なので考えられないんですけど、この頃はそういった進化に対するアレルギーというか、問題も多く発生しました。

その後に切手サイズのデジタルマイクロテープ[★2]という、すごく小さいものが出ました。僕はこういう小さいものが大好きだったからすぐに買いました。それまではウォークマンとカセットテープを10本、12本とか持って海外に出かけていたのに、デジタルマイクロテープになってすごく小さく持ち運びできるようになった。もう人に自慢したくてしょうがなかったですね。日本にしかなかったし、こんな小さいテープでこんないい音質が出せるんだと驚きました。録音もできるし、音楽も聴けるというものだったんですけど、あまり普及しなかったからほとんどの人は知らなくて、いつの間にか生産が終了していました。僕はすごいものだと思っていたのに、いつの間にか消えてしまいました。

進化の裏で抜け落ちていくもの

一般的にはレコードに続くメディアはCDになりましたね。CDになることで30センチが12センチと小さくなり、そして音質がぐっとよくなりました。僕らが初めてCDで音楽を聴いたとき、今までのレコードのノイズがなくてめちゃめちゃきれいだと言って夢中になったんですけどね。その後すぐに、いや、アナログの温もりとかノイズが大切じゃないかと言いだして、何かよくわからない状態になりました。まあ、いろいろあったんですが、とにかくこのときは12センチのサイズになって家庭にやってくる、というか買える、しかも音がいいということでかなり衝撃的でした。急激にアナログからCD（デジタル）に変わった時期なんですね。

海外にはほとんどなかったんですけど、日本には8センチというシングルCDがありました。日本ではドーナツ盤と呼ばれる17センチのアナログレコードが重要だったので、そのアナログをCD化するという意味で小さくなったんですけど。パッケージが長方形だったんです。覚えています？　あの8センチのシングルCDってレコード屋さんの棚に配慮してつくったらしいんですよ。長方形のパッケージを二つ並べるとドーナツ盤とほぼ同じ大きさになるんです。つまり、それまで販売店で使われていたレコード棚をそのまま活用できるという配慮だったみたいなんですが、結局はそれもどんどんなくなって。ああ、そうだ、僕が最後にデザインしたCDのジャケットがここにあります。レコードより小さくなったけれども、みんなジャケットに凝ったり、ブックレットの写真集をつけたり、いろいろな工夫をして、物としての需要もあるように考えたと思うんですね。これは僕が最後にやったもので、4年ぐらい前ですかね、加藤ミリヤのCDです。このときにはすでにレコード会社の人たちも、これが予算をかけられる最後のCDかもしれません、と言っていました。正面からはぼけて見えるんですけど、横からは普通に見える、角度によって表情の見え方が変わるという。みんなで順番に回覧してください。

小型化こそがテクノロジーの進化

CDのときもまだそういう面白いことがいろいろできた時代でした。CDが次にMDになり、もっと小さくなって録音もできるようになりました。MDは今の若い人はもうほとんど知らないと思うんですけど、なくなっていったものの一つです。なぜMDが短命だったかというと、ちょっと浸透し始めた頃にAppleからiPodが出たからです。やっぱりこれはすごく革命的で、何千曲とか入るものだったので、持ち歩くのには最適でした。

iPodのいちばんの発明は、iPod自体もそうなんですが、iTunesですよね。ソフトウェアがあったから、自分が持っているアーカイブにつないでそのまま送れることが革命だったと思うんですよ。それまでのカセットプレーヤーからMDまでの流れは、自分で録音するとか、いちいちCDを買ったりMDを買ったりカセットを買って聴かなきゃいけなかったものが、自分のラップトップにあるもの、自分の棚の中にある音楽をそのまま持ち出せるようになったのが画期的だった。だから、iPodの筐体としての美しさや使いやすさも重要だと思うんですけど、実はその裏側とでもいうのかな、背景にある大きなiTunesという存在がすごく重要だった。そして今はもうそれすらなくなり、iPhone。ほかのスマホを使っている人もいると思うんですけど、スマホの中に音楽が入るようになりました。

ここでテクノロジーに話を戻すと、進化というのは物事が「小さくなる」ということなんです。いちばん最初は大きい会場に集まってみんなでシェアして音楽を聴いていたのが、30センチのレコードになり、12センチのCDになり、いつの間にかなくなってジャケ写すらなくなってしまった。だからテクノロジーは進化したけど、クリエイティブはめちゃめちゃ退化していったんじゃないかと思うんですよ。僕らが楽しみにしていたレコードジャケットの制作、CDジャケットの制作の仕事はいっさいなくなって、クリエイティブみたいなものはなくなってしまった時代になったかなと。その他のテクノロジーにも同じことが当てはまると思うんですよね。だからテクノロジーと、流行なりファッションなりというものは相反するものなんじゃないか。進化の過程で抜け落ちていくものなんじゃないか。テクノロジーが上がればクリエイティビティが下がっていく。そんなことを考えていたんです。

最近もう一つ気がついたことがあります。「共有する」という観点でいえばまた元に戻っているんじゃないか。最初、ライブホールだったりコンサート会場だったりで聴く音楽はそこにいるみんなで共有していましたよね。今ももしかしたら、Apple MusicやSpotifyなどの音楽ストリーミングサービスはみんなが共有してシェアしているものだから、結局同じことなんじゃないか、と考えるようになりました。これがテクノロジーの進化、音楽の進化について僕が思ったこと、考えたことです。

中間を意味するメディア

さて、では「メディアの進化とは」という大きな枠組みで考えていきましょう。メディアは、今まで僕がいろいろやってきたというか。例えば雑誌の連載だったり、ウェブの連載だったり、ウェブメディアをつくったり、いろいろあったんですけど、そのお話をしていきたいと思います。まずはメディアとは一体何なのか、というのを准教授であるエディターの小澤君と一緒に勉強していきたいと思います。

小澤 ご紹介にあずかりました小澤匡行です。よろしくお願いいたします。

藤原 僕のとき、拍手なかったですよね（笑）。

小澤 ありがとうございます。ヒロシさんとは、今テーブルの上にお配りしている雑誌『ウオモ』で7年ほど連載を担当させていただいております。僕の立場から、メディアの進化というものについて、簡単に補足説明をさせていただきます。

まずは「メディア」という言葉から。語源はラテン語で、「ミディアム」から生まれた言葉だといわれています。つまり中間という意味です。今はマスメディアがなくなるとか、インターネットの世界でそういうことがいわれておりますが、基本的にマスメディアとは今起きている事象を世の中に伝える情報媒体のことです。それはもちろん雑誌であり新聞でありテレビであり、いろいろなものが存在してきました。

そしてちょっと時代を遡って、15世紀の中頃に活版印刷という印刷の手法ができました。これは凸の版に圧をかけて紙にインクを転写するという、極めて原始的な印刷の手法になります。それまでは、会話だったり先ほどの音楽でいうところのライブ的なもの、あとは木版印刷といって、木の板に文字などを彫って、絵の具や墨汁を塗って紙に写し、それを人に渡すという形で情報が広がっていました。

しかしこの活版印刷の誕生によって、ヨーロッパの情報社会は大きく変わることになります。要はプレスをすることで大量印刷が可能になり、多くの人の目に情報が触れるという進化を促しました。それは人々にとって知識となり、人々が意見を交換したり、主張するような時代が始まりました。活版印刷によって、ヨーロッパはどこよりも急速に近代化が進んでいったといわれています。

これはヨーロッパ最古の学術誌といわれる『ジュルナル・デ・サヴァン』〔写真1〕という本になります。この頃の学術誌というか印刷の本の役割は、基本的には研究成果を共有するためのメディアだった。なので情報をまとめて世の中に出すという中核的な役割を果たしていました。

ちなみに余談にはなりますが、日本で最初の定期刊行誌は、オランダの学術誌の翻訳を主とする『西洋雑誌』といわれています。1867年ですね。江戸時代の終わりの頃に、柳川春三という人によって創刊されたものです。

メディアそのものがメッセージである

つまり私たちはメディアが進化することによって、さまざまな情報を得るようになりまし

写真1　1665年、パリで創刊された世界初の文芸誌『ジュルナル・デ・サヴァン』。以降の雑誌に影響を与えた。©aflo

た。ここでメディアを語るうえで重要な人物がいます。マーシャル・マクルーハン[3]というカナダの文明批評家であり英文学者です。彼は社会の根底にある原理を読み解いたといわれており、数々のメディア研究を発表してきました。1950年代、60年代から今に続くことを予知していたという点で、彼の書物には出版業界にとって時代を読み解くうえで重要なことが書いてあります。代表的な言葉で〝The media is the message〟というものがあるんですが、これはメディアそのものがメッセージであるという彼の主張です。印刷というものによって多くの人に情報が行き届いた中で、メディア自体が社会に影響を与えていると。発信するメディア自体が情報になっているのではないか、という論理です。

つまり情報が受け手に渡るまでにメディアという中間媒体が役割を発する。どのメディアがその情報を発信するかによって受け手が得る感覚が変わっていく。それがメディアの大事な役割であるというわけです。

また、マクルーハンはこんなことも言っています。新しいメディアが登場することで、無意識に別の主観、感覚に染まっていく。つまり、メディアが進化すると人間の五感が進化する。それは生活の意識が高まったり、新しいスタイルが拡張されていくということを言っています。

では、ここでもう一度あらためてメディアの進化について考えてみたいと思います。今日の主題に戻ります。

藤原　今、結構難しかったでしょう。ついていけない人も多分いるかと思うんですけど(笑)。メディアのマクルーハン。あれは卒業試験に絶対出る言葉ですよね。メモしておかないといけないキーワードですね（笑）。

信憑性が情報を育てる

僕もメディアをやることについていろいろ考えたんですけど。メディアというのはいわゆる「中間のもの」だから、例えば音楽でいったらレコードとか、そういうものですよね。メディア、イコール中間のものを挟まなきゃいけないと思うので。個人で発信する現在のソーシャルメディアというのは、やっぱり成り立つべきじゃないというか、本来のメディアではないんじゃないかと思うんですよ。雑誌や新聞という、「ミディアム、中間にあるもの」を介して初めて情報の信憑性が増してくるというか、信頼が得られるものだと思うんです。

だから例えば、「2ちゃんねる」に書いてある芸能の情報と『週刊文春』の情報を同じだと思っている人もいるかもしれないですけど、やっぱり『文春』にはちゃんとそういう取材をする記者や編集者がいて、副編集長がいて編集長がいて、よし、これだったらいける、ゴーだ、というちゃんとしたプロセスを経て、初めてメディアに出るので信憑性が違うと思います。「中間に何かを置く」というのは結構重要で、知能もそうだといわれていて、例えばイヌはお皿から直接口でご飯を食べます。クマになると手でハチミツを取って手をなめます。サルは枝を巣の中に突っ込んでハチミツをすくって食べるようになって、人は手で食べる前に、それを手に入れるために、お金を稼いでコンビニに行ってハチミツを買い、スプーンで食べる。どんどん工程が多くなる。それがやっぱり知能の表れであるから、メディアというのは中に挟めば挟むほど、スピードは落ちるかもしれないけど、信憑性が得られて、いいものというのも変ですけど、何ていうんですかね。メディアらしいものになる。そのプロセスを経て、情報はちゃんとしたものに育っていくんだと思います。

小澤　そんなヒロシさんの情報はいろいろなメディアを通じて世の中に発信されていきました。数々の連載や情報を発信する場、これらがヒロシさんにとってのメディアでもありました。今回は特に3つのメディアについて、それぞれがどんな進化をしてどんな役割を果たしてきたかをお話しできればと思っています。

藤原ヒロシの〝ア・リトル・ノーレッジ〟

1995年に今日の会場でもある集英社の『メンズノンノ』という雑誌で、「藤原ヒロシの〝ア・リトル・ノーレッジ〟」という連載が始まり、11年続きました。2005年にはインターネット上で『HONEYEE.COM（ハニカム）』[★4]というウェブマガジン、ブログサイトが立ち上がりました。そして2015年には『Ring of Colour（リング オブ カラー）』[★5]。これは現在も続いているインターネットの情報サイトであります。これは意識しているものではないと思いますけれども、よくよく考えてみるとヒロシさんのメディアへのかかわり方が10年単位で変わっているんじゃないかと。もちろんこの間にもいろいろなメディアでヒロシさんは情報を発信してきましたが、今回はこの3つに絞りたいと思います。

まずはスタッフのほうで、「メディアを立ち上げるときにまず何を考えるか」ということを検証してみました。ヒロシさんのメディアを読み解くうえで「表と裏」というキーワード、というか仮説を立てて話をしていきます。

では、1995年の『メンズノンノ』の連載「藤原ヒロシの〝ア・リトル・ノーレッジ〟」について。ここからは、1995年から2006年まで約11年間この連載の編集を担当された日高麻子さんを交えて講義を進めます。日高さん、よろしくお願いします。

藤原　拍手ありがとうございます。日高さんがいなかったらこの連載も始まってなかったし、今ここでこうやってみんなと会うことも多分なかったと思います。

日高　皆さん、こんばんは。日高麻子と申します。よろしくお願いします。私は今ご紹介にあったように1995年から11年間、編集の担当をさせていただきました。その後、連載を終了して数年がたったところで『ウオモ』に移ったんですけれども、そこでまた真っ先にヒロシさんに声をかけさせていただき、連載だけでなく、いろいろと形を変えて現在に至っているという感じです。

今、「表と裏」というキーワードが出てきましたけれども、ここからはちょっと表の存在としての『メンズノンノ』のお話になります。今日受講してくださっている中には若い方たちも大変多くて、ちょっとピンとこない方も多いのかなと思うので、当時『メンズノンノ』がいかに「表」だったのかという話を少しさせていただきます。

写真2　1995～1997年の『メンズノンノ』は、旬な俳優を表紙に起用し、右肩上がりの販売部数を記録。

その時代における「表」を考える

藤原　『メンズノンノ』だけじゃなく、雑誌というもの自体がすごく「表」だったんですね。雑誌がすごく重要視されていて、どこに行っても雑誌がある状態でした。

日高　そうですね。そんな中で、連載が始まった1995年がどういう年だったかというと、これは雑誌と書籍の発行部数のグラフなんですが、青が雑誌で赤が書籍になります。そして、この青のグラフのすごく盛り上がっている頂点にほぼ近いところが1995年です。1997年が雑誌の発行部数が最高に達したところなので、1995年はその2年前ということになります。雑誌という市場に最も勢いがあった年ということになるんですけれども、『メンズノンノ』はその中でも男性ファッション誌というジャンルでは発行部数も売り上げもナンバーワンでした。その後も最高記録を更新し続けていた時期ということになります。

藤原　ほかにもメンズ誌はあったんですけど、やっぱり断トツ、1位の雑誌でしたね。

日高　はい。当然なんですけれども、あらゆる情報の入手手段が紙の印刷物だったという、インターネットが普及する前の話になりますね。1996年の日本のインターネットの普及率はわずか3%程度となっていました。

藤原　みんな知らないかな、その頃はインターネットプロバイダーが「ベッコアメ」というものしかなかったんですよ。だから僕のアドレスは〝hiroshifujiwara〟の後ろに〝BEKKOAME〟と大きく書いてあって、海外に行くときになんか恥ずかしかった。

日高　これがその当時の『メンズノンノ』の表紙のいくつか［写真2］なんですけれども。専属

（右から）1993年12月号、1994年2月号、同5月号、同11月号、1995年5月号、同8月号、1996年2月号、1997年1月号。

モデル出身の田辺誠一さんとか、大沢たかおさんとか。あとは木村拓哉さん、永瀬正敏さん、いしだ壱成さん、本木雅弘さん、武田真治さん。そういう当時人気のあった人たちが表紙を飾っていました。

誌面では、クライアントだった国内のアパレルや人気のインポートブランドをメインにしながら、海外のコレクションの情報や、あとはストリートスナップみたいなものを満遍なく特集し、あくまで王道をいく編集内容にこだわることで、全国津々浦々まで行き届く部数を誇っていました。

これは余談なんですけれども、毎年、全国7〜8都市で「ファッション・コーディネート大賞」というスナップ企画を行っていました。渋谷では、マルイ（現在はモディ）の前に撮影ブースを3つぐらい立てていたんですが、撮影待ちの列が会場のあるビルを3周ぐらいしている、みたいなこともありました。

もしかしたら皆さんのお父さんで並んだことあるよ、という方がいらっしゃるかもしれませんね。

お互いが考える連載の狙い

藤原　これを見てもわかるように、めちゃめちゃキラキラしていました。当時の雑誌って女性誌で例えると、『ａｎ・ａｎ』と『ＪＪ』みたいにテイストがカテゴライズされていて、もしパンクとかニューウェイヴの雑誌があったとしたら、その読者は多分『メンズノンノ』なんか絶対買わないとか、それぐらい雑誌ごとの壁があったと思うんですね。ただ男性誌は『メンズノンノ』みたいなものがほかになかったから、独り勝ちみたいな状態だったんですね、きっと。

日高　そうですね。雑誌の売り上げプラス、部数とか誌面のクオリティとか、あとは情報の正確さに基づいた信頼感みたいなものをもとに、クライアントさんがタイアップや広告を出してくれることによって得る広告売り上げというものがあります。雑誌の売り上げと広告売り上げを足したものが収益になるわけですが、そういうビジネスモデルにおいても成功を収めていたという意味で、まさに表だったといえるのではないでしょうか。

藤原　そうですね。だからそういう意味でのメディアとしては、ライターがいて、編集者がいて、副編がいて、編集長がいて、それだけのフィルターを通してやっと情報が表に出られるということですね、記事を書くときに。

日高　はい。次に〝ア・リトル・ノーレッジ〟を仕込んだお互いの狙い、思いについて。まず『メンズノンノ』側の狙いというか始まったときの経緯を少しお話しすると、ヒロシさんの当時のマネージャーさんから、連載しませんか、という提案をいただいたのが始まりです。即「やりたいです」とお返事したものの、一方でヒロシさんが当時の読者にすごく人気があったというよりは、むしろ、『メンズノンノ』にフィットしていたとはいえない世界の人という認識はありまして。

藤原　『メンズノンノ』という表の雑誌の中に反社会的勢力（笑）。

日高　実際、当時の上司はヒロシさんのことを知りませんでした。なので、自分が知り得る限りのヒロシさんの実績と合わせて、この人の連載があることで必ず一目置かれる存在になります、というようなことを言って説得した記憶があります。

連載は、裏原宿への入り口づくり

藤原　さっき僕が言った『an・an』『JJ』みたいな構図でいうと、この頃は宝島社に『宝島』という雑誌がありました。ファッション誌とはいえないので比較はできないかもしれないですけど、そこで僕は連載みたいなものをやっていたんです。そこは今思えば、僕とライターだけでゴー、みたいなフィルターがほとんどないメディアだったんですけど。その素人的な勢いというか、カジュアルさがいいところでもありましたね。

日高　私はもちろんヒロシさんの『宝島』の連載は知っていました。これは本当に個人的な話なんですが、表として成功していることに対しての誇りというのはもちろんありました。ただ一方で売れているということ、王道であるということ、「みんなにわかりやすいおしゃれ」といわれることに対して反発もあったし、引け目とか、恥ずかしさと言っちゃうと言いすぎですけど、自分も若かったし、「もっととがりたい、わかる人にわかる雑誌をつくりたい」みたいな気持ちが強かったというのはあります。

「裏原宿」という言葉を使うなら、ヒロシさんの連載があることで表だけじゃない裏への入り口みたいなものがこっそりつくれるんじゃないかと思ったし、「あれっ」と思わせる、ちょっとした違和感のある人が毎号続く2ページの連載をできるというのは、表という存在のままで次の時代への布石を打つことになった。狙いがあったとするとそこかなと思っています。これはまったく結果論になってしまいますけれども。

藤原 僕自身は特に狙いはなかったんですけど。ただ、『宝島』でやっていて、次に連載するんだったらやっぱりいちばん売れている、メジャーな雑誌がいいと思って選んだのが『メンズノンノ』です。一冊の中でも違和感のあるページにしたかったので、巻末のほうによくあるちょっとした広告みたいなものの後にあればいいかなと思って、巻末をやらせてくださいと日高さんにお願いしたんですね。

小澤 ファッションではない通信販売とか、医療系の広告の後ろということですね。

メジャーの隅がつくり出す違和感を求めて

日高 ほかに何かなかったんですか。狙いというか、なぜ『メンズノンノ』だったんですか？

藤原 いや、もう本当、『メンズノンノ』しかなかったということですよね。美容室に行っても置いてあるのは『メンズノンノ』だし。例えば『メンズクラブ』とかはあったけど、そういう雑誌とはまたちょっと違ったし、マガジンハウスはもうちょっとカルチャー寄りで、前から僕も付き合いがあったので。やっぱり新しさでは『メンノン』しかなかった感じです。

結果的には『メンノン』でやったことでこうやって講義もできているし。例えばちょっといい、予約のなかなか取れないレストランの予約が取りやすくなったり、そのお店の人から「ずっと『メンノン』を見ていました」みたいなことを言われたりするので、この連載のおかげで今の僕があると言っても過言ではないです。

それで「メジャーの隅っこ」ということであえての巻末でやらせてもらって。違和感をつくるためにというか、本当に違和感があったほうが面白いんじゃないかと思ったので、そのとおりにやらせてもらっていました。

日高　これが連載が始まった号の『メンズノンノ』ですね［写真3］。

藤原　確かにこの表紙でした。全然、木村くんに見えない。むしろKōki,ちゃんに似ているといえば似ている。

日高　大特集がアニエスベーオムとポール・スミスという当時、非常に人気のあったブランドのページということになります。

藤原　ここでこの連載が。

日高　はい。それで連載を始めますということで、どういうふうにしましょうと相談したときに、ヒロシさんからカメラマンを小暮徹さんにお願いしてくださいと言われまして。当時の小暮徹さんといえば、メディアでいうと『流行通信』とか。あとは小泉今日子さんとかもそうですけど、有名なアーティストとのコラボをしていたり。

藤原　あとコカ・コーラのCMとか。

日高　資生堂もですね。すごく大きな企業のコマーシャルをやっていらして、本当にモード界、広告業界の重鎮というイメージだったんです。なので、巻末の2ページで、しかも裁ち落としでもなく、細かいかもしれないページでお願いできるのかすごく不安だったんですけれども、快諾いただきました。

藤原　僕は大御所カメラマンとしての側面はそこまで知らなくて、若い頃からよく会った

写真3　連載「藤原ヒロシの"ア・リトル・ノーレッジ"」がスタートした『メンズノンノ』1995年10月号。表紙は木村拓哉。

り、DJしているところにいたり、そういう業界の知り合いということで、どうせやるんだったら小暮さんにお願いしたかった。多分、『宝島』より予算もあるし、と思って（笑）。小暮さん本人もぜひ、ということで喜んでやっていただいたと。

『メンズノンノ』初のデジタル入稿

日高　そして始まりました。第1回［写真4］です。これはニューヨークのビルにヒロシさんが座っているというビジュアルで、今だったらこういう合成って全然珍しくないと思うんですけれど、当時はこういう写真が雑誌に載ることもまったくないことだったので。

藤原　合成そのものがなかったんですよ。多分コラージュみたいに切り取って貼るとか、そういうことしかなかったんですね。

日高　なので、「どうやって撮ったんですか？」というのはすごくいろいろな人から聞かれました。

藤原　これは本当にテクノロジーの進化によってできたことで、Photoshopがクロマキー[★6]合成に対応したのかな。確かそういうときだった。小暮さんがそういうソフトをどこか海外で買ってきて。僕も知らなかったんですけど、グリーンバックで撮れば合成できる。

日高　なのでヒロシさんをグリーンバックの中で撮って、この建物に座っているように合成できるかというのをいろいろ試して。

藤原　例えば、わからないと思うんですけど、背景のビルの写真を小暮さんが持っていて、

日本初のクラブDJとしてその名をはせ、
今や音楽の分野のみならず、
マルチに才能を発揮している藤原ヒロシ氏。
ことファッションに関しても、その造詣の深さと
"流行予言者"としてのカリスマ性は、
多くのファンも認めるところなのです。
その藤原氏の新連載が、今月からスタートします。
ファッションの話題を中心に、もちろん音楽情報も加えて
お届けします。どうぞお楽しみに。

写真4　連載第1回は私物のレザーを紹介。そして着用する穴あきのリーバイスやレッドウィングも話題に。

「ヒロシ、ここに座らせるから」みたいなことで打ち合わせをして。スタジオにグリーンのビルの箱をつくって、椅子をつくって全部グリーンに塗って。ビルの写真は昼間撮ったもので、こっちに太陽があって影があっちに伸びているから、同じ方向からライティングをして僕を撮る。そうするとギターの影とか僕の手の影とか、写真の光のとおりになるという感じですね。僕はそんな撮影をやったこともなかったし全然知らなかったんですけど、すごく大きいスタジオで時間をかけて、しっかりやりました。

日高　編集部としてもデジタルデータでの入稿というのはやったことがなかったんです。

藤原　もしかしたら雑誌業界で初めてだったんですかね。大日本印刷で初めてのデジタル入稿だったと聞いたかも。

日高　そうなんですね。なので大日本印刷の人に小暮さんがいろいろ指示したり、色調の調整をしたりして続きました。

ハイテクがあるから、アナログができる

藤原　この回はそんな合成してないんですけど［写真5］、デジタルプリントしてその場で上からもう一度重ねて撮るとか。これは当時僕が住んでいた家で、レッドウィングのアイリッシュセッターがテーマだったので、靴がすごくよく見えるようにするにはどうするかを小暮さんと打ち合わせしました。多分読者は合成をわかってなかったから、本当に魚眼レンズで撮ったのかなと思った人もいたんじゃないかな。

写真5　『メンズノンノ』1996年3月号より、連載第6回。自宅の写真と合成。レッドウィングのカスタムモデルを紹介。

写真6　『メンズノンノ』1996年12月号より、連載第15回。ヴェネツィアの川を歩く藤原ヒロシ。伝説のAFFAのMA-1を掲載。

日高　きっといましたね。
藤原　実は小さい箱をつくって、僕はそこに入って壁を触りながら写真を撮って、ライティングもそこから撮って、調整して合成したという。いろいろ苦労したんです。あるときは何か針金というか、そういうもので吊るされたこともありました。
日高　ありましたね（笑）。
藤原　めちゃめちゃ特撮に苦労しました。これは何だったかな。小暮さんが撮ったヴェネツィアかどこかの写真［写真6］でしたね。こういったいわゆるデジタルのものが何年ぐらい続いたんでしたっけ。
日高　デジタルは4年続きました。
藤原　小暮さんの合成で4年続いて、次に何か違うことをやりましょうとなったときに、アナログ的コラージュ［写真7・8］をやりたくなったんですね。それで始まったのがこれです。
日高　これはどうなっているかというと。ヒロシさんがアーティストの日記みたいなものからインスピレーションを得て、「日記帳を買ってきてください」と頼まれて。それに実際のCDや、物を貼りつけて撮影したりとか。小暮さんのスタジオで全部やったんですけど、その場に持ってきてデジカメで撮影して、それを出力したものを貼ってコラージュする。
藤原　CDとかフィルムはアクチュアルサイズのものを上に置いて貼っている。あれが原本のサイズですね。

小暮さんが撮って、その場で高品質のプリンターでプリントアウトして、それを切り出すので、すごいアナログ作業ですが、最先端のデジタル機材を使っていたからこそできるアナ

写真8　『メンズノンノ』1999年12月号より、連載第50回。ナイキの新作やマクセルの新しい音楽プレーヤーをいち早く公開。

写真7　『メンズノンノ』1999年3月号より、連載第41回。コラージュ期。ズッカのスウェットやSOPH.のシャツを紹介。

ログで。僕がこういうのをやろうと最初に言いだした結果、続けることになったんですけど、僕はめちゃめちゃ大変だったんです。

日高　ヒロシさんがとにかく大変でした。その日に物を全部持ってきて、人も呼んできて、その場で全部撮影して。

藤原　僕が切り取って僕が貼って。

日高　そう。文章も書いて、その場で出力したものを貼っていってという。

藤原　そうなんですよ。そんな大変なことが続きまして。これを見てやっぱりアナログに急に戻ったと思われがちなんですけど、実はテクノロジーの進化、デジタルの進化があったからこそできる原始的な作業という感じだったんですね。この講義で一つの軸になっているアヴァンギャルドなもの。いわゆる裏表じゃないですけど、そういうものを凝縮したのがこれだったと思います。

小澤　この2ページをつくるのに大体どのくらいの時間をかけていたんでしょうか？

藤原　お昼に集合して夜遅くまで。そのときに日高さんが持ってきてくれるおやつによってクオリティが変わる。おやつとか夜食を食べながらやっている感じでした。その前に僕は何をやりたいか準備して持っていったりしていたんですけど。小暮さんの家でやっていたので、海外の雑誌をもらって切り取って文字をつくったりとか、そういう感じでしたね。

日高　時間はかかりましたけど、一発勝負なので直感的というか、コラージュする一つ一つがアートピースみたいではありました。

藤原　こういう時期があり、続いて…。

言わない／言えない

日高　連載自体はヒロシさん経由の情報をいち早く知れたり、物を見せてもらったり、普段は会えない人に会えたり、いいことばかりではあったんですけれども、編集者として戸惑ったというか苦労したことといえば、「説明できない」というか「説明してはいけない」ということだったんですね。

藤原　僕がそれを言っていたわけじゃないですけど。

日高　言ってないですよ。

藤原　空気を読んでもらっていたんですね。

日高　当時の、というか真っ当な雑誌だと、やはり読者に親切であることが第一なので。市場で手に入るものだけを掲載して、いくらでどこで売っています、みたいなことをちゃんと書くとか。あとは掲載しているものの出自ですね。どういうものなのかをわかりやすく、できる限り詳しく説明するというのが基本だったんですが、この連載では実際には買えないものとか、これがどういうものであるかが言えないもの、実際にはヒロシさんがかかわっているけれど、そう書けないものがいっぱい出てくる。

　ただ、それは全部「ヒロシさんの私物」ということでクリアできたんですけれども。メディアが当たり前にやってきた、編集部主導で借りてきたものを紹介するセオリーみたいなことは簡単に崩されてしまったな、という。

藤原　編集長は何も文句を言わなかったんですか？

日高　だから編集長から言われていましたよ、「これは何なんだ」と（笑）。

小澤　この情報量の少なさで苦労した読者は、僕の世代にはたくさんいると思います。どこに何が売っているかわからないとか、そういうのはいっぱいありましたよね。

日高　だから、聞きたいし言いたいんだけど、ヒロシさんに「それは特に言わなくていいんじゃないですか」みたいに言われて。

藤原　自分がつくったものを自慢げに出すのも何かな、というのが最初からのスタンスだったので、あまりそういうものは出してなかったですね。

日高　なので、ヒロシさんが原稿を書くので、私はキャプションとか、欄外にちっちゃく2行ぐらい「編集部注」というものを入れていたんですけど。

藤原　情報を？

日高　はい。そこに書けることだけ書くというのが私の仕事でした。

モノからコトへ

藤原　さて、ここからまた連載の形態が変わるんですけれど、今でいうスタイルブログのようなものに変わっていきました［写真9］。

日高　そうですね。それまではスタジオの中でページが出来上がっていたんですけれども、今度は実際に外に出ていろいろな場所に行ったり人に会ったりするような、リアルで動きのある立体的なものになっていきました。これはルイ・ヴィトンのイベントですかね。2000

写真9　『メンズノンノ』2004年1月号より、連載第97回。4度目のリニューアルはファッション以外の旅の情報などが中心に。

年代前半ですね。

藤原　ルイ・ヴィトンもこの頃にはすでにアパレルがあったんですけど、僕のイメージではルイ・ヴィトンってもともと鞄の会社だったのに、今はもう服が当たり前になっていますよね。いちばん最初にそう思ったのは、今も覚えているんですけど、当時、SOPH.の清永（浩文）君がパリ出張のお土産にカシミヤのセーターを買ってきてくれたんです。裾に「LV」と書いてあるだけなんですけど、それまでルイ・ヴィトンに洋服なんてなかったんじゃないかな。

日高　メンズは特にね。

藤原　全然なかったです。それで、ルイ・ヴィトンって洋服があるんだ、というところからどんどん大きくなって、こういう状況になったという感じなんですね。今はもう当たり前になったんですけど、当時はプラダにしてもグッチにしても、鞄のブランドが洋服をやりだしたときでした。今までは全部小暮さんのスタジオの中で合成をしたりアナログ的な作業をしていたのが、最近何をやっているかとか、世の中どうなっているかみたいなことも含みつつ、確かにライフスタイルで、今でいうブログ的なものに変わっていったという流れでした。

〝ア・リトル・ノーレッジ〟がお互いにもたらしたもの

日高　さて。お互いに何をもたらしたのか。じゃあ、私から。連載をスタートしてから30年弱たっているんですけど、『メンズノンノ』という雑誌が常にメンズファッション誌のトップランナーであり続けられたというのは「藤原ヒロシの〝ア・リトル・ノーレッジ〟」があったからと個人的には思っています。

1986年の創刊と同時に成功を収めてきた雑誌ですが、10年がたとうとしたところ、つまり1995年って大きな節目の年だったと思うんです。その後長く競合になる『スマート』という雑誌ができたり、ナイキのエア マックスに象徴されるスニーカーブームがあったり。そしてその後、いわゆる裏原宿に代表されるようなストリートファッションのブームという、『メンズノンノ』をメジャーというとしたら、その対抗勢力としてのオルタナティブとかサブカルチャーみたいなものが世の中を席巻していくわけなんですけれども。メジャーというか表だけじゃない、裏の存在感が増して、世界が広がっていったというときなんですね。

〝ア・リトル・ノーレッジ〟の存在が、表の人たちというか当時の読者に新しい扉を開かせて、裏という言い方をしますけど、裏の人たちからもこの雑誌はありなんだ、というお墨付きをもらったと。そういう地位を『メンズノンノ』は確立できたのかなと思っています。

藤原　めちゃめちゃいいリクルートだったんですね。

日高　そうです。実際その後、アンダーカバー、ネイバーフッド、WTAPS、ア ベイシング エイプ、SOPH.など、人気になっていくブランドの特集のオファーもそうだし、時代を先取りするような情報というのは真っ先に入ってくるようになったと思います。

ディオールのアーティスティック・ディレクターのキム・ジョーンズも「メンズノンノを見ていたよ」と言ってくれて。彼がルイ・ヴィトンにいた時代にもタイアップや広告を入れてもらったりしていましたし。実際に今アパレル業界のトップになられている方たち、影響力のある方たちからもそういう話をされることも多いです。ファッション業界以外の企業の決裁権のある方も見てくださっていた世代なので、少なからず広告出稿に影響を与えてもらっているという感じです。

メジャーの中にあるアンダーグラウンドの心地よさ

藤原　僕はメジャーの中でやりたかったんですけど、メジャーな層に僕を知ってもらいたいというわけではなく、何となく遊び的な感覚で、こういうインディーズなものがあったら面白いんじゃないか、という感じで始めたんですね。だから手づくり感覚だったり、生活っぽいものが見えたり、というのはあったんじゃないかと。

ただ、日高さんが言ったことと同じで、やっぱり僕の周りで「メンノンの連載を読んでいました」という人がすごく多くて、今の仕事でもそうだし、さっきのレストランの予約が取りやすい話とかもそうだし。そういうことも、みんなこの連載があったからかなと思っています。だから、あのとき、メジャーでちょっと変わったことをやってみようと思ったのはすごくよかった。

小澤　ヒロシさんはその頃、ご自身が裏であるとか、インディーズであるという認識はありましたか？

藤原　いや、裏とかはあまり考えてなかったんですけど、常にアンダーグラウンドでいるほうが楽だと思っていました。メジャーっていろいろなしがらみが生まれて大変そうなので、いい位置にいたいなとはずっと思っていましたね。

小澤　『メンズノンノ』で連載することで、そのいい位置を心地よく保っていたんですか。

藤原　保っていましたね。日高さんが止めてくれていたんじゃないですか、いろいろなことを。だから今もこうやって仕事をやらせてもらったりしているし、いろいろ自由にやれるのもこのときがあったからだと。ありがとうございました。

日高　ありがとうございました。

いい写真でブログする

藤原　続いて准教授が代わります。

皆川　皆川です。よろしくお願いします。

さて2005年、『メンズノンノ』で連載をスタートしてから10年後に『ハニカム』が始まったわけですが、「表を見ながら裏を見る」というのはヒロシさんのスタイルであり続けています。その頃何が起こっていたかというと、『アメブロ』が全盛期を迎え、2006年にはツイッターが創設されています。このときの情報メディアは、文章が中心でした。

藤原　そうですね。ブログというとやっぱり文章が当たり前だった。ツイッターは僕はやってなかったし、ほとんど見てもなかったです。『ハニカム』を始めたときだったので、自分たちのほうに一生懸命だったというか、重きを置いていたと思います。

当時はカメラの進化というか、コンデジ（コンパクトデジタルカメラ）というものが生まれたときだったんですよ。みんなリコーのGRを持っていて。携帯電話のカメラで撮っていたのから一気にクオリティが上がったときだったんですね。だから、みんなGRでいい写真を撮っているんなら、ブログに使ったらいいんじゃないの？というのが始まりだったんですよ。僕らが『ハニカム』を始めた理由の一つです。

皆川　写真の再価値化ですね。テキストの時代に、別に写真がなかったわけじゃないと思うんですけど、コンデジとブログを結びつけようというのは？

藤原　今までなかったからですかね。でもさっき言ったみたいに、そのときちょうどコンデジが流行ったというか、身近な存在になったからかもしれないですけど。

皆川　そうですね。第1回のブログの猫ちゃんは？

藤原　猫ちゃんは姉が飼い始めたのかな。写真がメインで文章が少なめなのは、『メンノン』時代に培ったフィロソフィともいえますね。

皆川　ブログが100日限定だったのは、最初からそのスタイルでしたか？。

藤原　はい。いちばん最初は僕とvisvimの中村（ヒロキ）君と清永君の3人で『ハニカム』を始めたので。その頃のことはもうあまり覚えていないですけど、3人だともったいないし、周りにいろいろな人がいるから誘ってやろうと言って増えていったんですね。だからサイトが先に立ち上がってブログはおまけでつけて、そこで3人でやりだしたっぽいです。ちょっと定かじゃないんですが。でもすぐに、周りから結構な数の人を呼び込んで。

期間を限定し、人の循環を高める

皆川　メンバーはどういった基準で選ばれていましたか？
藤原　誰がいましたっけ、このとき［写真10］。エリック・クラプトンがいますね。ほとんどアップしてなかったですけど。あとはジョン・C・ジェイ、KAWSですね。あ、道端ジェシカがいますね。その隣はジョン・メイヤーですね。
皆川　錚々たるメンバーがいますね。
藤原　声をかけて、面白いと思ってくれた人みんなにやってもらった感じで。100日、もちろんみんなノーギャラでした。クラプトンにもお金はいっさい払ってなかったです。
皆川　でもこの100日というのはきっとよかったんですね。
藤原　あまりアップしない人を、どうやってクビにするというか、やめてもらうのは難しいから（笑）。それだったらもう100日限定にしたほうがいいんじゃないかというので。そうすればメンバーが結構替わる。
皆川　本当にいろいろな人がいますね。氣志團がいます。
藤原　氣志團がいますね。
皆川　パトリック・コックスさんは旧友だとおっしゃっていましたけど。
藤原　そうです。彼も学生、僕も学生のとき一緒に住んでいました。キム・ジョーンズもいますね。ヴァージル・アブローもいましたね。
皆川　だからこれ、ブログの方式としてはとても新しいし、この後も期間を限定するといっ

写真10　『ハニカム』内の「100DAY BLOG RELAY」のトップページ。著名人の日常が見えた人気コンテンツ。

たスタイルはないんじゃないでしょうか。「リレー」と書いてあるけど、別に指名したとかではないですよね。

藤原　「限定」という言い方は変ですけど、100日と決めることによってみんなも最後、頑張るとか、次の回が楽しみになるとか、いろいろよかったんじゃないですか。

皆川　『ハニカム』で面白いなと思ったのは、編集ページがすごく雑誌的で。当時、僕は広告会社にいたのでメディアのことをよく調べていて、ウェブと雑誌は性質的にちょっと相容れない感じがあったんですけど、裏の裏を突いてめちゃくちゃ王道な特集が組まれていたり、突然「キャニオニングをやってみた」みたいにブログ的なアイデアで記事がつくられています。だから、さっきの『メンズノンノ』の大変だったという話もそうですが、やっぱり楽しんでやっているというのが印象的でした。

藤原　ですね。みんなの興味があることをそのままぶつけてもらっていたという感じです。

一方通行コミュニケーション

皆川　そこからさらに10年がたち、2015年に『リング オブ カラー』がスタートしました。これは今も見られるメディアですね。

藤原　今、僕はあまりアップしたりしてないんですけど、これを始めるときは『ハニカム』の次のフェーズを考えたときに、年末に実家に帰ったときだったかな、何か新しいことができないかなと思って、『ハニカム』の反省点というか、生かせるところをいろいろ考えたんです。

僕はランダムにいろいろなスニーカーだったり、時計だったり、カップラーメンだったりの情報をアップしていたんですが、中には僕のスニーカーの情報だけを知りたくて、ラーメンの話なんかうざいよ、と思っている人も絶対いるだろうなと思って。そういうときに情報をカテゴライズしたほうが見やすいじゃないかと。で、あそこに座っているんですが、受講生でもある元電通の原君と一緒に立ち上げたんです。

　彼は広告代理店勤務だったし、こういうのはどうかなと相談したんです。そのときにさっき話したように、もちろん人は立つんだけど、物で区切って、例えば時計のカテゴリーをクリックしたら、いろいろな人がアップしている時計の情報だけのページ、クルマだったらクルマだけのページ。それこそフィロソフィーさんはクルマや時計に詳しくて、梶原由景君[★7]だったら居酒屋に詳しくてとか、そういう人たちが結構いたので、面白いんじゃないかということで相談して、電通のお墨付きをもらって。

皆川　電通のお墨付きがあったんですか。

藤原　電通のお墨付きがありました。もしかしたらカテゴリーごとに全部に広告が入るんじゃないかという。全然無理だったんですけど（笑）。

皆川　この時代、とにかくメディアの環境がカオス状態になっていました。『メンズノンノ』のときと全然変わっていますよね。驚いたんですけど、現代人が一日で摂取する情報の量って江戸時代の一年分に相当するみたいです。しかも平安時代に置き換えると、一生分の情報量を現代人は一日で摂取しているともいわれています。この状況を変えたいなとヒロシさんも思ったりしたんですかね。あとはもう一つ、「双方向性」にすごく疑問をもっていると言っていました。

藤原　そうですね。できれば情報は一方通行のほうがいいなと僕は常に思っています。コメントがくると結局ノイズになってしまうんじゃないかと。だから『ハニカム』はコメントを入れる人とそうじゃない人がいたと思うんですけど、僕は一貫してコメントを入れませんでした。

皆川　これ、ヒロシさん以外言っている人はいないと思うんですよね。「情報の一方通行」。

藤原　だって炎上していたりするのを見ていると、やっぱり心地よくないじゃないですか。

皆川　そうですね。

人に頼らない、依りすぎない

皆川　人ではなくモノから、コトから入るということですね。

藤原　そのコトを紹介する「人」というフィルターも重要というか、『リング オブ カラー』もメンバー制だからこそ成立する。誰でも時計が好きな人はアップできるよというオープンなものだとメディアとしては盛り上がるかもしれないけど、どんどん濃さがなくなって薄れていく。だから専門家というフィルターを通した人しか発信できないウェブメディアにしたかったんです。

皆川　ソーシャルメディアではない、というのが根底にあるということですかね。

藤原　メディアというのは、情報が表に出る際に中間に入るフィルターの役割をもつものだから、一般の人がやるSNSというのはメディアじゃなくて独り言。

皆川　独り言。つぶやきですね。

藤原　はい。本当、つぶやきだから、従来のメディアと並列に考えるのはちょっと違うかなと思います。

「表」を理解し「裏」をかく

皆川　一つ結論で。これはもしかして今回だけじゃなく、全部の講義にヒロシさんのやっていることが結びつくのかなと。

藤原　さっきも言った、「アヴァンギャルド」や「アンバランス」というものが、やっぱり根底にあるような気はしました。僕も自分で自分のことを見つめ直したりしないタイプだから、今回この授業をやるためにスタッフのみんなと朝3時とか4時まで一緒に会議したりして、僕自身のことも「そういうことか」とわかったりしてきました。

皆川　「裏」をかくという言い方がヒロシさんに合っているかわからないんですけど、やっぱりこういう気持ちで今までのメディアもつくってきた。気持ちというか、意識はされてないかもしれないけど、これに近いことなのかなと思っていて。でも僕がこれを言ったときに、ヒロシさんはもっと大事なことがあるよと言ってくれましたよね。

藤原　裏を大切にする前に、まず表が何なのかをちゃんと理解しないと裏がわからない。

皆川　裏をかくぞと思っても、かけないということですね。

藤原　それぞれ対象があると思いますが。雑誌でいったら僕にとっては『メンズノンノ』が表だったから、その中で裏をやっていたということなんです。

皆川　変なことをすればいい、というものじゃないと。

藤原　そうです。

皆川　ヒロシさんは「マーケティングは意識したことない」とおっしゃっていたんですけど、これはめちゃくちゃマーケティングだなと思うんです。

藤原　そんなことないです。

皆川　そうですか…。

藤原　だから、常に何かそういうことを考えているんです。この前『フォーブス』の人たちと食事に行ったんですけど。以前から『フォーブス』で何かグッズをつくるとしたら、という話をしているんですよね。やっぱり〝Forbes fragment〟って書いたTシャツをつくっても何も面白くないし、価値がないと思うので。じゃあ、一体『フォーブス』だったら何をやったらいいかなといろいろ考えていて。それいいですね、と言われたのは、小銭入れ。『フォーブス』を読んでいる人は裕福だから、きっと小銭なんて気にしなそうじゃないですか。

皆川　確かに、読者は。

藤原　それなのに『フォーブス』と書いてあったらちょっといいかな、とか。

皆川　それは採用されるんですか？

藤原　それはわからないです。あとチョコレートとお砂糖と紅茶、というのもいいんじゃないかなと思ったんですけど。

皆川　『フォーブス』で?

藤原　チョコレートとお砂糖と紅茶を俯瞰で撮ったら、まさに映画でよく見るような、お金持ちがドラッグをやっているワンシーンみたいで面白いんじゃないかなと思ったんですけど、絶対無理と言われました（笑）。小銭入れのアイデアはよかったみたいです。アイデアをツイストしたり、表に対しての裏を考えたりとか、そういう思考の進化みたいなものを遊びながら常に考えています。

プロの会話をのぞき見するメディア

皆川　それでは次回、DAY3の情報学の話を少しだけ。生徒の皆さんからも、ヒロシさんってどうやって情報をインプットしているのかな?とか、そもそも打ち合わせはどうやっているの?という質問をよくされるんです。本当にヒロシさんの打ち合わせとか、カジュアルな会話をのぞき見るような講義にしたいなと思っています。

藤原　今日の社会学、メディア論みたいなものと情報学って結構似ていて、メディアというのは情報がないと存在しないので、僕はやっぱり情報ってすごく価値のあるものだと思います。はたしてそれがどれだけ重要なのか、あるいは今それが重要視されているのか、みたいなことをメインに話したいと思います。

皆川　時間がちょっと余ったから質疑応答でもします?

藤原　どうぞ、仕切ってください。

皆川　せっかくなので感想を聞きたいなと思います。

藤原　はい、どうぞ。

生徒A　僕はソーシャルメディアを主力として使っているクリエイティブをやっていまして、今まさにソーシャルメディアというのは独り言だという話がありました。

僕はもともと雑誌の編集者だったので、雑誌の気持ちもすごくわかりながらも、今の時代こその表と、そこに対しての裏って何なんだろう？と思ったときに、僕は表がマスのテレビとか雑誌だとしたら、裏が実は今のSNSで多く見られているショート動画で、いつかは表になる瞬間がくるんじゃないかと信じてやっているような感じです。何かそこに対して、ヒロシさんのご意見があったら。

藤原　ショート動画というものを僕はほとんど見ないんですけど、きちんとチョイスしてくれる媒体とかがあればいいですね。メディアの視点で面白いものを選んでくれるとか、そういうものがあればいいなと思うのと、あとソーシャルメディアの一方通行のつぶやきというのはまさに独り言だと思うんですけど、『リング オブ カラー』のときにやろうと思ってできなかった、独り言vs.独り言の会話というのは結構重要だと思っています。ただ、どうしようもない人が混ざってくるとノイズでしかなくなって面白くない。『リング オブ カラー』の中でメンバーだけが話せるコーナーをつくって、一般の人はその模様を観覧するという状態ができれば、プロの会話をみんながのぞき見するような感じで面白いんじゃないかな、と。

皆川　でも、それはサロンと同じことでしょうか。

藤原　そうですね。サロンみたいなことをいち早くやろうとして。でもサロンもそこまでプ口でもない。お金を払えば入れたりするから。そうじゃなくて、内密な会議みたいなものを外の人が見るだけとか、そういうことが実現できれば面白いかなと思いました。

生徒A　ありがとうございます。

皆川　あと一人ぐらい聞いてみましょう。

メジャーに対する違和感を大事に

生徒B　今日はずっと違和感があったほうが楽しいとおっしゃっていたと思うんですけど、それはなぜですか？　僕は自分がつくるものにそういった感覚が少なくて、ちょっと不安だなと思ったりして。

藤原　楽しいというより、僕は「メジャーに対する違和感」の立場で常にいることが心地よいということですかね。大きく俯瞰した中での反発分子があったほうがいいかどうかわからないですけど、僕としては反面教師みたいなものがあるほうが、生きやすいのかもしれないです。『メンズノンノ』でやっていた連載もそうですし、例えば一時期のスニーカーブームや裏原ブームって、ストリートカルチャーがメインストリームにいきすぎたと思うんですが、やっぱりほかのムーブメントがメインで活躍してくれているほうが、サブカルチャーの住民は生きやすいなとずっと思っているので。

皆川　違和感は大事だと。

藤原　はい。

皆川　もう一人ぐらいいけますかね。ありますか？　じゃあ、最年少の。

藤原　17歳。

生徒C　17歳です。以前に某ファストファッションブランドとジョイ・ディヴィジョンがコラボしたアイテムが発売されました。ファストファッションという表的なものに対して、ジョイ・ディヴィジョンは音楽好きな人だけが知っているような狭いカルチャーだと思って、それがいわゆる表に対しての裏だと思うんですけど。その表と裏の融合に僕は悪いインパクトを覚えてしまったんです。というのも、ファッションだけが強調されて独り歩きしてしまい、カルチャーの本質みたいなものが消滅してしまったような感覚があって。ファストファッションとカルチャーの融合について、ヒロシさんはどういう考えなのかが気になりました。

藤原　まずそれって、確実にジョイ・ディヴィジョンから「ぜひやりませんか？」とオファーしたわけではないですよね。過去のアートピースというか遺産みたいなアーカイブをブランド側が使いたいと言って、ビジネスとして始まったものだと思うんです。僕は何度かユニクロに誘われたことがあります。ユニクロはユニクロで素晴らしいライフスタイルファッションのブランドだと思いますけど、「僕は一生ユニクロをやることはありません」とお断りしたんです。そもそも僕がユニクロでやっても、どっちのファンも喜ばないと思うので。

皆川　ユニクロさんはどういう反応だったんですか。

藤原　わかりました、みたいな感じ。ユニクロのクリエイティブディレクターは友達だから、たまにお茶したりするんですけど、それは仕事とは関係なく、外の者同士での会話ですかね。

いつか僕がユニクロをやりだしたら、藤原ヒロシはお金に困っているんだなというメッセージと受け取ってください（笑）。

皆川　ちょうど20時半になりました。

藤原　はい、ありがとうございました。

注

1 DAT
Digital Audio Tapeの略称。アナログ式のコンパクトカセットテープに比べると、高音質の音声を劣化の起きないデジタル信号として記録することで、ノイズの少ない録音、再生が可能。

2 デジタルマイクロテープ
ソニー社独自規格。NTテープ、NTカセットとも呼ばれる。会議やインタビューのボイスレコーダーとしての使用を想定して発売された。小型ながら高品質の音楽鑑賞が可能。

3 マーシャル・マクルーハン
カナダ出身の英文学者、文明批評家。本名、ハーバート・マーシャル・マクルーハン。現代メディア論の先駆者として広く認知されている。（1911〜1980）

4 HONEYEE.COM（ハニカム）
クールなファッションやカルチャーを追いかけ続ける都市生活者に向けて2005年にスタートしたウェブマガジン。

5 Ring of Colour（リング オブ カラー）
2015年11月18日にローンチされた、藤原ヒロシがプロデュースする新しいデジタルメディア。

6 クロマキー合成
特定の色（通常は緑や青）を透過させて、別の映像や背景をその位置に重ねる手法。映像制作においてよく使われる技術。

7 梶原由景
クリエイティブ・コンサルティングファーム「LOWERCASE」代表。（1965〜）

DAY3
INFOR-
MATICS
情報学
—交友研究—

性差、年齢、肩書にとらわれない人間関係のマネジメント、
情報交換によるインプットからアウトプットへのつながりなど、
人と人との結びつきが生むアイデアの発想術を整理します。

2023.11.22 WED. 19:00–20:30
六本木 蔦屋書店 SHARE LOUNGE
東京都港区六本木

登場人物:藤原ヒロシ、皆川壮一郎
ゲスト:鈴木哲也(編集者)

藤原　こんばんは。今日はちょっと趣向を変えて、お茶を飲みながら話そうという回です。DAY3始めます。よろしくお願いします。今日は「情報学―交友研究―」についてなんですけれども、まずチャプター1。都市伝説の話からしたいと思います。この前、友達と食事をしていて、たまたま一緒に来ていたその友達の高校生の娘さんに、「最近はどんな都市伝説があるの？」と聞いてみたんです。そうしたら「きさらぎ駅」[★1]という怖い話があると言ってました。僕が子どもの頃は「口裂け女」が猛威を振るっていたときなんですよ。みんな知っているかどうかわかりませんが。その後は「トイレの花子さん」が確かドラマにもなったりして。そのあたりから都市伝説というよりエンタメみたいになっていったんですが、「トイレの花子さん」は、実は戦後間もない頃に一度噂話として流行ったらしいんですね。都市伝説というのは、もともとはデマなんですけど、社会情勢が不安定なときは広がりやすい、そういうことらしいです。「口裂け女」の話を最初につくった人も、自分がついたウソが日本中を駆けめぐっていったのを見て、かなり爽快だったんじゃないかと思います。情報伝達のスピード感だったり広がり方を考えると、都市伝説も情報学の一つといえるかもしれません。

実はハトはドローンだった？

　日本で都市伝説というと、ほかに「こっくりさん」だったり、怖い話が多いんですけど、もう一方であるのは陰謀論ですね。〝conspiracy〟といいますが、海外では特に陰謀論が都市伝説のメインになっていると思います。例えば、9・11の米国同時多発テロは、ビン・ラディンじゃなくてアメリカ政府がやったんじゃないかとか、コロナが流行っていたときは、増えすぎた人類の数を調整するために誰かがウイルスをばらまいたんじゃないかとか、そういう話ですね。そういう陰謀論みたいなものがまことしやかに広がったりしていました。

最近のアメリカで流行った陰謀論で、結構好きだった話があります。最近といっても多分5〜6年前だと思いますが、みんな知ってますか?すべてのハトは、実はドローンなんじゃないかという話。実はアレは政府が国民を監視するためのドローンで、糞に追跡装置があると。で、電線に止まっているハトは、あれは充電しているんです、と。なるほどと思いました。こんなの絶対ウソなんですけど、当時はそのTシャツもあったりして、僕も一回買ったことがあります。こういうくだらないことに一生懸命になるってすごく面白いことだし、これはいい話だなと思っていました。

実は100年前の日本でも、ハトが監視用のスパイとして使われていたみたいですね。今はドローンがありますけど、それまではヘリコプターがなければ空からは撮影できなかったし、当時なんて空から何かを撮ることは、多分鳥にしかできなくて、いちばん扱いやすいのがハトだったんでしょう。本当に撮れていたのか、誰がどうやってシャッターを押していたのかわからないですけど、そういう実験がされていたみたいです。だから、ハトドローンの話も、こういうところからきているのなら面白いんじゃないかと思いました。

ロスチャイルドが仕掛けた情報戦

さて、もうちょっと情報寄りの話に。ナポレオンが戦争でイギリスに負けたときの話です。ナポレオンは「ワーテルローの戦い」で負けたんですけれども、その負けを誰よりも早く知った人物がいました。それがロスチャイルド一家。ネイサン・M・ロスチャイルド[★2]という人がその頃のロスチャイルド家のリーダーで、彼がその情報をいち早く入手した。するとネイサンは「ナポレオンが勝ちそうだ」というウソの情報を流して、自分が持っているイギリスの国債をかなり売ったらしいんです。その結果、ほかの人たちも、ロスチャイルド家が国債を売るということは、もう完全にイギリスは負けるんだと思いこんで、みんな国債を売ってしまった。そして国債がタダ同然に大暴落したタイミングでネイサンはそれらを全部買い戻して、莫大な利益を得た。その情報を、このときロスチャイルドはどうやって得たか。その頃は電話も何にもないし、もちろんインターネットもない。どうやったかというと、ハトなんですよ、やっぱり。伝書バトというのが唯一の情報収集の手段だったんですね。ロスチャイルドはフランスにもイギリスにもすごくいい伝書バトを飼っていたらしくて、何かあると、脚に手紙をつけて飛ばしていた。伝書バトというのは、例えば僕が自宅で飼っているハトを静岡に持っていって、そこで放すとそのハトは自宅を目指して飛んでいくというシステムですよね。だから一方通行の情報なんですけど、電話もない時代だから、走ってくるよりもいちばん早い情報になる。情報を得る手段としては、人から人への伝達以外にはこれしかなかったんじゃないでしょうか。僕は、この話を中学か高校の頃に本で読んですごく面白いなと思って、ずっと覚えていたんです。

その後にわかったんですが、このハトの情報戦を邪魔しようとする人たちもやっぱりいたんですね。その人たちは高度に訓練されたワシを飼っていたらしいです。ワシでハトを邪魔するっていうのは、現代でいうハッキングと何ら変わりがないというか。この時代から情報に対する人の興味だったり情報をめぐる戦いというのは変わらずあって、いかに情報が重要だったかというのがよくわかる話だと思います。そこまでして欲しがる情報というのは一体何なんだろうか。それが今日の議題となります。

ソーシャルメディアは目が粗い

それではチャプター2。かつて僕たちは情報を追いかけていた。例えば僕はロンドンに行ったり、電話をしたりして得た情報を、自分のフィルターを通して雑誌で紹介していたんですね。だから、情報そのものがお金になったというか、重要だったからこそ、僕も雑誌でコラムを書かせてもらったりしていた時代でした。

でも今、例えばインスタグラムを開いたときに、グーグルは絶対僕らの会話を聞いている、とかいいませんか。さすがに僕はそれはないと信じていますが、欲しいと思っていたものがパーッと出てきたりしますよね。さっきまで「ヘアドライヤーの新しいのが出ているじゃん」って話していたらそれがインスタグラムに出てきたりするから、いつの間にか、情報を探していたはずが、情報のほうから僕らが探される時代になってしまったと思います。ただ、それが本当に重要な情報なのか、どうなのか。

ではここからは、いつもの准教授を呼びたいと思います。皆川君、よろしくお願いします。そして今日はもう一人ゲストを呼んでいます。元『ハニカム』編集長の鈴木哲也君です。彼はもともと雑誌『スマート』の編集をしていて、その時代からのお付き合いで。

鈴木　そうです。

藤原　僕が『ハニカム』を始めるときに誘って『ハニカム』の編集になってもらって、それ以来、今も定期的に、2週間に一度、何だったら週1ぐらいで夜中までお茶をしながらくだらない話をしている仲です。前回のメディア論でも話したんですが、ソーシャルメディアは目が粗いというか、ウソが多いというか、信じられないことも結構あるじゃないですか。だから何を信用していいかわからなくて。そういう意味でも、「人と会って話す」ことで得る情報というのは、ソーシャルメディアよりは信憑性が高いんじゃないかなと思います。もちろんウソつきもいっぱいいるから、そこは気をつけたほうがいいと思うんですけど（笑）。

皆川　もはやソーシャルメディアはメディアじゃないという話になりますね。だから人がフィルターになるという話で。ただ、ヒロシさんはどうやって情報をインプットしているのか。ヒロシさんの交遊録というか、なんで世界中の人とすぐに仲よくなれるのか。それがみんな謎だと思うんです。そういったことを今日話していきたいなと。

インテリジェンスを交換し合うべき

皆川　情報交換を直訳すると「インフォメーションの交換」ということになるんですけど、そうじゃないというのが鈴木さんの持論なんですよね。

鈴木　そうですね。よくいわれている「情報」って2種類あると思っていて。ヒロシさんが言う「人からの情報」というのは、単純に客観的なデータだけじゃなくて、その人による評価だったり、その人の考え方、ものの見方みたいなものが含まれていて、自分がその情報を役立てるときにそれが非常に有効になる。

藤原　僕がいつも言っているフィルターということですね。

鈴木　そうです。

藤原　人がフィルターの役目をする。

鈴木　「情報交換＝インフォメーションの交換」ではなく、僕は「インテリジェンスの交換」であるべきだと思うんです。例えばスパイが情報を集めてきたり、敵国の動きを察知するときの分析、評価された情報のことをインテリジェンスというんですが、それこそヒロシさんは世界中のいろいろなネットワークというか、友達ネットワークの中で、情報の交換をしながらものの見方の交換をしている。

　ヒロシさん自身、ある事象について「今こういうものがブームだけれども、僕はこう思う」、あるいは「僕はこういう話を聞いているから、次こうなると思う」と誰かに伝えることもあるだろうし、それに対して相手から、「いや、自分が見てきたものや、聞いた話はこうなんだ。だから自分はこうなると思う」とフィードバックを受けることもあると思います。こういう「情報の交換」って「インテリジェンスの交換」なんじゃないか。ヒロシさんはそれを実践しているから、さまざまなところで重宝される。さまざまな席に呼ばれる。ヒロシさんのものの見方を知りたいという人が、多分世界中にいっぱいいる。

藤原　インフォメーションだけじゃなくて、僕のフィルターを通して、僕の考えもプラスアルファされるから、ということですか。

皆川　「ヒロシさんが知らない」ということも情報の一つだと言ってましたね。

鈴木　ヒロシさんが知っていそうな話をしたときに、「いや、それ知らないな」とか、「あまり興味ないんだよね」って言われると、それがヒロシさんの評価になるわけですよ、僕にとって。だからどう、ってわけじゃないけれども、それが自分の中で何かヒントになったり、「この話は、広がり具合としてはこういうことなんだな」というのがわかる。

別にヒロシさんに限らず、編集の仕事をしていると、取材や打ち合わせでいろいろな情報を交換することが多くなるけれど、「知っていそうなことを知らない」って、何かポイントになりますよね。つまりインテリジェンスの理論でいうと、価値ゼロの情報ってない。

皆川　知らない、嫌いということも情報の一つということですね。

鈴木　すごく重要な情報。

皆川　ヒロシさんは好き嫌いがはっきりしていますもんね。

鈴木　ちょっと話がずれますけど、取材とかインタビューの場合、こっちの質問に対して「ノー」と言ってもらったほうが原稿が盛り上がるというか、インタビューが進んでいくというのがあるんです。基本的に会話しているときって、「イエス」「そうだね」って言ってもらいたいじゃないですか。だけど、ある程度突っ込んだ真剣な話し合いをするんであれば、「ノー」って言わせることがあってもいい。そのほうが相手の本音がわかるし、選択肢も狭まるというか、選びやすくなる。

藤原　せっかくそういう密な取材をしてるんだから、曖昧な答えよりははっきりと、「それ僕は嫌いだな」とか「それすごく好きだよ」と伝えたほうがいいということですよね。別にお茶してるだけのときでもいいんですけど。

鈴木　逆にそれをちゃんと聞き出すというか、煙《けむ》に巻かれちゃいけないというのが取材のセオリーだと思います。

皆川　情報学の講義で交遊録ってあまり関係ないと思った人もいるかもしれませんが、「情報と友達はつながっている」と言うとちょっと大げさですけど、「いいネタを得るためにもいい友をつくる」というのは結構重要なんじゃないか。今日はここからぐっと交遊録の話に入っていきますが、いくつかポイントをまとめてみました。

①オンとオフの区別をなくしてみる

皆川　「人間関係の思い込みを捨てよう。コミュニケーションのリベラリストになろう」というのが今日のテーマです。世の中には「人間関係かくあるべし」というのがすごくあるんですけど、ヒロシさんがことごとくそれと真逆のことを言っているのが面白くて。まずは「オンとオフの区別をなくす」という話から伺えればと思います。

鈴木　これは僕らの仕事柄、そうというか。ヒロシさんだって、「今日はここからここまでの時間がオンで、ここからここまでがオフ」という区切り方はしないですよね。夜中にちょっと思いついて曲をつくることもあるだろうし、仕事がそのまま遊びになっていることもあるだろうし。そもそも僕らからすると、そういうのがよくてこの仕事をしているところがある。

藤原　僕らの業界にはあまりないですよね。オフにするのはもったいない、という気持ちもあるし。だから、強いていうならオフって寝ているとき。起きたと同時にオンになって、僕は起きたらすぐにテレビをつけるので、そこから情報、インテリジェンスの収集が始まるわけです。

皆川　テレビ、何を見ているんですか。

藤原　NHKの『キャッチ！世界のトップニュース』です。でも『ワイド！スクランブル』もちょっと見ながら。

鈴木　何を見ても誰と会っても、それを仕事にフィードバックできるのが面白くてこの仕事をやっているところもあるんで。だから逆に、仕事として会っていた人とプライベートというか、オフのときも一緒になるという。

藤原　「オフにすることなんてできるの？」とも思うんです。できます？　オフになんて。

皆川　うちの会社では、例えば休日に後輩を呼び出すなんて愚の骨頂、と教わってきたんですけど…。

藤原　夜9時以降にLINEをしてはいけないとか、そういう？

皆川　とか、メールしちゃいけないとか。
藤原　でも、本当にオフにできるんだったら、そのやり方を知りたいぐらいです。
皆川　「ワーク・ライフ・バランス」という言葉はご存じですか？
藤原　いや、全然知らない（笑）。教えてください。何ですか？　どうやったらいいんですか。
鈴木　「ワーク・ライフ・バランス」とか、新しい言葉には気をつける必要がありますよね。絶対何か、企みとか思惑がある気がするんだよな、誰かの（笑）。
藤原　でも、このオンとオフというのは、僕にとっては非常に難しいです。そんな急に切り替えられないし、オフにしたら退屈なんじゃないかな。
鈴木　趣味を仕事にしているようなところがありますからね。そもそもオフだったものをオンにしているというか。でも、会社の人間関係でいうなら、同僚、先輩、後輩というものを、会社という属性を外した一人の人間として見るのは大事なんじゃないですか？　それが、ものの見方としてのオンとオフというか。
皆川　そうですね。やってみます。
藤原　仕事でしか会わない人とは、休日には会わない。それは仕事で会う人のことが嫌い、ということになりますからね。
皆川　確かに。
藤原　僕らの場合、気に入ったらというわけじゃないけど、土日も深夜も関係なくＬＩＮＥで「みんなでいついつお茶しようよ、打ち合わせしようよ」って言うわけじゃない。
皆川　そうですね。

藤原　それって、僕が皆さんを愛しているということです（笑）。

②仕事仲間のほうが信頼できる

皆川　次の話は、前の話と近いんですけど、「仕事仲間のほうがむしろ信頼できる」。これ、新説だなと僕は思いました。これはお二人の関係もそうだということですか？

鈴木　そうですね。仕事って、共通のゴールや目的があるから。考え方が違ったり、あるいはキャリア、属性が違うタイプの人間同士でも、同じ目的のためには一つになれるというか、話も合うし。やっぱり、なんやかんや共通の話題がないとコミュニケーションってできないじゃないですか。当然、仕事という共通の話題が常にあるわけだから。むしろ議論する議題があるから、どんどん意見交換していく中でお互いを理解し合える。それで何か困ることもない。

皆川　ヒロシさんもこれは同意見で。

藤原　そうですね。そもそも僕は仕事をするうえでは、まず人間関係をつくるというか、「人との仕事」を重視しているので。いきなり会社と仕事をするというよりは、その会社の中で楽しそうな人や趣味が合う人を見つけて、その人と仕事をして、膨らませていくという感じなので。

皆川　まず人ありき、ということですね。

鈴木　これもある種のスパイ学ですよね。インテリジェンス。ヒューミント[★3]ってやつですよ。

いい仕事をするために、相手の組織の中でカウンターパートになる人を見つけるわけだから。僕もそれはすごく意識する。編集者って情報を扱うから、やっぱりどこかスパイっぽくなるというか。仕入れたネタをどこかに持っていって、そこで新しいネタと交換して、というのをやっていく。そういう、忠誠心とはまたちょっと違う信頼関係。それが必要かなと思います。

皆川　どこからが友人関係なんでしょうね。最初から友達になろうと思ってなくても、友達になったり、本当にいろいろなケースがあるので。

鈴木　でもそれでいうと、友達とは何ぞやって話で。みんな友達に定義を求めますよね。おじさんになっても、「鈴木君ってあの人と友達なの？」って聞かれたりすることあるじゃないですか。じゃあ友達と知り合いと仕事仲間と、どう線を引くんだって話なんですけど、あまりそこは考えなければいいだけで、友達の定義なんて結局ないじゃないですか。

その時々で、気が合って、一緒にいて楽しい時間が過ごせる人は、全員友達でいいんじゃないって思ってしまう。それが仕事仲間だとしても、充実した仕事ができているんであれば、それはお互いの信頼関係があって、好きか嫌いかでいえば「好き」なんだろうから、十分友達なんじゃないかと。その仕事が終わった後、2年、3年と会わなくなってしまったとしても、友達のままで僕はいるつもり。

皆川　このフラグメントユニバーシティには、下は17歳から上は50代の人までいて、職業もバラバラなんですけど、ここに参加しているということは、みんな何かしら似たものをもっている人たちなんだろうなと思っていて。まだ3回目の講義だし、特に交流会を開く予定もないんですけど、隣の生徒さんとしゃべってみたりするのが第一歩なのかな、と思います。
生徒同士で友達になれば、もしかしたら新しい仕事が生まれるかもしれないし、真横の人とか後ろの人とか、年齢も職業も全然違うけど、この大学に興味をもっているというだけで何か共通点がありそうですよね。

藤原　そうですね。一つの目標をもってここに来ている、というのかな。

③信頼関係ができてから、相手の顔色を見る

藤原　あと、この「利害関係」の話と似ているんですけど、僕がよく思うのは、クリエイターが会社と仕事をするうえで、最初のうちから相手の顔色を窺《うかが》っていてはダメだと思うんです。自分勝手に、わがままに仕事をして、顔色を見ながら忖度をするのは、人間関係ができてからでいい。

皆川　逆じゃないんですか?

藤原　はい、そうしないとうまくいかないと思います。クリエイターは人の顔色を窺いながら仕事を始めてはダメ。信頼関係ができてから顔色を見る。仕事相手と仲よくなって初めて、「この人はこう思っているから、こうしよう」と合わせることはあるけど、まったく知らない会社を相手に気を遣ったり、ビクビクして自分の意見が言えないようだと、その後、いいものができなくなっちゃう。自分勝手にやった結果、ダメだったらダメで、そこで終わるほうがいいと思います。

鈴木　要するに、必要以上に譲歩しないということですよね。

藤原　そうです。

鈴木　これ、会社経営者として僕もすごく意識していました。クライアントと最初の打ち合わせのときに、こちらの最低限の条件は絶対に譲らない。了承してもらったら、あとはもう言われるがままやりますので、というような。最初にクリアしているものがあるから、あとは言うことを全部聞いても、こちらに損害はないというか。

藤原　仲よくなってからも、やっぱりある程度の礼儀があったり、顔色を見ながら付き合うほうが本当はいいじゃないですか。

鈴木　逆にいえば、仲がいいぶんだけ、相手に「これやってあげたほうがいいのかな？」みたいなサービスもできる。しやすいということですよね。

藤原　はい、そうです。

鈴木　最初からサービスしちゃうと、どこまで求められるかわからないという。

皆川　本当に、ヒロシさんの人間関係のつくり方は、一般論と真逆で面白いので、引き続き紹介したいんですが、次にいきます。

④母親を取材する

藤原　実験的にやってみたんですが、これはすごくいいですよ。僕の母親は伊勢にいるんですが、あまり会わないと距離がどんどんできて、共通言語がなくなってしまって会話ができないんですよね。だから実家に帰っても、一緒にご飯を食べながら「おいしいね」とか「最近元気?」とか、そのくらいの話しかできないんですけど、iPhoneのマイクのスイッチを入れて、「お母さん、戦後ってどんな感じだったの? 話してよ」って聞くと、取材をするように話ができるんですよ。変な話、「どうやってお父さんと出会ったの?」とか「お父さんと出会う前に誰か付き合っていた人いたの?」とか、そういうことまでマイクの前では話せる。取材にするとできる。それがすごくいいと思って。母親にしかやっていないけど、生きていたらおばあちゃんにもやればよかったなとか。姉のインタビューだってやってみてもいいし、何だったら友達とも、普通に会話するだけじゃなくて、取材の形にすると面白い話が聞けるんじゃないかな。これは本当におすすめです。

皆川 それは仕事とか関係なくですか?

藤原 まったく関係ないですよ。

皆川 お母さんも、どうしたの?みたいな感じはなかったですか。

藤原 「昔の話をちょっと聞かせてよ」って言っても話さない。普通の会話ではなかなか難しいですよね。

皆川 距離をあえてつくることで話を引き出すわけですね。

鈴木 やっぱり取材とかインタビューという手法は、相手に対してダイレクトに刺さっていくというか。自分の母親にインタビューしたことはないけど、確かにこれはいいアイデアだと思います。

藤原 今の僕と皆川君の関係性であれば、普通の会話の中で皆川君の家族構成を聞くことはできるけど、一般的な友達の場合、なかなかそこまでできないかもしれない。でもiPhoneのレコーディングボタンを押してインタビューの形にすると、すらすら聞けちゃうんですよね。それはすごく面白いと思います。

皆川 別に録音したものを聞き直さなくてもいいということですよね。形式の話で。

鈴木 距離感のコントロールになるのかもしれないですね。一回離れてみる、みたいな。

皆川 ちなみに、取材するときのポイントはあるんですか？

鈴木 さっきも話しましたけど、要所要所で相手にノーと言わせる質問をすると、原稿をまとめやすいです。

皆川 レベル高いですね、ノーと言わせるのは。

鈴木 こちらが「これこれこうですか？」と聞いて、「はいそうです」という答えばかりが続いちゃうと、文章にしても全然面白くないでしょう。「違う」って答えてからが面白いわけじゃないですか。なぜ違うかという、いわば言い訳というか弁解が出てくる。「一般的にこう思われていますけど、そういうことなんですか？」と聞かれて、「いや、そうじゃないんだ」と答えるところから、その人のストーリーの面白さが際立つ。

⑤年下にも「並行関係」

皆川 ここにいる生徒の皆さんのメインは、30代後半から40代の人たちなんです。会社経営者の人もいるし、部下を抱えている人もたくさんいると思うんですが、年下にも「並行関係」。

これ、ヒロシさんを見ていていつも感じていることなんですけど、結構難しいですよね。

藤原　何でしょう。アメリカナイズされているのかな。1歳下で「ヒロシ」って呼ぶ子たちもいるし、「ヒロシ君」もいるし。

皆川　マウントをとらないってことでしょうか。

鈴木　マウントという言葉が一般化して、「年上だから」とか、「上から目線」みたいなものが非常にかっこ悪いものになった。そういう価値観が生まれたのがこの10年くらいじゃないですかね。

皆川　皆さんも感じていると思うんですけど、ヒロシさんは誰に対してもすごくフラットというか、僕もマウントをとられていると感じたことは一度もないんですけど、ついやっちゃいがちだと思うんですよ。なぜマウントをとらずにいけるのかという。

藤原　そのほうが都合がいいと思ってるんです。この業界にいると、マウントをとってくる人っていっぱいいるでしょう。

皆川　いっぱいいますね。

藤原　そういうときは、さらに上からその人をマウントするという遊びもあるとは思うんですけど。

鈴木　それが一種のカルチャーになっている人たちもいますからね。昔のラッパーとか、どっちがより遅刻してくるかを競うみたいな空気がありましたよ（笑）。

皆川　ヒロシさんは、年下の人からしか得られない情報があるという話もされています。

藤原　もちろんいっぱいあります。年上からしか得られないものもありますけど。

鈴木　年上、年下という発想自体がナンセンスで、その人から何を教えてもらえるのか、その人に何を伝えられるのか。類じゃなくて個で見る。そこをヒロシさんは徹底しているというか、自然にやっているように見えます。
藤原　あとは、年上から得た恩は年下に返す。年上からおごってもらって年上におごり返すんじゃなくて、年下におごってあげればいいと僕は思います。
皆川　なるほど。おしゃれですね、それ。
藤原　だから損しているのはいつも年上の人。でも、それは仕方ないですよね。

⑥頑張って有名な人に会わなくていい

皆川　どうやって人との関係をつくっていくのかという点で、これはすごくヒントになります。「人脈」という言葉が最近どうなの？ということは、みんな何となく気づき始めていると思うんですけど。とはいえ頑張って有名な人に会いに行こう、という気持ちが30代くらいまではあると思うんです。それをバッサリ否定していますね。
藤原　これは今だから言えることかもしれません。やっぱり若い頃は有名な人と会うのも楽しいし、別にいいと思うんですけど、僕は昔から、自分が憧れている人にはあまり会いたいと思わなかったです。今でもそうかもしれない。
皆川　なぜですか？
藤原　何かが崩れそうじゃないですか。

鈴木　有名だとしても、この人いいな、好きだなと思う人と仲よくするのは全然いいですよね。ただ、大して好きでもなければ興味もないし、あまり人間的には尊敬できないけど、有名だから近くにいればいいことありそう、というのは厳しい。

藤原　一概にそうは言えないかもしれないですけどね。有名な人の近くにいることで得るものもあると思うので。ただ、無名でも面白い人がたくさんいるのは確かです。

皆川　ヒロシさんは以前、「自分にとってのキーパーソンになった友人たちは、出会った当初はみんな無名だった」と話していました。例えばキム・ジョーンズとか、80年代に知り合った人たちの中には、後に別のところで有名になって、ヒロシさんと再会した人もたくさんいるんですよね。

藤原　いっぱいいますね。帽子をつくっているスティーブン・ジョーンズ[★4]とか、ジョン・メイヤーとか。ジョンとは学生時代に知り合ったけど、その後グラミーを取った。あとはパトリック・コックス[★5]とかね、靴のデザイナーの。

皆川　おしゃれですね。自分を売らなきゃいけないとか、有名な人と友達だってことを見せたい気持ちは誰しもあると思うので、すごく肩の荷が下りた気がします。

藤原　これもマウンティングの一つですよね。ネームドロップ[★6]というか。

鈴木　程度の問題ですよね。有名な人と会うことが目的ではなく、せめて手段であってほしい。有名な人がたくさん知り合いにいるよ、というだけの人になっちゃうと、やっぱり寂しい。

皆川　そう思います。そして、これもすごく気になっていることなんですけど、ヒロシさんは世界中でいろいろな人と会ったときに、どういう話をしているんですか？　自分の話はしないんですよね？

藤原　そうですね。だって面白くないから。

⑦自分の話より、世の中の話

藤原　自分の話は面白くないです、僕にとってはね。やっぱりそのときに世の中で何が起きているかが面白いので。今僕がしたいのは、2028年にマンモスが復活するらしいという話。さっき「Yahoo!ニュース」か何かに出ていました。

鈴木　どういうことですか。

藤原　多分遺伝子のアレじゃないですか。永久凍土からほとんど劣化していないマンモスの死骸が見つかったりするじゃないですか。だからクローンをつくりやすいんじゃないかな。マンモスがいたら面白いですよね。

皆川　面白いですね。世界のVIPと会っているときもその調子で？

藤原　はい。世界のVIPともマンモスの話はしますね、今だったら。

皆川　つまり、ヒロシさんがよく仕事をしているグローバルのスニーカーブランドの人とスニーカーの話をしてもしょうがないってことですね。

藤原　向こうはしたいかもしれないですけど。でも、アイデアって全然違うところから出てくるから、マンモスの話をするほうが面白い何かが出そうな気はしますよね。
　だって、無駄話のほうが面白くないですか？　例えば、「女の人のどういう仕草が好きで、どういう仕草が嫌ですか？」という質問をされることがあるじゃないですか。僕はあまりそういうふうに思ったことはなかったんですが、3日ぐらい前に時間をつぶさなきゃいけなくて、恵比寿の駅前のスタバに入ったときに、隣に座っていた女の人が、生まれて初めてすごく嫌だと思う仕草をしていたんです。

これです。しゃべりながら靴をぱかぱかする。うまくできないけど。靴をぱかぱか、ぱかぱか。

鈴木　踵が脱げるんですね。

藤原　踵をぱかぱかしながら上司の悪口をずっと言ってるんですよ（笑）。それを見ていて、これは嫌だなと。そういう話をどこかの企業の社長とも、普通にすると思います。そういう、日々気づいたことを話すのは好きですね。

皆川　人の話でもいいわけですか？

藤原　いいですよ、もちろん。

皆川　よくメモしていますもんね。

藤原　はい。

皆川　別に自分から生み出さなくていいし、どこかで聞いたニュースでも人の話でも何でもいいということですね。自分をすごく興味深い人間として武装する必要はないと。

藤原　そうです。でも、面白い話ってメモっておかないと忘れることが結構多いんですよ。

⑧アウトサイダーだから、インサイダーになれる

皆川 今日のキーワードは全部大事なんですが、これが自分的にはいちばんすっきりしました。なんでヒロシさんが世界中の人と仲よくなれるのか、それはこれに尽きるんじゃないかと。もしかしたら鈴木さんから話してもらったほうがいいのかもしれないですけど、これはどういうことですか。

鈴木 例えば海外の人に日本の政治的なタブーについてしゃべっちゃったり、社外の人に自分の会社の細かい事情を話しちゃったり、内輪では言えないことも、外部の人には言えちゃう。言いたくなっちゃう。ヒロシさんってそういう相手なんですよね。「僕らの業界とか僕らのコミュニティでは、今これが本当のことなんですよ」という話をしたくなってしまう。なぜかというと、ヒロシさんはどこの派閥にも属していないアウトサイダーだから。だから逆にインサイダーの情報を得られる。そういう存在だと思います。

藤原 僕はそんなふうに考えたことはないですけど、派閥というものはあまり好きじゃないし、常にソロでいたいとは思っています。もちろんそのときそのときのタイミングで仲がいい人はいっぱいいて、仲がいい人たちで行動もしますけど、グループみたいな感じにはなっていない気がします。

鈴木 例えばＬＶＭＨ[★7]グループのブランドとガッツリ契約していたら、ケリング[★8]主催のディナーには行けないわけじゃないですか。でも、ヒロシさんは多分両方行ける。そういうことですよ。だから言い方を変えるとライバルもいない。

皆川　僕は「藤原さんって何者なんですか？」って聞かれると、いまだに説明に困るところがあるんです。何者なのかなって思うんですけど、何者でもないから誰とでも仲よくなれるというか、そこがすごく不思議です。

藤原　肩書がないって意味ならそうかもしれない。

皆川　ソロであるというのが、誰とでも仲よくできる最大の秘訣で、仲のいい人は多いと思うんですけど、「藤原派」みたいなものは、あってないような感じ。

鈴木　変わるしね、その都度。

皆川　ソロで寂しい、というのはないんですか。

藤原　あまり感じたことはないですね。

鈴木　結束が強い派閥のほうが、そのぶん、敵も多くて大変だと思いますよ。ヒロシさんは「仲間」という概念があまり好きじゃない、というのもあると思う。友達がたくさんいるのと、仲間とつるんでいるのとはちょっと違う。

皆川　友達は好きだけど仲間は好きじゃない、というのは？

藤原　何でしょうね。仲間と友達、ちょっとニュアンス違いません？

鈴木　仲間は集団って感じで、友達というのは個別。類じゃなくて個。一人一人という感じがしますよね。

⑨集団ではなく、個と向き合う

皆川 どこかの企業と仕事をするときも、組織じゃなくて個人を見ているということですよね。

藤原 そうですね。

皆川 DAY4以降もたくさんクライアントワークの事例が出てくるんですけど、組織というか、担当者とちゃんといい関係を築いている。

藤原 誰でもそうだと思いますけどね。

皆川 集団ではなく個人と向き合う。群れないからこそみんなと仲よくなれるというのは、発見じゃないですか。

鈴木 一般的にはどうなんですかね。みんな集団がやっぱり好きなのかな?

藤原 例えば大きい会社の大きいグループに入ったら、安心しちゃうというのがあるんですかね。

皆川 それはあるんじゃないでしょうか。

藤原 肩書、どこどこの何々というのは、わかりやすくていいときもあれば、本当に邪魔なときもありますからね。付き合い方にもよるけど。少なくとも僕はソロで動いているほうがやっぱり居心地がいいというか、動きやすいとは感じます。

⑩「君とは違うよ」を友好的に使う

皆川　前の話と続いているんですけど、「僕とあなたは違う」という前提を、ヒロシさんはすごく友好的に使っていると思います。ヒロシさんの今の友達ってバラバラというか。「君と僕は違う」って、結構嫌な意味になってしまいませんか？

藤原　違うからこそ面白い、と思いますけどね。自分と同じところを「そうだよね」って共有するよりも、違うところを発見するほうが楽しい。

皆川　でも、異なる価値観の人と交わるのって、接点を見つけるのもひと苦労だし、ちょっとバイブスが違うというか、仲よくなるにも疲れちゃいそうな気がします。

藤原　バイブスと言われると何とも言えないですけど。鈴木君が話していたように、インタビューはノーと言わせてからが面白くなる、というのもあるじゃないですか。例えば友達同士で映画を観て「最低でしたね」って言ったら「なんで？　僕は面白かったけど、どこがダメだったの？」という反応があって、何かが始まったりするわけだから。「あの映画面白かったよね」って言ったら、合わせて「すごくよかった」と答える人もたくさんいるじゃないですか。そうじゃなくて、ちゃんと自分の意見があったほうがいいし。

鈴木　逆に自分がすごく好きな映画を「全然好きじゃない」と言われて傷ついちゃう人もいるじゃないですか。映画の話なのに、自分が傷つけられたみたいに思ってしまう人。そういうものを分けて考える訓練が必要だと思う。

皆川　なるほど。

鈴木　さっきの「友達とは何だ」というのもそうだけど、コミュニケーションとか会話とか、すべてにアイデンティティを込めようとするじゃないですか。取材することで距離をつくったり、ノーと言わせたりするのもそうだけど、どこか引いたというか、俯瞰的なスタンスを意識するだけで変わる。

藤原　そもそもまるっきり同じ考えの人なんていないし、同じセンス、同じ趣味の人もそういるわけじゃないから、その中で交わる部分があれば密に仲よくなればいい。でも、その人が自分と違う意見を言っても、それを認めるというか、面白がるくらいの余裕があるほうがいいですね。

鈴木　だからヒロシさんの意見に対して、「僕は違う見方をしています」と言うこともありますよ。ヒロシさんはそれを受け入れてくれるから言える。でも、違うって言った瞬間に嫌な顔をする人もいますからね。

藤原　もったいないですよね、その奥があるわけだから。

⑪誰からも縛られないために、誰も縛らない

皆川　これ、ヒロシさん的にはどうですか。

藤原　まあ当たり前というか、誰かに縛られるのは嫌だし。だからこそ誰も縛らないというか、時間を縛ったりもできる限りしたくない。そのためには、ある程度のことは自分一人でできるようにならないとダメですけどね。何でも頑張れば一人でできるというスタンスだっ

たら、誰かいるときは手伝ってもらえばいいだけで、それによって関係性だったり、時間だったりを縛るということはしたくもないし、されたくもない。

鈴木　縛るというのは、コントロールする。縛られないというのはコントロールされない。「コミュニケーションのリベラリスト」って、まさにここに集約されると思います。誰かをコントロールしようとしない。それは何でかというと、誰からもコントロールされたくないから。僕もヒロシさんを見て勝手に学んだというか、会社員を辞めたくなったのもこれがあったからなんです。

藤原　ただ、個である程度強くなるというか、ちゃんとスタンドアローンできるようになっていないとダメですよね。

皆川　でも、まとめるわけじゃないんですけど、「人間関係かくあるべし」というのは、世の中にすごく多いと思っていて。

鈴木　逆にいうと、人間関係というもの自体に依存している気がします。

皆川　今日は情報論の話から、この人間関係の話に広がったんですけど、アウトサイダーであるとか、「僕と君とは違う」と認めるからこそいい情報が入ってくるということで、人間関係のつくり方と情報を入手する経路のつくり方はすごく似ている。そしてそのつくり方は自由でいいというのは、一つのまとめになると思います。本日は以上です。ありがとうございました。

注

1 きさらぎ駅
日本のインターネットコミュニティで語られている都市伝説で登場する、実際には存在しない鉄道駅。

2 ネイサン・M・ロスチャイルド
ドイツ出身のイギリスの銀行家。ヨーロッパで有名な銀行一族、ロスチャイルド家の一員。当時の金融界で最も影響力があった。（1777〜1836）

3 ヒューミント（HUMINT）
HUMAN INTELLIGENCEの略で、人的諜報と訳される。人による情報収集・分析活動。

4 スティーブン・ジョーンズ
イギリスのハットデザイナー。1980年、ロンドンに帽子のサロンをオープン。世界のトップブランドとのコラボレーションやロイヤルファミリーにデザイン提供を行う。（1957〜）

5 ジョン・メイヤー
アメリカのシンガーソングライター、ギタリスト。2005年にグラミー賞の最優秀楽曲賞などを受賞（1997〜）

6 ネームドロップ
正しくはネーム・ドロッピング。自身と重要な人物や組織との関係を示すために、名前を挙げたり、ほのめかしたりする行為。

7 LVMHグループ
1987年に、ルイ・ヴィトンとモエ ヘネシーの両社が合併して誕生。フランス・パリを拠点に、ルイ・ヴィトン、クリスチャンディオールをはじめ、世界的に有名なラグジュアリーブランドを抱えるコングロマリット。

8 ケリング
フランス・パリに拠点を置く、ファッション業界大手のコングロマリット。主にグッチやサンローラン、ボッテガ・ヴェネタといったブランドを多数所有。

DAY4
BUSINESS ADMINI-STRATION
経営学
—コラボレーション理論—

ダブルネームからコラボレーションへ。
「グッドイナフ」に始まり、現在に至るまでの
ものづくりの協業における本質やビジョンを
「THUNDERBOLT PROJECT BY FRGMT & POKÉMON」
との取り組みから導き出します。

2023.12.20 WED. 19:00–20:30
バンダイナムコ未来研究所
東京都港区芝

登場人物：藤原ヒロシ、皆川壮一郎
ゲスト：鹿瀬島英介（株式会社ポケモン
執行役員）

藤原　こんばんは。DAY4はここ、バンダイナムコ未来研究所の会場を借りてお送りしたいと思います。よろしくお願いします。今日は経営学ですね。前回が情報学で、「口裂け女」とか「トイレの花子さん」の話から入ったんですけど、今回はコカ・コーラの話をしたいと思います。
コカ・コーラが何で経営学か?というのは徐々につながっていくと思うので、まずはコカ・コーラとはどういうもので、どういう会社なのかをお話しします。

「コカ・コーラ」というカルチャー

僕らの年代にとって、コカ・コーラのロゴというのはめちゃめちゃかっこいいものでした、僕よりちょっと上ぐらいの先輩とかは本当に学生鞄にステッカーを貼ったり、窓に貼ったり、コカ・コーラというものがそのまま憧れの外国というか、そういう存在だったんですね。ちょっと映像を見てみましょう。80年代はこういうCMだったんです。

当時はこれがすごくイケていたんだと思います。すごくお金をかけていたはず。〝Come on in Coke〟です。コカ・コーラというのはこういうイメージでした。

僕らが小学生のときはコカ・コーラのロゴがついたキーホルダーとかが欲しかったし、ヨーヨーなんかもあったかな。ヨーヨーチャンピオンシップを開催したりしていて、とにかくかっこいいブランドでした。

実はコカ・コーラはいろいろ調べると、少し変わった会社というか、ちょっときなくさいイメージがあったりもするんですね。もともとサンタクロースの服は赤色じゃなかったらしいんですよ。各国でいろいろな色があって、グリーンなんかも有名だったらしいんですけど、コカ・コーラが自社の広告塔にするために赤くしたらしいんです。お金の力ですね。

とはいえ、僕はコカ・コーラが大好きです。ペプシよりもコカ・コーラ。今もコークゼロを飲んでいます。

さて、80年代に『ブッシュマン』[★1]という映画がありました。１９８０年に公開されたんですけど、ここにいる人は知らない人が多いかな。この映画、すごくヒットしました。僕も子どものときに見て、そのときはまったく何も感じなかったんですが、コカ・コーラの瓶が天から降ってきて、それを「神からの贈り物だ」と言って喜ぶんです。笛として使ったり、農作物をたたいたり、最初は便利なものだったはずなんですが、それを取り合ってケンカが絶えなくなり、部族同士の争いまで起こったりしてしまったので、また天のもとに返しに行く、というようなストーリーでした。今思うと、コカ・コーラという名前を出すところに、この映画の言いたいことがあったんじゃないでしょうか。

メタファーとしてのコカ・コーラ

そして、時代はちょうど同じくらい、あるいは少し前ですかね。これはセックス・ピストルズが着ていた、通称「アナーキーシャツ」といわれているもの［写真1］なんですけど、みんなの憧れだったんですね。僕らはずっとその後もアナーキーシャツを探して、ほとんど見つからなかったんですけど、買ったりしていました。

写真1　一枚一枚に強いメッセージが刻まれたハンドメイドのアナーキーシャツ。貴重なヴィンテージ。

アナーキーシャツはヴィヴィアン（・ウエストウッド）とマルコム（・マクラーレン）の手づくりによるもので、同じものは一つもなく、たまたま僕が買ったものがこれです。当時、彼らはフランスの「シチュアシオニスト」[★2]というものに影響を受けていて、アナーキーなスローガンがいくつか書かれています。フランス語で〝Bas Le COCA-COLA〟。〝Down with COCA-COLA〟という意味で、「コカ・コーラでいこうぜ」みたいな台詞なんですけど、確実にアメリカを小ばかにしているメッセージで、イコール、資本主義を小ばかにしたメッセージだったんです。

つまり、コカ・コーラという言葉を、アホなアメリカというか、資本主義の比喩として使っているんですね。僕もこれを見たときに、なるほど、ここに〝Fuck America〟と書いてあるよりも、「コカ・コーラ万歳」と書いてあるほうがすごくおしゃれで面白いと思いました。

そしてこれは、２０００何年かな…に発表されたアイ・ウェイウェイ[★3]の壺ですね。通称「コカ・コーラの壺」〔写真2〕というんですけど、これってコラボアートなのか、何なのか。何もわからずにただコカ・コーラと書いてあるのを見たら単純に「こんな古いものにコカ・コーラと書くなんてかっこいい」と思うかもしれないけど、実はこれにもさっきと同じような意味が隠されているんじゃないか。

壺は紀元前３０００年、つまり５０００年前の中国のもので、壺そのものにすごく価値があるんです。その価値をなくすという意味での落書きなんですけど、そもそも壺というのは水をためるためのものだから、それが時を経て、貴重品になり、オークションの対象になるというのは、一つの価値観の転換ですよね。

その価値観の転換をへて高くなった壺の価値を無効化するというのは、再びそこで転換が

写真2　手前がアイ・ウェイウェイの通称「コカ・コーラの壺」。奥にはステッカーで装飾したバルミューダの加湿器。
Courtesy of Ai Weiwei Studio

起きたことになります。これもさっき話したように、「資本主義国家アメリカ」「キャピタリズム」って書いてあるよりも、「コカ・コーラ」って書いてあるほうがかっこいいし、わからない人にはわからないけど、わかる人にはさすが皮肉がきいているねと、そう見えると思います。

確かに比喩として、ダメなアメリカをコカ・コーラにたとえて、なおかつ「コカ・コーラ万歳」と言う。そういう使い方はすごく面白いですよね。

壺の左側にあるのはバルミューダの加湿器です。二つのサイズ感がぴったりだったので、バルミューダにもコカ・コーラのステッカーを貼ったら面白いんじゃないかと思ってアマゾンで買いました。この二つを並べることによって、また新たな価値観というか、面白みが出た気がします。

レディメイドとフラグメント

さて、そもそも「コラボレーション」って一体何なんだろう、というのが今日のテーマですね。僕が原宿でレディメイドというお店をやっていたときの話をすると、当時はコラボレーションという言葉はそこまで一般的ではなかったんですが、周りの人や、すでにある他のブランドに頼んで、一緒に商品をつくったりしていました。1997年ぐらいからお店をやっていたんですが、ちょうど世紀末でリセットするのがいちばんいいタイミングかなと思って、1999年の12月31日で閉めようと決めていました。終わらせるタイミングってなかなか見えないものなので、最初から決めておくのがいいかなと。

これ以降、僕はタイミングというものを結構気にするようになった。お店も2年間だけやろうとか、物に対する限定だけじゃなく、期間に対する限定ということを考え始めた頃だと思います。

そして僕の「フラグメント」という会社は、生産体制や在庫を持たないようにした。3人でやっているんですが、社内では物をつくらずに、すべて外のブランドだったり、ほかの会社に作っていただいて、僕らはアイデアを出して、そのアイデアに対する印税というか、ロイヤリティとしてパーセンテージをもらう、というビジネスをしています。

だからローリスクなんですけど、ローリターン。当時は、というか今も、それだけでやっている会社は珍しいと思います。コラボレーションのために生まれたような会社といえるかもしれません。確かに今、僕がやっている仕事はほとんどがそういったコラボレーションの案件ばかりです。

ただ、コラボレーションという言葉が独り歩きしすぎて、何だか悪いイメージもあるし、いいイメージもあるし、ちょっとわからないことになっていると思うんですね。チャプター2ではそれについて考えていきます。では、ここからいつもの准教授、皆川君に加わってもらいましょう。

現代における「コラボレーション」の意味とは?

皆川　よろしくお願いします。ではチャプター2。まず「コラボレーション」という言葉について調べてみたんですが、「コラボレート（collaborate）とは共に（com）働く（labour）という意味で、実験室（laboratory）と同じ語源をもっている。そもそもっている意味が結構広いなと思ったんですね。

もう一つ、時代によって、コラボレーションという言葉がどれぐらい使われていたかを示すグラフがあって、それも見ていたんです。すると、やはり90年代後半から2000年代にかけてバーッと増えているんですけど、実は1920年代頃にも踊り場のようなものがあって、「一緒に何かをする」という意味で社会主義の隠語として使われていたり、政治的な意味を帯びている時期もあったみたいです。

そしてここからヒロシさんの意見を伺いたいのですが、今は「コラボ」という言葉が独り歩きしていると先ほど言ってましたが、どういうことなんでしょうか？

藤原　そうですね。社会主義のこととかはちょっと深すぎて僕も理解していなかったんですけれども、いわゆるコラボレーションって本当に個と個がつながり合って、一つのものをゼロからつくるというか、お互いもっているものをプラスして、一つのものをつくり上げることだと思うんです。だけど今は、例えばユーチューバー同士がコラボしたり。いってみれば、対談ということですよね。そういうものは、言葉がちょっと違うと思います。企業でも、例えばロゴだけ入れたり柄だけ加えたりするケースがあるんですけど、それもコラボといえるかどうかは定かじゃない。

皆川　なので、コラボ、コラボって本当に毎日いろいろなところで聞くんですけど、原点に返って、コラボ、特にいいコラボについて深掘りしていきます。

ティファニーとロレックスとモンブラン

藤原　これはコラボではなくダブルネームの例になるんですが、僕は1982年に初めてニューヨークに行って、そのときにティファニーのお店のすぐ近くで友達と待ち合わせをしたんです。当時は携帯も何もないから、何月何日の何時に待ち合わせね、という感じだったんですけど、初めてのニューヨークだし、そもそもティファニーというのが宝石店なのか何なのかもよくわかってなかったというか、『ティファニーで朝食を』の映画しか知らなかったので、待ち合わせして、そのままお店に入ってみました。そうしたら、もちろんダイヤモンドやシルバージュエリーがいっぱいあったんですけど、手帳だったり、お皿、食器類なんかもあって、時計売り場に行ったら、普通にティファニーの時計を売っているんですけど、ロレックスも売っているんですね。ペン売り場に行ったら、モンブランも売っている。何なんだろうと思ってお店の人に「何でティファニーなのにロレックスを売っているんですか?」と聞いたら、「ロレックスは一流のものとティファニー社が認めているので、お店でも売っているんです」と教えてくれました。

そのときは、刻印があるとかないとかは別に関係なく、いいものはやっぱり認められて、こういう高級店で売られるんだなと素直に思って、確かモンブランのペンを買ったんですけど、これが初めて僕が感じたダブルネーム、コラボレーションの始まりみたいなものでした。

1995年、東京。初めての「コラボ」

皆川　コラボレーションって裏原宿がつくった文化という話もあって、日本のストリートカルチャーとかかわりが深いところもありますし、昨今のラグジュアリーブランドの事例まで、いろいろ調べてみました。1995年の東京で起きたことについて、ヒロシさんから説明していただけますか。

藤原　1989年頃にグッドイナフ[★4]というブランドを始めました。最初はTシャツとパンツしかつくっていなかったんですが、どんどんほかのアイテムをつくるようになって、鞄もつくりたいなと思ったときに、友達の友達で吉田カバンで働いている人がいたので、話を持ちかけたんですね。ティファニーのお店でロレックスを売っていたように、餅は餅屋じゃないですけれども、自分がいいと認めたものをその会社につくってもらえばいいのかなと思って、それでできたのがこのポーターのレコードバッグ［写真3］です。DJのときはいつもこのバッグにレコードを詰めて持っていってました。これが僕の中では初めてのコラボレーションみたいなものだったんです。

そもそも吉田カバンという会社はOEM[★5]的な仕事をすでにやっていて、例えばコムデギャルソンのバッグなんかもつくっていた。別に吉田カバンのタグがついているわけではなく、普通にコムデギャルソンのバッグとして売られていたんです。

だけど僕らは、せっかく吉田カバンとできるんだったら、吉田カバンのタグもちゃんとつけたいし、吉田カバンのいいところをちゃんと残しながら、なおかつ、吉田カバンではやらな

写真3　「グッドイナフ」初のコラボレーションといわれる「ポーター」のレコードバッグ。（著者私物）

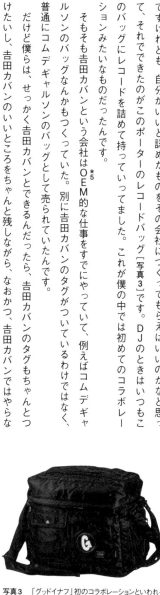

いようなＤＪバッグをつくった。自分で言うのもなんですけど、コラボレーションとしてすごくいい事例かなと思います。

皆川　お互いリスペクトをもって仕事をすることが重要だと折に触れておっしゃっていますよね。相手を尊重する。自分の主張は控えめに。これはヒロシさん流なんじゃないかと思うんですが…。

藤原　本来はフィフティ・フィフティの関係でできるのがいちばんいいと思うんですけど、先方の色もしっかり見えるものがいいなと。

皆川　僕はこのバッグにすごく憧れたんですけど、高校生だったので買えなくて、別のタンカーを買ったんです。結果的に、このコラボが吉田カバンの裾野を広げる一つのきっかけになったんじゃないでしょうか。

というのが１９９５年の出来事で、ヒロシさん的には初めてのダブルネームで、日本の代表的な事例になったんじゃないかなと思います。

「モノグラム・グラフィティ」の衝撃

皆川　では事例をもう一つ。１９８４年に戻るんですけど、とあるファッションショーを観たんですよね。

藤原　そうです。ちょうど僕はニューヨークにいて、友達に誘われてファッションショーを観に行ったんですね。スティーブン・スプラウスのショーで、これが当時のニューヨークパンクといわれていました。パンクの再来じゃないですけど、本当に蛍光色だけのスーツだったりを出していて、ちょうどニューヨークのファッションが盛り上がる寸前だったんですかね。スティーブン・スプラウス以外にも、アンドリュー・ウォーカーというデザイナーがいたんですけど、彼らのショーを観に行ったんです。

僕はもっとイギリスのパンクっぽいものを期待していたので、そうじゃなくて少しがっかりしたところはあったんですけど、でも、今までにない派手なもので、なおかつニューヨークっぽかった。ネオンカラーって「ザ・ニューヨーク」で、「ザ・ヒップホップ」のイメージだったんです。だから、ニューヨークに行くと、いつも文房具店で蛍光色の紙や、マーカーですか、そういうものを買ったりしていました。

皆川　なるほど。

藤原　ただ、僕はスプラウスの服を買うというタイプではなかったです。

皆川　お手元にあるこのレコードは？

藤原　これは１９８６年に出たデボラ・ハリーの『ROCKBIRD』［写真４］です。スプラウスの文字なんですよね。そもそもアンディ・ウォーホルがバックの絵を描いて、その前にデボラ・ハリーがいて、スティーブン・スプラウスが全部グラフィックをやって。中のスリーブの文字も全部スプラウスで。

皆川　おしゃれです。

藤原　これを最初に見たとき、しゃれてるなと思ったんですが、そのときはスティーブン・スプラウスということには気づかなかったんですよ。蛍光色で書いてあるのが面白くて、後で

写真4　デボラ・ハリーによる1986年発表の2ndアルバム。スティーブン・スプラウスによるグラフィック。（著者私物）

調べたらスプラウスの文字だったという。

皆川　後にルイ・ヴィトンのアーティスティック・ディレクターになるマーク・ジェイコブス[★6]もスプラウスにすごく魅了されていて、2001年ですかね、ルイ・ヴィトンとスティーブン・スプラウスのコラボレーションが発売されました［写真5］。

藤原　あれは僕が考えるコラボレーションの代表作ですね。さっきのアイ・ウェイウェイと同じような感じかもしれないですけど、歴史的に価値のあるルイ・ヴィトンのモノグラムの上に、グラフィティといわれる落書き的な手法で、しかも蛍光色を使ってペイントするというのは、それこそ価値観の転換というか。ルイ・ヴィトンの懐の広さというのも含めて素晴らしいなと思いました。

皆川　とはいえ、賛否両論あったんじゃないかという話もあって。ヒロシさんの感覚では、当時は9割ぐらいの人がスプラウスをほとんど知らずに商品に触れたんじゃないか、とおっしゃっていましたよね。それでこの賛否の「否」というのは臆測でしかないんですけど、例えばお母さん世代の人とかおばあちゃん世代の人の中には、「私のルイ・ヴィトンはどうなっちゃったの?」とがっかりした人もいたんじゃないかなと。ストリートカルチャーとラグジュアリーブランドの融合というのはとても珍しかったですよね。

藤原　そうですね。これが絶対に最初だったと思います。

皆川　ちなみにヒロシさんが最近いいと思ったコラボって何かありますか?

藤原　これ、知ってます?　ポッキーと東京ディズニーリゾートのコラボ［写真6］。こういうものってパッケージを変えるだけだったり、色を変えるだけだったりすることが多いんで

写真5　モノグラム・グラフィティ スピーディ 30
©LOUIS VUITTON

すが、折ってみると断面がミッキーマウスに見えるというのはなかなかよくできていると思いました。志が高いコラボだと思います。

ポケモンに無関心だったファッション業界

皆川　ではここからはゲストを一人お招きしたいと思います。株式会社ポケモンの鹿瀬島英介さんです。

鹿瀬島　よろしくお願いします。

皆川　結構長いんですよね、この「THUNDERBOLT PROJECT BY FRGMT & POKÉMON」のプロジェクトは。

鹿瀬島　２０１８年から今年（２０２３年）で５年ほど続いているので、長いですね。

皆川　すべての始まりは「ポケモンＧＯ」だったわけですよね。「ポケモンＧＯ」を知らない人はこの中にはいないと思いますが、これでポケモンの認知が広がった、ターゲットが広がった。数字的にはどれぐらいですか？

鹿瀬島　10億ダウンロードを超えているような状況です。ちょっと正確な数字は言えないんですが。

皆川　ヒロシさん、「ポケモンＧＯ」は？

藤原　僕はポケモン世代じゃないのでやっていなかったんですけど、周りがみんなやっていたので、どんなものかと思って始めてみました。

写真6　プレッツェル部分がミッキーになった東京ディズニーリゾート限定ポッキー。コラボレーションの好例。

皆川　鹿瀬島さんはその頃、次は何を仕掛けようかと考えていて、出した戦略がファッションだったということですよね。

鹿瀬島　そうですね。「ポケモンGO」によって初めてポケモンに触れたという人がかなり多くいらっしゃったと思うんですよ。なので、僕らの感覚としてはポケモンファンが多様化したし、さらに多層化した。「ポケモンGO」って50代、60代の方もプレーされていたので、一気にタッチポイントが広がったという実感はありました。そして次の一手として、いろいろなファッションブランドの方々にお会いして、「何かやりませんか」という話をしていました。

皆川　感触はどうだったんですか。

鹿瀬島　ポケモンって子ども向けだよね、ということは結構言われましたし、話は聞いてくださるんですけど、「じゃあ、何をやるの?」っていうところがイメージできなかったみたいで。話は聞いてくれるけれども、そこから先に進まない、そんな感じでした。

皆川　ポケモンとファッションで何をやるの?という感じですか。

鹿瀬島　そうですね。

皆川　鹿瀬島さんはヒロシさんのことよくご存じだったんですか?

鹿瀬島　そうですね。10代、20代でファッションにのめり込んで、いろいろな雑誌でヒロシさんのことを目にしていたし、さっきグッドイナフの話が出ましたけど、自分もものすごく影響を受けていた人間なので、ファッションをやるなら誰だろうと考えたときに、実は真っ先に浮かんでいたのはヒロシさんでした(笑)。

皆川　で、意を決してオファーしたと。

藤原　僕はさっきも言ったようにポケモン世代じゃないので、ほとんど知らなかったんです。最初は宝島社の知り合い経由できた話でしたよね。
鹿瀬島　そうです。
藤原　宝島社の知り合いが「興味ありますか？」と聞いてきて、友達とうーんと考えているうちに、ポケモンのしっぽにフラグメントの稲妻マークをそのままつけたらいけるんじゃない？という話になって。英語だとあれはサンダーボルト、何でしたっけ。ピカチュウのことをそういう…。
鹿瀬島　そうですね。しっぽがサンダーの形で、英語名で〝Thunderbolt〟というポケモンの技もあったりするので、そういう連想だと思います。
藤原　「そういう親和性もあるし、できるんじゃないの？」と言われて、手描きしてみて、これならいけるかもね、となりました。

狙うは、世界

皆川　ヒロシさんとお仕事で対峙したことのある貴重な存在として、第一印象はどういった感じだったんでしょうか。
鹿瀬島　ずっと憧れの人でしたし、まさか一緒に仕事ができると思っていなかったので、絶対に失礼のないようにしようと思って、すごく緊張しながらお会いしました。緊張していたことぐらいしか覚えていない。

藤原　鹿瀬島君の緊張はまったく感じませんでした（笑）。
鹿瀬島　それはヒロシさんがすごくいい雰囲気をつくってくださったからだと思います。
皆川　最初に約束したことが二つあったということですが、これは？
鹿瀬島　はい。〝From Japan to The World〟ということで、最初からグローバルでやることが前提になっていた、というのが一つですね。
皆川　大きく出ましたね。
鹿瀬島　大きく出ました。
皆川　何か勝算があったんですか。
鹿瀬島　いや、最初から風呂敷は広げていこうと。絶対に断られるだろうと思っていたので。
皆川　そしてもう一つが、「既存ファンにとらわれない」。僕はこれが素晴らしいなと思ったんですけど、普通、ブランド側がなかなかここまで思い切ることはないですよね。
鹿瀬島　はい。でもこれは最初から決めていまして、ポケモンファンには響かないかもしれないが、その覚悟でいきたい、とヒロシさんにもお伝えしました。なので、ポケモンのオウンドメディアってフォロワー数がすごく多いんですけど、いっさい、オウンドメディアにのせないという判断をしたんですね。ファッションの文脈でちゃんと「あり」と受け入れられることだけ考えてやろうというのは、最初に決めたことでした。
皆川　会社はよく理解してくれましたね。
鹿瀬島　そうですね。正直、ヒロシさんのことを知っている人はうちの会社にはほとんどいなかったですし…。

藤原　僕はいつも大きい企業だったり、レコード会社と仕事をしていて思うんですけど、始まりは税金対策でいいんです。
皆川　どういうことですか。
藤原　もし企業にお金が余っているんだったら「いつもと違うことをやっているな」と思ってもらえるくらいの規模感で僕と何かやるくらいがいちばんいいと思うんです。最初から僕が出ていって、「これをやったらめちゃくちゃ売れますよ」とか「今までのファンと全然違う層がとれますよ」とか言うんじゃなくて、小さく、小さく。

0から1より、1から10に広げる

皆川　ただ、鹿瀬島さんが心配していたのが、「オリジナルポケモンつくりたい問題」です。確かにクリエイターであれば、誰だって世の中にないキャラクターを生み出したいという願望は強いと思います。
鹿瀬島　はい。たまにあるんです。ゼロから新しいポケモンを生み出したい、というようなことを大御所であればあるほどおっしゃいますね。そうじゃなくても、著名な方とお仕事をするときって、既存のポケモンをゼロから描き起こしてアートワークをつくりたいというのが普通なので、当然、ヒロシさんもそのようにリクエストされるんだろうなと思っていました。
皆川　これが問題になるということは、現実的にハードルが高いということですか？
鹿瀬島　はい、とても難しいです。負荷もかかりますし、そもそも何が出てくるかわからないまま待って、上がってきてもノーとなる可能性があるので、かなり厳しい部分ですね。

皆川　しかしその日の夜のうちに、早速ヒロシさんからデザインが届いたと。

鹿瀬島　そうですね。初めてお会いした日の夜にもうメールが来て、「こんなのをつくりました」という［図7］。

皆川　これがさっき言っていた？

鹿瀬島　はい。これはもともと存在するアートワークなんですけど、そこにヒロシさんがアレンジを加えて送ってくれた画像ですね。

皆川　思いっきり変えたい、とはあんまり思わないんですかね、ヒロシさんは。

藤原　それってやっぱり、最初に言ったコラボレーションの話から外れちゃいますよね。できる部分にアドオンしていって、なおかつ、さっきのポッキーじゃないですけど、色だけ変えるとかではなくて、何かを変える。

皆川　でも、ゼロからつくりたい人が多いんですよね、やっぱり。

鹿瀬島　そうです。だから、ちょっと心配していました。そう言われたらどうしようと思って。

最大のタブーだった体色変更

皆川　この見慣れたピカチュウの見たことない黒い姿［図8］というのは、どのタイミングで出てきたんですか？

鹿瀬島　初めの頃に打ち合わせして、すぐ出てきた案だと思います。

図7　藤原ヒロシの1stアイデアは、ピカチュウの尻尾を「フラグメント」のロゴにアレンジ。

藤原　何ができるかを僕らも探りながらやったので。
皆川　ただ、体色変更は最大のタブーだった、と。
鹿瀬島　そうですね。ポケモンってもともとの設定で色がそれぞれ決まっていて、そもそも体色を変更しようということに思考が至らないというか、考えつかないので、これが出てきた瞬間は、正直どうしようって思いました。
皆川　でも、皆さんかっこいいとは思った。
鹿瀬島　そうですね。一緒にやっていたチームのみんなが、「めっちゃいいですね」と言ってくれたので、「さて、どうしよう」と。
皆川　ヒロシさん、これはどういうインスピレーションで？
藤原　僕は最大のタブーっていうことを知らなかったので、服をつくったときに胸に黄色いピカチュウがあるよりは、黒でラインだけで描かれているほうがいいなと思って。普通に黒いのにしましょう、みたいな。
皆川　コラボレーションでは設けられた制約から大きく逸脱することはやらないけれど、ギリギリを攻める、という話を以前にされていましたが、そういう気持ちもあったんですかね。
藤原　そうですね。ただ、その境界線がわからなかったので、自分でできる範囲で、なおかつ、しっかりピカチュウであることがわかるものに。
皆川　ということですね。ここで鹿瀬島さんが「暗闇にいるだけで、体色が変わったわけではない」と言い張った。
鹿瀬島　そうですね。体色を変更するということはルールを破ることになるので、いろいろ

図8　暗闇にいるという設定により体色変更不可のルールをクリアした、黒（く見える）ピカチュウの案。

なステークホルダーに、体色を変えることの理由を説明して納得してもらう必要がありました。なので、ヒロシさんとお話ししているときに、「暗闇にポケモンたちがいるというシチュエーションだったらどうでしょう」と。「そうしたら、みんな黒くてもいいですよね」という話をしたことをすごく覚えています。

皆川 暗闇にいるだけ？

鹿瀬島 はい。その解釈で設定をつくり、ステークホルダーを説得して回りました。本当はもうちょっといろいろあったんですけど、突破したという感じですね。

皆川 鹿瀬島さんがすごいのは、ヒロシさんから提案されたアイデアの許可をその都度、ステークホルダーにとっていたということです。

鹿瀬島 任せられている部分はもちろんあるんですけど、本来あるべきルールを破ることについては、ちゃんと合意をとって進めていました。

藤原 ファッション業界だと、僕を言い訳にするというか、免罪符にして、「藤原ヒロシが言うんだったら仕方ない、やるしかないか」とか、「藤原ヒロシがわがままで、これができないならやらないと言うんです」となることが多いんですよ（笑）。

鹿瀬島 あとは、このプロジェクトが世の中に出たときに、その反響を見てみんな納得するだろうという。その算段だけでやっていきました。

〝真っ黒いピカチュウ〟が世界へ

皆川　このプロジェクトについては僕も知らないことがたくさんあったので、ちょっとお二人に解説していただきながら進めていきたいと思います。まずは２０１８年の秋にインスタグラムの投稿が始まりました。

鹿瀬島　そうですね。このためだけにアカウントをつくったんですが、素材が何もないので、ヒロシさんにいろいろ写真を撮っていただいてポストしていました。

皆川　ポケモン本体のインスタのフォロワーはどれぐらいいるんですか？

鹿瀬島　日本だけで百数十万人。グローバルだと数百万人はいると思います。

皆川　そんなにいるのに、新しいアカウントは０人。

鹿瀬島　０人です。

皆川　誰も知らないということですよね。

鹿瀬島　そうです。しかも、僕らのチームで運用していました。

皆川　いちばん最初に気づいたのはヒロシさん本人かもしれない、ぐらいの感じですか。

鹿瀬島　そうですね。

皆川　そして、最初から公約どおりに世界に出ていったのがすごいと思ったんですけど、これはどういった流れですか？

鹿瀬島　ヒロシさんとお会いしたのが２０１８年の６月だったんですが、「10月にニューヨークでハイプフェスト（HYPEFEST）っていうフェスがあるんだけど、ここに出す？」とすごくフランクに聞かれて、じゃあ、ここを目指しましょうかみたいな、そんなノリで。
藤原　タイミングがよかった。
皆川　タイミングをすごく重視されますよね、いつも。流れが単によかっただけですか?
藤原　はい、本当にそれだけだと思います。ただ、最初から海外をとりたいという話だったので、ここだったら勝負できるかなと。
皆川　反響はどうだったんですか。
鹿瀬島　手前みそですけど、出ているブースの中ではいちばん人が多かったんじゃないかって、その場にいらっしゃった人たちには言っていただきました。物は売っていなくて、皆さんただ見に来ているだけなんですけど。
皆川　トラヴィス・スコットも来たらしいですね。
藤原　ふらっと来たんです。
鹿瀬島　そう、ふらっと。僕らが誰もいなくて、現地のスタッフだけのときに来て、「このぬいぐるみが欲しい」と言って断られたらしいんです。その後にヒロシさんに連絡がいったようで、「トラヴィスが黒いピカチュウを欲しがっているよ」と僕に連絡がきました。
皆川　2017年の時点では、ファッションの人は誰もポケモンに見向きもしなかったのに。
鹿瀬島　そうですね。僕らも想像していなかったです。
藤原　ちなみに僕もその頃、トラヴィスのことは知らなかったんです。
皆川　何と。
藤原　あっ、カツアゲされるのかと思ったら、お辞儀をされて、〝I am Travis.〟って。突然そう言われても誰かわからなかったんだけど、隣にいた人に「知らないんですか？　トラヴィス・スコットですよ」って。ピカチュウの話もちょっとして、じゃあという感じで。

快進撃は止まらず

皆川　「流れ」と「タイミング」という話はこの後もたびたび出てくるんですけど、「ポケモンGO」と取り組めたのもすごいですよね。

鹿瀬島　あれは本当によくできたなと思います。ヒロシさんから「ポケモンGO」で何かできないの？と言われて、ダメ元でナイアンティックという開発をしている会社にコンタクトをとったら、わりと短いリードタイムで実装してもらえました。

皆川　簡単だったんですか。

鹿瀬島　いやいや、簡単じゃなかったと思います。あんまり記憶がないですけど、何とかやってもらったという感じですかね。

皆川　これは世界で実装されたんですか。

鹿瀬島　はい。ちょうどハイプフェストの日に合わせて、世界中で出ました。

皆川　最初の企画書から1年足らずでここまでいったというのは、にわかには信じ難いんですけど、さらに勢いは止まらずに…。

鹿瀬島　そうですね。ニューヨークが終わった後は日本での展開ですね。

アマゾン ファッション ウィークで

藤原　アマゾンに関してはポケモン社のほうからやりましょう、という感じでしたね。
鹿瀬島　ここから先は全部、ディスカッションしながら決まっていくことが多かったです。
皆川　新しいことをやるけど、無理してやらないと決めていた、とおっしゃってましたよね。
鹿瀬島　そうですね。やることありきにするとよくないかなと。これはヒロシさんにも共通するところじゃないかなと思います。
皆川　これもまたタイミングなのかもしれないんですけど、モンクレール［写真9］はどういう展開だったんですか？
藤原　モンクレールの仕事は常に何か新しいアイデアを、と言われていて、ポケモンを描いたらどうと言ったら、ぜひやりたいということになって。
皆川　ぜひやりたい、となるのがすごいですけどね。その次はドーバー ストリート マーケット★7、さらに伊勢丹新宿店とのコラボがあって、このあたりから徐々にウェア以外のコラボが始まるんですね。
鹿瀬島　Nintendo Switchのフラグメント、サンダーボルトバージョンですね。
藤原　任天堂って結構ハードルが高いんです。
鹿瀬島　本当に、そこはダメ元で。でも、すぐＯＫしてくれました。
皆川　バカラとのコラボはいくらでしたっけ。
藤原　３０８万円ですよね。

写真9　モンクレールとのコラボレーション。

BUSINESS ADMINISTRATION
COLLABORATION THEORY

NONVERBAL MARKETING

2019年2月 MILAN FASHION WEEK
"MONCLER × FRGMT"

鹿瀬島　308万円ですね。

皆川　そして突然の「北極」のアイスキャンデー［**写真10**］の展開。これはどういった経緯で？

鹿瀬島　これはポッチャマというポケモンなんですけど、このポケモンがこの年は主役級の活躍をするということで。

藤原　ポッチャマ推しで何かやりたいということになって、ペンギンだからアイスでいけるんじゃない、みたいな感じになりました。

皆川　これは僕は知らなかった。北極のアイスって有名なんですか？

藤原　関西では有名です。

皆川　国内とグローバルの振り幅もすごいし、ハイ&ローもすごい。そして2020年には「sequence MIYASHITA PARK」というホテルとコラボレーションしました［**写真11**］。これはどういう経緯で？

鹿瀬島　ずっと物販をやり続けてきたので、それ以外のこともやりたいよね、と。

藤原　物をつくって、ポップアップストアをやって、その次に何ができるのかというので、僕がホテルのワンフロアを使ってポップアップする案を出して、ホテルを探してきたんです。

鹿瀬島　ゲームの世界観の再現性とかアメニティにすごくこだわったので、相当大変でした。

皆川　16階をすべてポケモンの部屋にしたんでしたっけ。

鹿瀬島　部屋と、あと共用部も。

藤原　そうです。だから、エレベーターを降りるとグリーンの人工芝が敷いてあって、壁紙も全部貼ったんですね。

写真10　「ポッチャマ」の特別なアイスキャンデー。

写真11　sequence MIYASHITA PARKの16階フロアをポケモン空間に演出。室内の備品もすべて特別仕様に。（撮影：伏屋惇史）

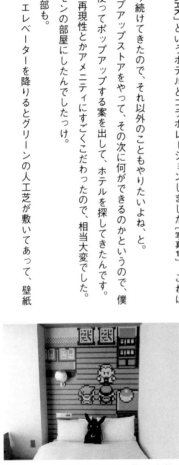

皆川　すさまじい人気だったと聞いたんですけど、宿泊者だけが手に入れられるアイテムがあったんですよね。
鹿瀬島　宿泊フロアにお店がありまして。
藤原　キオスクです。「ふしぎなアメ」とか、実際にゲームの中で出てくるものをつくったほうが面白いんじゃないかと思って。
鹿瀬島　「おいしいみず」もそうですね。

「塗りつぶしたらいいじゃん」

皆川　ヒロシさんはもうポケモンに関しては詳しいんですか。
藤原　全然詳しくない。でも「ポケモンGO」は結構やったので、そのあたりは。
皆川　素人のスタンスを貫き通しているところもさすがだなと思うんですが、ごく最近だとフェンディとのコラボが発表されましたね。
鹿瀬島　そうですね。数日前に情報が初めて出ました。これはフェンディから誘われてやることが決まったんですけど、辰年、「イヤー・オブ・ザ・ドラゴン」なので、ドラゴンタイプのポケモンを使えないかというところから始まって。
皆川　すごい反響ですね、これも今。
鹿瀬島　すごいですね。まだ発売はしていないですけど。
皆川　さまざまなコラボ事例を一気に紹介してきましたが、逆に担当者だったら震え上がるような事件、「塗りつぶしたらいいじゃん」事件というのがあったと聞きました。

鹿瀬島　そうですね。いちばん最初のＮＹのハイプフェストのときにつくったアイテムなんですけど、袖のところのサンダーボルトの口ゴの一部、〝FRAGMENT〟の文字が白く塗りつぶされているんです［写真12］。これ、実は商標の問題でこうせざるを得なかったという裏事情がありました。

皆川　でも商品はつくっちゃってたんですよね。

鹿瀬島　はい。ニューヨークでいきなり発表するということになったわけですが、リーガル的なチェックにすごく時間がかかるので、並行して商品制作を進めていたんです。で、ほとんどつくり終わった頃にリーガルの部署から「これは危ない」と言われて。「えっ、もうつくってるんだけど…」っていうシチュエーションになりました。

皆川　廃棄の危機だったということですか?

鹿瀬島　そうです。ヒロシさんには失礼すぎるんですけど、でもこのタイミングでちゃんと正直に伝えなきゃということでお伝えしたら、即答で「塗りつぶせばいいじゃん。ブートっぽくて面白いし」という言葉が返ってきたんですよ。「あっ、そういうことがありなんだ」ということで、すでに物はできていたんですけど、〝FRAGMENT〟の部分だけもう一回上から全部塗ったんです。そういう途方もない工程を経て、やっと世の中に出すことができました。

藤原　確かに、〝FRAGMENT〟の社名が入らなかったら、これはもうコラボじゃなくなるので。

皆川　僕はこういうデザインだと思っていました(笑)。

写真12　袖の"FRAGMENT"ロゴを白く塗りつぶし、商標問題をクリア。と同時にデザインの効果的なアクセントに。

「監修」は「校閲」ではない

皆川　最後に、ここからがいちばん大事なんですけど、ヒロシさん、このチームのことを「新しいことを探し続けている最高のチーム」とおっしゃっています。素晴らしい姿勢ですよね、これは。

藤原　僕が言ったことをまとめて形にしてくれる。ホテルのワンフロアでやろうとか、そういうことも笑い話ですませずに、最後まで付き合ってくれる。

皆川　あと、「無理してやらない」というルールも素晴らしいと思います。「4月がきたから何かやらなきゃ」で始まる仕事って結構多いんですけど、いいことが思いつかなかったらやらない。定期的なミーティングは組んでいるんですか？

鹿瀬島　そうですね。たまにお会いして、そこからもう一回、ゼロベースでディスカッションをするみたいな形ですね。

皆川　ヒロシさんが「アイデンティティが強ければ強いほど、いじりがいがある」という話をされていたんですけど、ポケモンはその最たるものということですかね？　確立されている。

藤原　すでにある、みんなが認識しているものだから、ちょっと変えるだけ。むしろそのくらいのほうが面白みが出せると思います。

皆川　「素人であることも大切だ」とおっしゃっていましたよね。

藤原　外部の目線で仕事をするということ、それが醍醐味でもあるんです。僕が自分からどんどんやって、ポケモンの社員みたいに染まってしまったら、意味がないかなって。

皆川　そこは鹿瀬島さんがサポートしているということなんですか？

鹿瀬島　そうですね。ヒロシさんがポケモンに詳しくない部分で、ポケモンのポケモンらしさみたいなものの担保は、僕ら側でしっかりやろうという、そういう連携の仕方ですね。

皆川　今日はブランドサイドの人もたくさんいらしてるんですけど、いつも広告会社でクライアントワークをやっている立場として、とても勉強になりました。

鹿瀬島　うちのチームのメンバーからもらったコメントがあるので、私から説明します。「監修≠校閲。ノーを出すだけではダメ」と。ポケモンって新しいクリエイティブを出していくときに、ポケモンの個々の設定や世界観をちゃんと守って、さっき言ったようにポケモンらしさを担保する「監修」というプロセスがあるんですね。それはただ単純にルールに沿ってイエスかノーを決めるだけじゃなくて、ポケモンにとって、「これはめちゃくちゃいいぞ」「価値を上げるぞ」ということがあれば、ルールのほうを少し曲げたり、場合によってはちょっと解釈を変えたりする。そうやって新しく生まれる表現に寄り添う、そういう考え方をする特殊な会社なので、こういうコメントをくれたのかなと思います。

藤原ヒロシと株式会社ポケモン、お互いが得たもの

皆川　「新しいことにイエスを出して寄り添う」って、めちゃくちゃ苦痛というか、大変ですよね。

鹿瀬島　そうですね。僕らは株式会社ポケモンという、ポケモンしかやっていない会社なので、

ポケモンを長く続けることが会社の目的なんですよ。なので、常に新しいことや面白いことをやっていかないと終わるよね、というのが根底にあって、こういうことを言うんだろうなと。

皆川　ヒロシさんにとって、クライアントサイドのこういった姿勢はどうですか。

藤原　あまり気にしたことがないんですけど、いいこともあれば、悪いこともあるのかな。これをあまり大きな声で言っちゃうと、断りづらいことがたくさん出てくる。

鹿瀬島　そうですね。

皆川　確かにコンテンツが一つしかないんですもんね。

鹿瀬島　そうなんです。いつもは本当に監修が厳しい会社と思われています。

皆川　最後に、このプロジェクトでお互いが得たものについて教えてください。

藤原　僕はファミリー層だったり子どもだったり、自分の認知度がよくも悪くもすごく高くなりました。

皆川　鹿瀬島さんは？

鹿瀬島　いろいろ事例の紹介がありましたけど、2018年から5年ほどヒロシさんと取り組みをして、今ってファッションの中にポケモンがわりと当たり前に存在しているのが見えるようになりましたし、ラグジュアリーブランドとポケモンが何かやるとなっても、みんな「えっ」と思わないというか、それが普通になった。これは全部ヒロシさんとの取り組みがきっかけだったと思います。「ファッションの中でポケモンをどう解釈するか」のモデルケースをヒロシさんが出してくださった。みんな「ああ、なるほど」と思ったんじゃないかなと。ポケモンが得たものは、そういう意味ではすごく大きいと思います。

皆川　今は門前払いされるどころか。
鹿瀬島　逆に僭越ながら、引き合いをいただいていることもすごく多いです。
皆川　門前払いしてしまう立場に（笑）。
鹿瀬島　いえいえ、どういう面白いことができそうかは、どの相手であっても考えていますよ。とりあえずお会いするだけでもすごく楽しいので。
皆川　今日は貴重なお話をありがとうございました。
鹿瀬島　ありがとうございました。
皆川　コラボレーションの話は1時間半だと全然足りないですね。ほかにも紹介したい事例がたくさんあったんですけど、今日の話は僕にとってもすごく学びがありました。
藤原　コラボレーションって簡単に始まるけど、先に進むのと同時に考え方が深く深くいく、というのが面白み。大変かもしれないですけど、それをやらないと意味がないということですね。
皆川　ただ組むだけじゃ意味がない、というのがいちばんの示唆でした。なので、これは繰り返しなんですけど、とにかく何でも知りたがるというか、深く掘ることで面白いものが見えてくるというのがヒロシさんの教えだと思います。次回は「建築学──空間デザイン論──」です。
藤原　レディメイドというお店を1997年から1999年までやったんですが、このお店を一緒につくってくれた建築家の荒木（信雄）君を呼んで、どうやっていろいろな設計をしてきたかということと、今につながるお店のやり方やコンセプトのお話ができればと思います。

注

1 『ブッシュマン』
1980年に製作された南アフリカ共和国のコメディ映画。正式タイトルは『ミラクル・ワールドブッシュマン』（原題：The Gods Must Be Crazy）、現在は『コイサンマン』に改題。

2 シチュアシオニスト
シチュアシオニスト・インターナショナル。1957〜72年まで、フランスをはじめイタリア、ドイツ、オランダ、北欧などヨーロッパ各地で芸術・文化・社会・政治の統一的批判を実践した集団。社会革命的国際組織。

3 アイ・ウェイウェイ
中国の現代美術家、建築家、キュレーター、評論家。2011年、米『タイム』誌の「世界で最も影響力のある100人」に選出。（1957〜）

4 グッドイナフ
日本のストリートファッションブランド。藤原ヒロシが主導し、90年に設立。イニシャルの「g」ロゴがアイコンとなり二次流通の市場を確立させるなど、裏原宿のムーブメントを牽引した。

5 OEM
Original Equipment Manufacturing（Manufacturer）の略語。製造業者が他社ブランドの製品を製造すること。

6 マーク・ジェイコブス
アメリカ・ニューヨーク生まれのファッションデザイナー。1986年に自身の名を冠したブランドを設立。1997年から2013年まで、ルイ・ヴィトンのアーティスティック・ディレクターとしてメンズ、ウィメンズのプレタポルテを担当。（1963〜）

7 ドーバー ストリート マーケット
「コム デ ギャルソン」が手がけるコンセプトストア。ロンドン、東京、ニューヨーク、パリなど世界8カ所に店舗を展開。

DAY5
ARCHI-TECTURE
建築学
―空間デザイン論―

裏原宿の伝説のショップ「レディメイド」に始まり、
「the POOL aoyama」「THE PARK・ING GINZA」
「THE CONVENI」に見る実店舗の総合的なプロデュース
事例から、空間デザインと商品開発が結びつく
ディレクション論を学びます。

2024.1.17 WED.　19:00–20:30
株式会社ジュン　東京都港区北青山

登場人物：藤原ヒロシ、小澤匡行
ゲスト：荒木信雄（建築家、「The Archetype」主宰）、佐々木進（株式会社ジュン代表取締役社長）

藤原　こんばんは。DAY5、始めたいと思います。今日は建築学ですね。最初にまた例によって僕のちょっとくだらない話に付き合っていただきます。この前の都市伝説もそうですけど、昔から不思議な話が好きなので、ちょっとモアイ像の話をします。

今のモアイ像は古いものか？

はじめに、どうやってイースター島に人が行き着いたかというと、まず猿人が700万年前にアフリカで誕生して、たしか180万年前に猿人から原人になるんですけど、そこから僕らの祖先といわれるホモ・サピエンスになったのは20万年前のことなんですね。アフリカでホモ・サピエンスになって、その後、6万年ぐらい前に、いわゆる「グレートジャーニー」[*1]といわれるように、やっと世界中に出ていった。

つまり約14万年もの間、猿みたいな人たちはずっとアフリカにとどまっていたんですよね、外に出ようとしなかった。そこからちょっとずつ外に出るようになって、2万7000年ぐらい前にアメリカに進出するんです。ベーリング海峡というアラスカとロシアの大陸同士がつながっているところがその頃は氷河期で、海が凍ると海面が低くなって陸が現れるんですね。それで「ベーリング陸橋」という陸地が現れて、たどり着いたようです。

そしてイースター島というのは、古代遺跡があるにもかかわらず、実は人類がいちばん最後に到達したエリアだったらしいです。

何百万年前の話から考えるとすごく最近のことで、多分1000年ぐらい前にようやく人類がイースター島にたどり着いてモアイ像をつくったので、古く見えるけど、実はそうでもないんですね。僕らのイメージではやっぱり不思議だし、すごく古く感じるから。しかも発見されたとき、このモアイ像は多くが倒れていて、ほとんど駆逐されていたみたいです。

つまり今、立っているのは1900年代以降にもう一度復元したもので、実はオリジナルではなくレプリカといっていいんじゃないかと思います。

これより前、4600年前くらいにつくられたといわれているのがピラミッドですね。ピラミッドに関してはそれこそ都市伝説がいろいろあって、つくり方が本当にわからない。こんな大きい石を誰がどうやって運んできたんだとか、宇宙人がつくったんじゃないかとか、いろいろ謎があるんですが、僕なりの考察をちょっとお話ししたいと思います。

ピラミッドは自然建築なのか

北アイルランドに「ジャイアンツ・コーズウェイ」［写真1］という石道があります。これは自然にできた六角形の石柱群が、幾何学的に盛り上がってできたものですね。こういう自然建造物って世界中にいっぱいあるんです。で、これがニュージーランドの海岸線にあるプナカイキ村の「パンケーキ・ロックス」［写真2］といって、ミルフィーユのようにレイヤーになったものが重なり合ってできている。あとアイスランドのブラックサンドビーチも、不思議な真っ黒い石の柱がいっぱい立ってできています。横になっているところもあり、日本にも福井の東尋坊に行くとこういう、円柱が立ったものがありますね。

写真1　ジャイアンツ・コーズウェイはイギリス、北アイルランドの観光名所。4万もの石柱群により形成される。©aflo

写真2　ニュージーランド南島の西海岸にある村、プナカイキの奇岩群、パンケーキ・ロックスも観光スポット。©aflo

そして、これはみんなも知っていると思いますけど、トルコの「カッパドキア」は、岩自体はそんなに不思議でもないんですが、その中に家をつくったんですね。調べてみたら地下十何階とかまで迷路のようになっていて、実際に人が住んでいたらしいです。だから自然にあるものの中に人が住むようになったり、自然建築の中に家をつくって住むこともできる。

さて、もう一度ピラミッドの話に戻すと、そういう自然建築というか、自然建造物を見て、もしかしたらピラミッドも自然にあったものなんじゃないかと想像したんです。もともとあったものを誰かが見つけて、あ、これ、すごいじゃん、中にお墓をつくろうとか、中に家をつくろうってなった可能性もあるんじゃないか。だから東西南北がきれいに揃っているんじゃないか。

ピラミッドって実は何度も何度もつくり替えられていて、最初は白いペイントだった説もあるんですけど、もしかしたらこれもレイヤーになった、さっきのニュージーランドのプナカイキにあったようなものの上から誰かが塗った可能性もあるんじゃないか、と僕は考えてしまいました。

なので、ピラミッドは何がオリジナルなのか本当はわからなくて、どんどん人が手を加えてデフォルメしていったので、もしかしたら古代に最初に発見されたときのピラミッドと今のピラミッドは、形が違うかもしれません。

そういうことって結構あるんですよね。白くてきれいだと思っていたギリシャのパルテノン神殿も最近になって、そもそもはカラフルだったということがわかってきたんです。ギリシャ彫刻の白い像も、同じようにカラフルだったんじゃないかというのも研究でわかってきたみたいです。

今も残っている遺跡を見ると、ちょっと塗装がついていたりするみたいです。昔、大英博物館でパルテノン神殿の一部を展示したときに、遺跡の色を全部はいじゃったらしいんですね。白くして展示をした。それ以来、パルテノン神殿だったりギリシャ彫刻は白い、というイメージが世界中に行き渡って、僕らも白い建物、白い像というのをイメージするようになった。でも本当はカラフルだったらしい。

最初はみんな、カラーだったのに白にしちゃったんだと思っても、時がたつにつれて白いほうがイメージとして残って、そっちが常識に変わってしまう。そういうことはよくある。だからピラミッドもそうかもしれない、というのが僕の仮説というか、持論です。

伊勢神宮と「テセウスの船」

伊勢神宮ができたのは１４００年前だったかな。そのときから「遷宮」といって、20年に一度、まったく同じものを新たに建てるということを繰り返してきました。上から見ると、同じ大きさの殿地が鏡のように東西に二つ並んでいて［写真3］、交互に同じものを建て替え続けているので、世界で最も古い建築がオリジナルに近い状態で残っているのは伊勢神宮だ、という研究者もいるそうです。

古いものを何でもかんでもそのままキープしようとして、新しい素材に替えたりするのではなく、また違う考えでオリジナルをキープしているのが、すごく面白いと思います。

写真3　原則20年ごとに内宮・外宮の二つの正宮の正殿、14の別宮の社殿すべてをつくり替えて神座を遷す。©aflo

何年か前にドラマのタイトルであったんですけど、「テセウスの船」という言葉を知っていますか？　ある物体を構成するパーツがすべて新しいものに置き換えられたとき、過去のそれと現在のそれは同じものなのか、それとも違うものなのかというパラドックスがあるんです。

パーツを新しくしてつくり直すのと、昔のものをそのまま残し、保全していくのと、果たしてどちらが本当のオリジナルだろうかというのが、テセウスの船の考え方です。まさに伊勢神宮というのは、僕らにその疑問を投げかけてくる面白い建築だと思います。伊勢神宮はこの建物だけじゃなくて、中身も20年に一回替えるので、１５００点ぐらいある宝物もすべて新しくアップデートというか、そのままつくり直しているそうです。

僕は伊勢出身で、伊勢神宮についてはある程度大人になってからいろいろ知って面白いと思ったんですが、偶然仲よくしている建築家にも、伊勢神宮に毎年通っている人がいます。紹介したいと思います、荒木（信雄）君です。

そして、今日は准教授の小澤君が進行を担当します。

荒木信雄

小澤　小澤です。よろしくお願いします。

まずは簡単に、荒木さんの紹介をさせていただきます。荒木さんは１９６７年生まれ。１９９０年に西日本工業大学建築学科を卒業し、豊川建築研究所を経て、１９９７年にご自身の事務所「アーキタイプ（The Archetype）」を設立しました。現在は母校の客員教授なども務められております。代表的な作品として、吉本興業の東京本部や大阪本部、また今日の議題にもなります、銀座のSony Park Projectの一員として建築を手がけるなど、施設から住宅まで幅広く携わられています。

ヒロシさんと荒木さんはさまざまなプロジェクトでご一緒されてますね。共通項が多いということですが、どういったつながりで知り合われたんでしょうか。

藤原　最初は80年代ですかね。僕が福岡や北九州にＤＪで行っているときに、荒木君が遊びに来てくれていたんですよね。

荒木　そうですね。

藤原　だから学生時代からの顔見知りでもないですけど、荒木君が建築の勉強をして独立したという話を聞いて、ちょうど僕も原宿でお店をつくったり、事務所を建てるタイミングだったので、荒木君に頼んだんです。

荒木　そうです。まさに。

小澤　どういった部分でフィーリングが合ったんですか。

藤原　荒木君が建築家として、すでにいろいろ建てているのかと思ってお願いしたんですけど、どうやら僕の事務所やお店が初仕事だったらしくて。でも荒木君以外に僕の知り合いで建築家がいなかったので、自然な流れでしたね。

小澤　クラブで出会われたと伺いましたけど、荒木さんにとってヒロシさんはどういう方だったんですか。

荒木　僕は建築を始める前、10代の頃から純粋にヒロシさんのフォロワーでした。昔は今みたいにインターネットはなくて、媒体は雑誌、テレビ、ラジオぐらいしかなかったので、そういうものを見て、ヒロシさんのイベントに顔を出して、ちょっと顔を覚えてもらえるぐらいの仲になった、という感じですね。

小澤　その後、今に至るまで本当に多くのプロジェクトにヒロシさんとともに携わられていますが、初めての二人の共同制作がお店だったということですよね。ここが今回の話のキーワードの一つになると思います。二人の共同プロジェクトというか、お店づくりとして1997年に完成した「レディメイド」［写真4］がありました。

藤原　そうですね。その前に僕は「グッドイナフ」というブランドをやったりしていたんですが、裏原宿というものが話題になって「ア ベイシング エイプ」「ネイバーフッド」「アンダーカバー」といっぱいひしめき合っていたときに、そろそろ僕もお店をやってみようかなと思って始めました。それが1997年。

レディメイド

このレディメイドというお店は裏原宿の中では後発だったので、「あのときのアンダーカバーのあの靴を、もう一回この色でつくって」とか、「あのときのア ベイシング エイプのTシャツの上に勝手にプリントしてもいい？」というもののつくり方をしていて、商品の90％は今でいうコラボ商品だったんです。そのときのお店の内装を手伝ってもらったのが荒木君

写真4　レディメイドの店内。建築資材をそのまま生かすような剝き出しのレイアウトが当時は斬新だった。（撮影:内田将二）

だったんですが、実はその時点で原宿の事務所の建築も始まっていたんですよ。ただ、事務所は建物からつくっていったので、すごく時間がかかった。

荒木 そうですね、建築なので。

藤原 お店が先にオープンしたということですよね。

小澤 僕も学生の頃によく並んだりしたんですけれども、なぜ荒木さんにお願いしたかったか、どういうプロセスであぁいう設計になったかをお聞かせください。

藤原 先ほど話したように、僕には荒木君しか選択肢がなかったというか、ほかの偉い建築家の先生に頼む感じでもなかったので。自分で何となくのビジョンはあったので、それを一緒に考えて手伝ってくれる人にお願いしたかったんです。

別に予算がなかったわけじゃないんですけど、世の中にある、みんなが普段から目にしているものを使って店をつくるというコンセプトだったんです。だからこの黄色いベニヤも、もともとは建築資材で。

荒木 そうですね。建物ってコンクリートを型枠というものに流し込んで固めてつくるんですけど、型枠は実は流し込むときの内側になるんです。たまたまヒロシさんのオフィスがコンクリートだったので、実際はこれ、色が黄色だったり緑だったりいろいろあるんですけど、内装ではそういう色のついた面を見えるように使いました。

小澤 初めての作品とおっしゃっていましたけれども、荒木さんの中で何かイメージがあったんですか？

荒木 自分の仕事としては初めてでしたが、20代の頃は修業時代というんですか、別の事務所で働いていました。ただ、もともと都市計画などの分野にいたので、レディメイドのように内装だけ、というのは本当に初めてだったんです。そういう点では、実はちょっとドキドキしながらやっていたというのが、ヒロシさんと一緒にやるという意味も含めてありましたね。

小澤　お店をつくるというと、一から設計して新築のような物件をつくるイメージがありますが、こういう発想はヒロシさんの中では普通だったんですか？

藤原　当時はバブルの後だったんですけど、クロームのホイールやギラギラのアクセサリーが流行っていた時代だったので、何でもお金をかけてきらびやかに見せるのが主流だったんですね。でも、僕はもともとパンクが好きなので正反対のものをつくりたいと思って、こういう資材でやりたかったんです。

小澤　そこの発想や価値観は、荒木さんもすぐ共有できていましたか？

荒木　そこらへんはもう打ち合わせというより、普段の会話の延長みたいな。まあ、そうですよねという話。ヒロシさんの仕事ってそういうものが多いんですけど。

藤原　何となくビジョンは見えていて、それを口頭で伝えれば荒木君が具現化してくれるというか、わかってくれる。

荒木　通訳ですね。建築化していくというか。

小澤　そしてレディメイドの後、「ヘッドポーター」が同じ場所にできました。こちらにも同じような意識が入っていると思いますが。

藤原　はい。でもヘッドポーターはもう少しきれいにやろうということにしたんですけれ

ど、その後にやっと、前々から手がけていた事務所が完成して。これも素晴らしいビルでした。

小澤　「プロテクトビル」〔写真5〕ですね。こちらのビルはどういったコンセプトですか？

荒木　このビルはキャットストリート沿いにあって、一般的なオフィスってわりと閉鎖的というか、自己完結しているようなものが多かったんですけど、あえて通りに面してフルオープンにしました。マッチ箱を3つ重ねたような建物で、天井をコンクリートにしているんですけど、下の光も反射して、原宿の声とか、空気感みたいなものがダイレクトに伝わるようにしました。

さらに、木の外観の写真があったと思いますけど、完全に閉じて外からプロテクトすることもできた。そういうギミックを使って、空間のオンとオフみたいな真逆の状態を体現できるチャレンジをしました。

藤原　でもこの当時、僕が最初にこの土地を買った頃はまだ道がなかった。キャットストリートって、今でこそこの事務所の前まで道が通っていますが、この頃は目の前が公園で、砂場とか滑り台があったんですよね。

荒木　そうです。

藤原　気持ちがいいから全部開けっ放しにしていると、一回、ハトが入ってきたんですよ（笑）。なかなか出ていかなくて困ったんですけど、それぐらい風通しのいい事務所でした。その後は自宅も建ててもらったり。

小澤　資料集めでいろいろ話を伺ったときにすごく印象的だったのは、プロテクトビルには

写真5　原宿・キャットストリートに建設されたプロテクトビル（1999年竣工）。実験的なアイデアが具現化された。（撮影：内田将二）

指紋認証でドアが開くシステムだったり、暖炉があったりしたんですよね。

荒木　はい。暖炉が。

藤原　当時は指紋で開くドアって映画の世界の話だったんですけど、聞いたら実際にあるというので。でも指紋認証のドアって屋内用だけだったんですよね。

荒木　そうですね、当時は。試行錯誤して無理やり外につけたり、小さい苦労話はいっぱいあります。

小澤　原宿に暖炉というのもちょっと普通じゃないというか、あり得ない感じでした。

荒木　そうですね。さっきのパンクの話じゃないですけど、別にヒロシさんと直接そういう話はしてなくて、何となく感じとってというか、同世代の感覚として、普段の対話の中で自分なりに解釈して建築化していった積み重ねです。

そういう意味では、ヒロシさんは僕が独立してからのファーストクライアントで、そこから普通じゃない自分のキャリアがスタートしたので、クライアントとの関係性の築き方も含めて特殊になっちゃったというのはありますね。

藤原　家を建ててもらって、引っ越したその日だったかな。その頃犬を飼っていて、うち、自動ドアだったんですよ。自動ドアって中からも普通に開いてしまうから、犬が玄関に行くと勝手にドアが開いちゃうんです（笑）。「どうする？」ってなって、病院の手術室の入り口につける、凹型の箱に足を入れれば手を使わずにドアを開けられるスイッチがあるんですが、それをつけてもらいました。

荒木　そうですね。そういう面白エピソードもいろいろありました。

小澤　自宅にしろ、事務所にしろ、いろいろなギミックというか、クリエイティブが仕掛けられているというのは、なかなかないケースです。ヒロシさんの発想を実装する人がちゃんといるという点は、すべてのプロジェクトの基本になっていると思いますが、お互いが価値観を共有できているというのが、仕事として進んでいく理由の一つではないでしょうか。そんな共通項の一つに伊勢神宮があるということですよね。

藤原　そうですね。

小澤　荒木さんにとっての伊勢神宮とは何か、ご説明いただけますか。

伊勢神宮に見る「常若思想」

荒木　めちゃくちゃ話が長くなりそうなのでちょっと怖いんですけど。学生のときに建築の歴史を学ぶ授業があって、日本建築史と世界建築史があり、日本建築史でいちばん最初に出てくるのが、伊勢神宮の「唯一神明造」なんです。

　でも学生のときなんて「ぽかーん」という感じで、ぱっと見では伊勢神宮も住吉大社[★2]もあんまり変わらないように感じるんですけど、20代になって建築を深く掘っていくと、なぜ授業でいちばん最初に伊勢神宮を扱うかが何となくわかってくる。

　さっきのピラミッドの話もそうなんですけど、いろいろな意味で謎も結構あって。建築のジャンルの人や、時間を研究している人など、さまざまな人がかかわる、要は余白がある建物だということがわかってきました。さっきのヒロシさんの「１４００年前から」という話にも諸説あって。もともとは皇室の方々が神事を行うための設えとしてこういうものが建てられていくんです。僕は神道じゃないのでよくわからないんですが、例えば一年の始まりに財布を新調するとか、初詣に行くとか、日本人の思想の中に神道的なものは結構根づいていて。伊勢神宮の「20年に一回建て替える」というのも、「常若《とこわか》思想」みたいなものが根っこにあるんです。神様にお供えするものの一つとして建築も常にフレッシュなものを用意しておく、というのがあるんです。

では、その「20年」ってなんぞや?って、今でもずっと議論されているんですが、そのわかっていない感も含めて謎が多いから盛り上がるじゃないですか。建築業界的にも内容がミステリアスなところに惹かれて、教科書のいちばん最初に出てくるんだと思います。そうやって突き詰めていくと、どんどん新しい発見がある。でも、ほかの建築はそうでもないんです。例えば東大寺とか、正倉院とか、日本の古建築っていろいろあるじゃないですか。そのあたりは大体研究し尽くされて、発掘もこれ以上進まないという状況があるんですが、伊勢神宮はずっと建て替え続けているので、いろいろな資料や、さっきヒロシさんが言われていた宝物や、神具がどんどん発掘されている。常に情報がアップデートされて、終わりのない感じなんです。

藤原　20年に一回、新しくつくり替えるのに、古い情報が出てくるということですか。

荒木　そうなんですよ。20年ごとに古い情報がアップデートされているという、逆ベクトルにいっているのが建築的にすごく面白いです。そしてたまたまヒロシさんが伊勢出身だというのも、自分の中で勝手にシンクロしていて。ミステリアスなことも含めて、あ、ヒロシさんの根っこ、伊勢だよな、みたいなところとか、フラグメントの稲妻のマークにしても、神道のああいう紙でつくった紙垂[★3]（しで）みたいなものがあるじゃないですか。

藤原　一度、割りばしと白い紙で「どこでもパワースポット」をつくって売ろうかと思ったんですけど、怒られると思ってやめました（笑）。

荒木　勝手にひもづけして妄想したりして、自分の中で膨らませていったんですよね。

藤原　何度か荒木君とも一緒に伊勢神宮に行きました。僕はあまり知識がないので、荒木君にいろいろ教えてもらって。

小澤　二人に伊勢という大きな共通項があったり、それ以外のサブカルチャーでもつながっているというか、荒木さんもヒロシさんの影響を受けて育っていたということで、基本的に何でも建築だな、というのがここで伝えたいことではあります。ファッションや建築は都市とつながる、景色につながるという意味では、突き詰めれば人が服を着て街を歩いていることと見え方は変わらないんじゃないか。そういうことを、二人の取り組みから感じることができました。

多方面のクリエイティブで活躍されている方で建築を学んでいたり、携わっていた人はとても多くて、代表的なところでは、故ヴァージル・アブロー[★4]も、シカゴのイリノイ工科大学で建築学を学んでいます。それこそヒロシさんとも親交の深いナイキのデザイナーのティンカー・ハットフィールドも、建築を学んでイラストを学び、デザインの世界に携わったり、建築の発想って、いろいろなことにつながっているという考えが、このDAY5の建築学の基本的なベースになっています。それではチャプター2に入ります。

藤原　はい。

佐々木 進

小澤　今回、会場として使用させていただいている株式会社ジュンとヒロシさんは長い取り組みを続けています。ここから新しくゲストをご紹介させていただきます。ジュン[★5]の佐々木（進）社長です。よろしくお願いいたします。

藤原　よろしくお願いします。

佐々木　佐々木でございます。よろしくお願いいたします。

小澤　簡単にご紹介させていただきます。佐々木さんは１９６５年生まれ。アメリカに留学後、サル・インターナショナルで国内外のショー演出などのお仕事に携わり、１９８９年に株式会社ジュンに入社されました。２０００年より代表取締役に就任し、現在に至ります。佐々木さんはヒロシさんと同世代でいらっしゃるかと思います。

藤原　そうですね。

小澤　いつからのお付き合いになりますか。

藤原　僕のほうがちょっと上なんですけれど、ほとんど同じですかね。佐々木君がサル・インターナショナルにいる頃に、僕はショーの音楽とかをやっていて、多分、18歳か19歳の頃だと思うんですよね。

佐々木　そうですね。だから…。

藤原　佐々木君も18歳ぐらいの頃からもういるということですよね。
佐々木　そうですね。
藤原　その後、ジュンの御曹司ということで、いろいろ仕事をいただきまして。
佐々木　いやいや（笑）。
藤原　ラジオの番組をやらせてもらったり、お店のBGMをやったり、80年代からいろいろな付き合いをしていました。
佐々木　そうですね。でも実際、直接仕事をするのはもっと後になってから。いろいろなところでお会いして、遊んでいましたという感じでしょうかね。
小澤　遊び仲間からお仕事へとつながったのですね。
藤原　そうですね。僕的にはサル・インターナショナルと仕事で絡んでいたので、相談しながら、僕が持っていった選曲をつなげてもらったりとか、いろいろなことをやってもらったんですけど。
佐々木　その頃はまだスケボーに行ってましたよね。そういう時代でした。
藤原　そうでしたね。

店舗は総合芸術

小澤　ありがとうございます。これまで佐々木さんは自社ブランドの「アダム エロぺ」[★6]を立ち上げたり、また「A.P.C.」[★7]などのインポートブランドを日本に上陸させるなど、多角的に事業を展開されてきましたが、今回のテーマである「お店づくり」というところで、どういうことを大事にされてきたんでしょうか。

佐々木　はい。あまりかっこいいことを言うわけでもないんですけど、私は要は商人なんですよね。商人の家に生まれて商売をずっとしているわけですが、自分にとって商売とは自己表現であり、商売を通じて世の中に何かしたい思いがすごくあって、若いときからヒロシさんのハイ&ロー的な考え方などがすごく好きだったんです。そういう意味で、ヒロシさんは自分のクリエイティブを突き詰めて表現する人なんですけど、僕はある意味、商売を通じて何か表現したいなということで。おこがましいですけど、何となく共鳴するところがあった。それが一つあります。

　それとやはり、いちばん代表的なのがお店だと思うんですよね。お店というのは僕は総合芸術ととらえていて、場所もそうだし、そこの設えというか、インテリア、音楽とか商品とか、そこにいるスタッフも含めて。そしてそこに来るお客さんというか、コミュニティがつくる偶然性みたいなものは、いってみれば利休の茶会じゃないですけど、一期一会の精神に通じる、いちばん大事な要素なんじゃないかと思っています。

　うちの会社もいろいろな事業をやっていますけど、根本的にはこれが私にとってのお店の在り方なんですね。

小澤　ありがとうございます。これまでのお話でも、マルセル・デュシャン[★8]の思想は非常に佐々木さんに影響を与えたと伺っています。

あるものを生かす

佐々木　はい。ちょっと僕ばっかりしゃべっていてすみません。要するに「便器」ですよね。お店をどうとらえるのかと見たときに、デュシャンの考え方というのは、すごく通ずるものがあるなと。今日はヒロシさんと取り組んだ店舗3部作のお話だと思うんですけど、実際、普通に見るとお店というのは、物を買う場所、商売をする場所です。でもデュシャンのように、便器というものが一つのアートなんだという、新しい価値を見いだす考え方と、今回のヒロシさんのいろいろなやり方とか、いきさつには通ずるものがあると思っています。

別に意図的ではないんですけど、よく考えてみると結果的にそういうことだなと。コンセプト自体が非常に重要で、デュシャンのレディメイドとは、要するに既存のものをまったく違うアートにすることといわれていますけど、ヒロシさんの最初のお店も、くしくも「レディメイド」ということで、それが関係あるのかどうかはわかりませんが、そういうとらえ方もできるんじゃないか、と思いますね。

小澤　ニューヨークのクラブにも影響を受けたと伺いました。

佐々木　はい。当然ヒロシさんもリアルタイムでご存じだと思いますけど。ニューヨークに地下鉄のトンネルをクラブにしたという場所がありまして。その当時のアメリカやヨーロッパの、既存のものをうまく使って何か違うことをやるというのが、われわれの肌感としてすごく新鮮だったんです。

藤原　そうですね。日本ではスクラップ＆ビルドの価値観がもう浸透していたので、古いものをそのまま生かしてつくり替えるというのはあんまりなかったんですけど、海外に行くと、古い銀行をホテルにするとか、トンネルをクラブにするとか、薬局をカフェにするとか、そういう場所が結構あって、すごくきれいにまとめられているんです。

佐々木　そうですね。あと、僕がすごく衝撃を受けたのは、ミラノにロメオ・ジリ[★9]というデザイナーがいたんですけど、ルノーの車の整備工場の中に入っていくとその奥に巨大な空間があって、そこが彼のお店で。それがゆくゆくはコルソコモ[★10]になるんですけど、そういうサプライズというか、ゼロからつくったら絶対できないという意味でも、すごくエキサイティングでした。

小澤　ありがとうございます。既存のものをつくり替えて、何か新しい表現をしていくというのは、この3名に共通する一つの考え方と思っています。そしてジュンとヒロシさん、そして荒木さんの取り組みが２０１４年にスタートしました。もう今から10年前になりますが、南青山にできた「the POOL aoyama」です。

　当時、マンションの中にあった住民用のプール跡地をお店につくり替えたこちらは「再生と編集」というのが一つの大きなキーワードでした。プールを生かしたお店にするということで、すごく斬新な考えだったと思います。

the POOL aoyama

藤原　これはいちばん最初、清永[★11]（浩文）君から紹介されたんですね。清永君から「この青山の古いマンションの中にプールあるの知ってる?」と言われて、そこのプールをジュンが借りたんでしたっけ?

佐々木 そうですね。もう借りていました。

藤原 「そこで何かやりませんか?」と誘われて、僕もトンネルをクラブにするとか、古い銀行をホテルにするとか、そういうのがすごく好きで、日本にまさかこんな場所があるとは知らなかったので、すぐにやったんです。

佐々木 そうですね。実は僕もそういう物件をずっと探していて、へんてこ物件を探す不動産業の知り合いに「こういうのあるよ」と言われて。一般向けには出てないわけですよ。でも持て余しているということで。

藤原 普通に考えたら、これを借りる人はあんまりいないですよね。

佐々木 いないですね(笑)。ただ、何をやるかわからないけど、とりあえず借りるということになりました。

藤原 最初は、ギャラリーでもいいし、極論、マネタイズできなくてもいいとまで言っていたんですけど、やっていくうちにこっちも稼がなきゃみたいになってきて。結果的にはいい売り上げを出せたと思いますが。

佐々木 やっぱりこういうのはゼロからでは絶対つくれないですよね。壁のシミのような経年変化はお金では買えない。

藤原 そうですね。だからこれを最初に見たときから、プールというものをそのまま生かしたお店にするのがいちばんいいと思って、とりあえず荒木君に相談しました。

彼のセンスというか趣味で、残すところとアップデートするところをうまくやっていただいて出来上がったんですけど。どうですかね。荒木君もこういうの初めてだった？　古いものをアップデートするのは。

荒木　はい。歌舞伎町近くにある吉本興業の本社のような実績はあるんですけど、コンバージョンの歴史というのは、ヨーロッパが始まりというか、向こうではわりと古くからあって、日本は紙と木の建築の歴史なので、なかなか残らないんですよね。

ただ、ここにはプールの矩形が残っていた。矩形をふさいで床を張れば店としては広く使いやすくなったと思いますが、そこはあえてこのプールをどう生かすかというところに注力しました。

重視したのはコントラスト

荒木　それで床の話になるんですが、これ、大変だったんですよ。プールって排水しなきゃいけないから、実は床が微妙に斜めになっているんです。斜めの床で働いたり、ずっと買い物していると三半規管がおかしくなるので、つくり直す必要がありました。ガラスを張るという発想は、ヒロシさんと話して決めたことです。水みたいな表現にも見えるし。

藤原　すごくきれいでしたよね。で、半分はそのまま残して。それは予算がなかったからなのか、よくわからないですけど。

荒木　いえいえ、戦略的です。さっきの伊勢神宮の右と左じゃないですけど。

藤原　でもコントラストがすごくきれいだったんですよね。

佐々木　あと、入り口の動線設計が結構大変でした。

荒木　そうですね。もともと室内からアプローチする構造だったので、外に入り口をどうつくるかが大変でした。

藤原　あとはプールのカウンターのようなものをつくってみたり、プールらしさをいろいろプラスアルファしていった感じでしたね。

荒木　そうです。

藤原　これもさっき小澤君が話していたような、ちょっとファッションと絡んでくるんですけど、この店があって、プールだってなったら、もうコンセプトがプールになるので、そこから先のものづくりに関してはオープンのときはすごく簡単にできた。コンセプトどおりに割り当てていく感じだったので、ぶれずにできたと思います。

佐々木　一般的な商売感でいうと、こんなに品数が少なくて大丈夫かなと思ったんですけど、余計なものがなくて、緊張感があって、結果的にいいお店になりましたよね。

ポップアップで飽きさせない

藤原　実際はオープン後、すぐに空間の半分をポップアップスペースにするような状態になったので、水が張っているように見えるガラス張りのプールには既存のPOOLの商品を置き、あとの半分は今でいうポップアップストアみたいな形にして、定期的に変える。常に新しい感覚で驚いてもらうということをずっとやり続けた感じです。

佐々木　当時は、ポップアップストアというもの自体がほぼなかったですよね。それまでの常識だと、お店って一回つくったらそんなに変えるものじゃないよと。例えば5年に一回改装はするかもしれないけど、というのが定説だったのに、劇場型じゃないですけど、定期的に変えていく。それなりにコストがかかるし、大変ではあるんだけど、常に新鮮さを演出する総合芸術の舞台という意味で、すごく革新的だったし、楽しかったですね。

小澤　POOLは約29坪の矩形のプールに沿って商品を陳列し、都度都度、売り場を新しくしていくというのが、今でこそよく見かける手法だと思うんですけれども、実際このポップアップというものを、皆さんはどういうきっかけで知りましたか？　そういう事例を過去に見てきたことがあったんですか？

藤原　ポップアップという言葉はなかったんですけど、僕はレディメイドをやって後悔したというか、ジレンマを感じたのは、お店を一度つくってしまうとなかなか内装を変えたりできないんですよね。洋服の場合はTシャツでも何でも、新しいものをどんどんつくって売って、次のものをつくって、という感じなんですけど。

だから、そこがすごいジレンマだったんですよ。最初は荒木君のおかげでめちゃめちゃいいのができたんだけど、1年したら、もう自分のお店に入ることにちょっと飽きてしまって。中身だけの変化じゃなくて、什器とか、内装そのものも新しく変わればいいなと思っていたんですね。それがポップアップの始まりじゃないかなと思います。

突然の期間限定化

小澤　実際、レディメイドは1997年にオープンして2000年に変わるタイミング、わずか3年ほどでお店をクローズしています。本当に人気の絶頂だったと思うんですけど、いとも簡単に閉めてしまったというのは、今のような考えが常にあったということですか。

藤原　そうですね。あとは1999年の12月31日という日が1000年に一度というか。その日に何かをしたほうが絶対いいと思ったので、お店を閉めるならそのタイミングだと、オープンして1年ぐらいで思ったのかな。

小澤　本来だったら、こんな記念日はお店で年を越すためにいろいろなことを考えると思うんですけど、閉めてしまうところがアイデアなのかなと思います。このPOOLも結果的には期間限定のショップになりました。

藤原　どのくらいあったんでしたっけ、POOLは。

佐々木　2年ぐらいですかね。でも、僕は聞いてなかったんですよ（笑）。

藤原　僕も清永君も、ちゃんと腰を据えてやったほうがいいんじゃない？って始めたんですけど、なかなかそうもいかなかったですね。何でやめることになったのかな。

佐々木　いや、僕はヒロシさんから急に言われて。僕にとってもお店って子どもと一緒で、産んだから最後まで育てるでしょう、みたいな大前提があったから、いきなりそれを言われてガーンときたんですけど。

藤原　すみません、わがままを。

佐々木　でも、それもありかな、と思えてきて。さっき話したお店という在り方を、どうコンセプトを変えていくかということにおいて、発想としてはすごくいいと思います。

再生と編集

小澤　ＰＯＯＬ［写真６・７］の最大の特徴は、跡地をそのまま生かすリノベーションの考え方と、店舗の中を都度変えていくという発想ですね。普通は売るものが決まってから、それを売る場所をつくるものだと思います。ブランドの世界観などをどこまで忠実に反映するかというのが、お店づくりの基本的な考え方になるのかなと僕は思っていたんですけれども、ヒロシさん含め、皆さんの考え方は、テーマがあって、コンセプトがあってから企画を考え、商品をつくるという、逆のプロセスで生まれているなと思いました。これはお店づくりの考え方と真逆というか、あまのじゃく的な発想ですよね。

藤原　そうかもしれないですね。それについて僕は深く考えたことなかったけど、僕にとってはコンセプトが先に決まったほうがやりやすいというか、そこにいろいろパズルのようにつくり込んでいくので。

佐々木　一般的な考え方でいうと、それはもうイノベーションだし、コンセプトをよく考えるという意味では新しいと思います。違った意味でいうと、マルタン・マルジェラもコンセプトということをすごく考えたファッションデザイナー。例えばファッションデザインって半年に一回、新しいコレクションがあって、流行を加味したり、新しい色や形、柄を発表するものですが、彼らの場合は例えばアーカイブということを考えてみようとか、とらえ方を変えて、ずらして表現したことがすごく新しかった。じゃあお店という概念をどれだけ違った形でやれるのかという意味において、ヒロシさんは別に策略してやったわけではないと思うけれど、結果的に新しさにつながったというのはすごく感じましたね。

駐車場の中華料理店

藤原　ＰＯＯＬをやめると決めて、その後も佐々木君とは話をして、このままジュンと何かしらのプロジェクトは継続していきましょう、ということになったんですけど、僕はそのときに二つやりたかったことがありました。まず一つは、居抜きで吉野家を借りられないかと本気で思っていたんです。吉野家のコの字カウンターというのが実は面白いんじゃないかなと思って。カウンターに物を並べて、店員はカウンターの中にいて、お客さんはずっとその周りにいるというものを、古い吉野家をそのまま借りてできたらいいなとリサーチしていたんです。

　そしてもう一つが、銀座の「THE PARK・ING GINZA」。このＰＡＲＫ・ＩＮＧのアイデアは、もともとは銀座にある汐留駐車場ですかね。そこに帝里加《デリカ》という中華料理店があるんです。地下に車を止めると、なぜか一軒だけ、赤提灯の中華料理店があるというのがすごく不思議で、いいなと思っていました。場所の違和感ですかね。ＰＯＯＬももちろん違和感だったんですけど、そもそものロケーションとしての違和感みたいなものが面白くて。こういうお店がつ

写真6　マンションにあった実際のプールを改装したthe POOL aoyama。ガラスの床面が跡地を物語っている。（撮影：伏屋惇史）

写真7　改装初期の様子。ガラスを採用することで床の傾斜をフラットに整えつつ、構造をあらわに演出した。（撮影:甲斐寛代［stuh］）

くれたらいいなと冗談交じりでラジオでしゃべっていたら、たまたまソニーの人が聴いていて、「藤原さん、ありますよ」と教えてくれた。それが銀座ソニービルのＰＡＲＫ・ＩＮＧでした。

THE PARK・ING GINZA

小澤　今説明があったとおり、THE PARK・ING GINZAは、the POOL aoyamaが２０１６年の３月にクローズした後、それから程なくして、タイムリーに銀座にオープンしたお店です。当時、数寄屋橋交差点にあったソニービルの地下には、１９６６年に開店し、２０１５年に閉店したマキシム・ド・パリというレストランがありました。そこの跡地にこのＰＡＲＫ・ＩＮＧというお店がオープンすることになりました。ラジオをきっかけに連絡があって、そこからどうお店に発展していったんですか？

藤原　そもそも永野さんという知り合いがいて、その人がソニービルを管理する会社の社長だったのかな。それで「マキシム・ド・パリが閉店した後にビルを建て直すので、それまでの期間限定ですがこういう場所があります」と教えてもらって。荒木君もその永野さんとは仲がよくて。

荒木　そうですね。

藤原　このチームでぜひやりたいとお返事しました。結構広いスペースだったので、カフェとか、いろいろなことをやった感じです。

佐々木　これは、タイミング的にはすごい偶然でしたね。

藤原　そうですね。POOLを閉めてそのまま次の日にオープン、くらいの勢いできたので。

駐車場と隣接するカフェ

小澤　これがソニービルの地下3階の間取り図［図8］になりますが、本当に駐車場にカフェが。

藤原　これは西銀座駐車場なんですけど、さっきの帝里加みたいに、車を止めていたら何か明かりがある、という感じにしたくて、入り口をカフェにして、駐車場からそのままカフェに行ける。ほのかに明かりが見えて、何かざわざわしている感じを出したかった。地下3階でしょうか。

荒木　西銀座駐車場的には地下2階で、ソニービル的には地下3階。

藤原　はい。地下2階にこういうお店が現れるという状態ですかね。

佐々木　POOLは狭くて、どちらかというと箱庭的な発想でいろいろやっていたと思うんですけど、これは逆に、同じコンセプトでも巨大だからすごくパブリックな感覚というか。パークとパーキングをもじっている部分もあるのかもしれないですけど、そういう感じでしたよね。

藤原　はい。そもそもパーキングが公園の語源かどうかわからないですけど、駐車場の「パーキング」★12と、公園の「パーク」★13というものをフロアで分けて表現した感じでした。原宿のモントークがあった場所に、元々カフェ・ド・ロペというカフェがあったんですが、そのカフェを、地下2階の駐車場から入ったところに復活させたんです。入り口のカフェを抜けると、レ

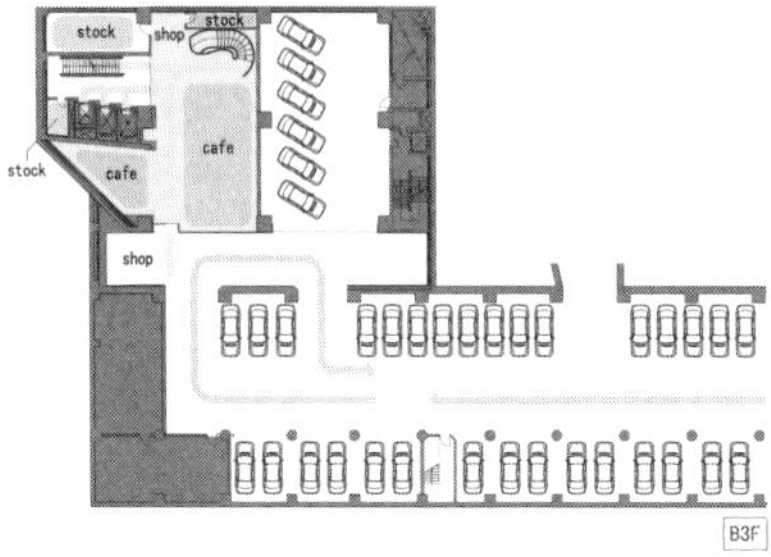

図8　ソニービル地下3階の間取り図。西銀座駐車場からそのまま店につながるパブリックな構造を採用した。

コード店があって、その地下に行くと本格的な洋服のお店があるというコンセプトでした。
佐々木　テーマパークみたいでしたね。行くだけで楽しいという。
小澤　これはレストランの内装をいったんゼロに、スケルトン状態に戻してつくられたんですか。
藤原　そうなんです。最初見せてもらったときは、やっぱりマキシム・ド・パリという古いレストランだったので、いい部屋なんかがいっぱいあったんですけど、向こうの要望でまったく使えなかったんですよね。
荒木　そうです。意匠、デザインの部分は絶対見せられないような契約で。
藤原　で、全部スケルトンにしてしまうと、本当に駐車場の一部みたいになったので、わざと駐車場と同じようにラインを引いたり延ばしたりして、そのままつながっているような見せ方にしました。

共存と順応

小澤　隣接する駐車場に合わせて共存していく、また、そこから世界観をつくり上げて、その空間に順応していくというのがPARK・INGの一つの大きなコンセプトだったと思います。設計していくうえで皆さんの中でPOOLの概念をどうやって引き継いだというか、こういうところは生かせるなという、学びのポイントはどこかにありましたか。
藤原　フロアにそのままパーキングの枠のようなラインを引いたりとか、そういうところですかね。あと、デッドスペースのようなものが本当にいっぱいあったんですよ。柱と柱の間のすごく小さなスペースにリトゥ（retaW）に入ってもらったりとか、ナイキ用の小さい小屋みたいなものをつくったりとか、本当にいろいろ。セレクトショップというか、デパート的な感じだったんですかね。

佐々木　ちょっと街みたいな感覚もあったかもしれません。

小澤　これは荒木さんに伺いたいんですが、駐車場の柱とか、設計上、壊せないものもいろいろあったんですか、スケルトンにするにあたって。

荒木　厳密にいうと、僕はソニービルを建て替える設計者でもあって、実はソニー社内でも建て替えるべきか、新築でいくべきかの議論はずっとしていたんです。それと同時進行的にPARK・INGの話があって。だから、建物の分析はできていたんですよね。

そういう意味では、さっきヒロシさんが言われた、リトゥが入ったスペースみたいな余白がすごくありました。そこはもともと配管のスペースだったりするんですよ。一般的にはそういうものは隠しちゃうんですけど、土地や躯体をリサーチするために一回スケルトンにしようっていうプランもあったんです。だからマキシム・ド・パリをスケルトンにしなきゃいけなかったのも、よかったんですよね。

さらに面白いのは、1960年代って結構おおらかな時代で、実は西銀座駐車場の地下の部分とソニービルだけじゃなくて、あらゆる銀座界隈が構造的につながっているんです。

そういうわけで壊せない部分がかなりあったので、いろいろと構造をリサーチしながら設計しました。ソニービルとPARK・ING、どっちの仕事も僕がたまたまかかわっていたので、本当にシンクロしていましたね。

深夜のフリーマーケット

小澤　デッドスペースやもともとあるものを生かしながらお店のつくり方を考えていったということですね。店舗が広くなったぶん、いろいろな企画を考えられるようになったかと思います。例えば深夜のフリーマーケット［写真9］が開催されたりしました。

藤原　これは自分的にもいいアイデアだったなと思って、すごく楽しいイベントでした。フリーマーケットって昼間に外でやる、何だったら早朝にやるようなものだったんですけど、それを「MIDNIGHT MARKET」という名前にして、深夜12時に始めて。クラブイベントじゃないですけど、そういう感じでフリーマーケットをやったら面白いんじゃないかと考えて。

寒い中、深夜12時の銀座に、700人ぐらいが集まっているという光景もめちゃめちゃ面白かったし、そういうちょっと排他的で背徳的なイベントをやりたかったので、最高でした。アイデアの背景には、実は「ピクニック計画」[★14]というものがありました。ベルリンの壁がまだあった頃に、東ドイツ市民を西ドイツに亡命させるために、ハンガリーでピクニックをやっているという体にして、ハンガリーとオーストリアの国境の鉄条網を切り裂いて、そこからどんどん亡命させていくという計画があったんですね。

僕は、ピクニックというおおらかな言葉なのにダークな薫りがするその事件がすごく好きで、そういうことをしたいなと思っていたんです。で、その当時のポスターにインスパイア

写真9　深夜12時にスタートした大規模なフリーマーケット。多くの行列を生んだ根源的なプロジェクトだった。（撮影:伏屋惇史）

されてイベントにした感じですね。

小澤 そしてＰＡＲＫ・ＩＮＧも本当の期間限定のお店になりました。

荒木 いろいろ事情は変わったんですけど、最初から期間限定でした。

THE CONVENI

小澤 そして２０１８年ですね。解体したソニービルの跡地に、荒木さん建築によるSony Parkが完成したタイミングで、地下１階に「THE CONVENI」［写真10］がオープンしました。その名のとおりコンビニではありますが、ここもやはりお店の場所がたまたま空いていた、ということなんでしょうか。

藤原 ソニーから「そのまま何かお店をやれませんか」という要望があったので、ジュンとも話して、じゃあやりましょう、という流れでした。ＰＯＯＬとかＰＡＲＫ・ＩＮＧのように場所にコンセプトがあったわけではないので、何をすればいいのか考えたんですけれども、当時はオリンピックで東京に人がたくさん集まってくる想定だったので、ザ・日本というか、日本っぽいものにしたいと思ったときに、コンビニをそのままやってみようということになりました。それって日本っぽい？って思われるかもしれないですけど、外国に行けば行くほど、日本のコンビニがいかに優れているかがよくわかります。これこそが現代の日本の象徴だと感じました。

僕は伝統的なものは伝統的なままでいいと思っていて、例えば伝統的なものと現代の

写真10 コンビニエンスストアをモチーフに商品化されたTHE CONVENI。冷蔵庫内にアパレルも陳列された。（撮影:伏屋惇史）

ファッションアイテムを混ぜるような感覚がすごく苦手で、どちらかというと反対。なので、そういうものをいかに混ぜないで、現代の東京らしさを海外に向けて発信できるかということで、コンビニにしました。

小澤　伝統的なものとファッションを混ぜるとは、どういうことですか。

藤原　例えば家紋の入ったデニムのエプロンとか、そういうのが嫌いです。それって海外の人がやるのはいいと思うんですけど、日本人がやると自分たちの歴史をもう一回振りかざしているように見えて、僕は苦手ですね。

コンビニらしくするには

小澤　POOLではプールグッズをつくっていた、というのと同じように、コンビニだからこそコンビニ的なグッズをつくったというところが、このお店のいちばんのハイライトだったと思うんですが、佐々木さんはこのCONVENIをやると言われたときに、ファッションのお店としてどう思われたんですか。

佐々木　それまでは場所そのものが一つのコンセプトのキーだったのが、コンセプトの源みたいなものが一気になくなって、今回は業種というか、業態がコンセプトになるんだなというのは何となくわかりましたけど、最初は全然想像できなかったです。

藤原　僕も想像はあまりできなかったんですけど、コンビニをやろうと言っていつものように荒木君に軽く相談したら、コンビニをコンビニらしくするには大量の商品をつくらなきゃいけないということがわかったんです。あの広いPARK・INGの中でやっている以上に商品をつくらなきゃいけなかったんですね。

荒木　そうですね。

藤原　それが大変でした。

佐々木　似て非なるものに究極的にこだわってつくりましたから、うちのスタッフも非常に勉強になったんじゃないかと思います。

藤原　ご迷惑をおかけしました。ものづくりに関しては本当に、ジュンのスタッフはここで開花したところがいっぱいあると思いますね。

佐々木　ありがとうございます。ヒロシさんからいただいたキーワードを、こうかな、こうかな、みたいに解釈して進めることを楽しませてもらいました。

藤原　宿題をいっぱい出してしまったんですが、いいものがたくさん上がってきました。生徒の皆さんにもそろそろ何か宿題を出せたらと思っています。みんな、いいアイデアを出してくださいね。

ユニークすぎた商品開発

小澤　お店に行かれた方はご存じかもしれないですけれども、実はコンビニにありそうなものをすべて商品にしている。しかもコンビニらしいパッケージで商品化しているというのが、このお店の特徴でした。古い雑誌もあったんですけれども、毎月入れ替えていたんですよね。

藤原　そう。7月には7月号というか、昔の夏の号のファッション誌を集めてもらって。時代的にはぐちゃぐちゃですが、季節的には全部合っていたんですよね。

小澤　神保町のマグニフ[★15]に選書をお願いされていました。

藤原　あとは、ジュースやペットボトルのパッケージの中にTシャツが入っているとか。グレープジュースの中にはグレープというか、紺色のTシャツが入っている。そういうアイデアを2週間に一回くらい会議をしながら、みんなでつくり出していった感じですね。

佐々木　ちょっとコロナがね、残念でしたけどね。

藤原　そうですね。外国人が来なくなって、スーベニアショップとしての計画が崩れてしまいました。あと、僕がすごく好きだったのが『VOGUE』と一緒につくったフーディとTシャツ［写真11］。コーンフレークと牛乳のパッケージにして、すごくきれいに出来上がりました。こういうアイデアを出すのがすごく面白かったですね。

佐々木　『VOGUE』がこういうことをやるのも初めてだったみたいです。

小澤　こういった考え方は、今までの地続きになっているかなと思います。既存のものを生かして、そこからどうやって新しい商品へとつなげていくかというのは、皆さんの知見やアイデアの生み方がずっと継続されているから、新しいものをどんどん思いつくんでしょう。

渋谷パルコのPOP BY JUN

小澤　最後に、ここはちょっと簡単になってしまいますけど、CONVENIが営業している

写真11　雑誌『VOGUE』とのコラボレーション。フーディはコーンフレークのパッケージで梱包された。

途中で「POP BY JUN」がオープンしました。こちらは2019年に渋谷パルコがリニューアルした際にオープンした、ジュンのポップアップストアになります。こちらでも、毎回ショートスパンでさまざまなプロジェクト、ポップアップを繰り返していく手法には、これまでの経験が生かされているかと思いますが、その第1回のキュレーションをヒロシさんが担当しました。

藤原　こけら落とし的に何かやりましょうと言われて、僕が荒木君と見たときにはすでにこのガラスができている状態だったんです。行ったら、資材がごみのような固まりになって置いてあったので、新しいお店を「汚す」というコンセプトに決めました。しかしこれ、よくパルコがOKしたなというのはありますよね。

佐々木　でもパルコさんは新しいもの好きだから、これ自体を現代アートとみなしてくれました。

藤原　面白かったですね。これ、大変だったんですか。

荒木　いや、まあ。皆さんに伝えるために模型をつくったり、いろいろ苦労はあったんですけど。実際にこのファサードをどうやって固定するの？みたいな。

藤原　ごみを固定する方法？

荒木　そこはすごく苦労しました。でも、ずっとヒロシさんとやっていて、ヒロシさんのすごいところは状況判断のスピードや、アドリブの順応力だなって感じるところがありますね。

藤原　それは周りのスタッフがいいというか、僕がこれ、やりたいと言っても、荒木君に「いや、それは無理です」と言われたら、僕はもうそこで「じゃあ無理なんだな」と思ってしまう。

スタッフが優秀だから、判断力というか、スピードが速いのかもしれないですね。

荒木　おかげで事務所のスタッフも、いろいろリサーチする能力は鍛えられたところがあります（笑）。

シュールなごみ屋敷

佐々木　僕はPOPという名前が、対比として非常に面白いなと思いましたね。

藤原　ディオールとか名だたるブランドがいろいろ入っていて、みんなきらびやかにやっている中で、ごみ置き場みたいなお店［写真12］がいちばんフロントにあるというのが面白かったと思います。外からは見えないようにしていましたが、実は中に入るときれいでピカピカした感じになっていて、コントラストをつけたんです。

小澤　造形のインパクトもさることながら、新築の建物の中にごみ屋敷をつくるという、概念的な美しさというのが、知的な刺激として表現されたのかなと思います。

それこそ佐々木さんがおっしゃっていたデュシャンのように、コンセプトや概念が先に立って物が芸術的につくられていくというのが、ここで表現されていました。

佐々木　そうですよね。ごみがあって、中に入るとガラス張りというシュールな対比がすごく面白かった。あとこれは期間がとにかく短かったんです。2週間とかでしたかね。その短命なところも、はかないというか、よかったと思います。

藤原　ちょっともったいなかったですね。ところでこのごみ、どうやって処理したんです

写真12　渋谷パルコのリニューアル工事中に偶然見た、積み上げられた資材をコンセプトに店づくりが進んだ。（撮影：高木康行）

か（笑）。

荒木　使えるものもありましたけど、半分くらいは処分していると思います。

藤原　とにかくこれは現場を見に行ったその場で、こっちにあるごみを詰められないか？ というアイデアで進んだ。そういう意味では判断が速かった。それで思ったとおりの面白いものができました。

佐々木　偶然でしたね。

荒木　でもそういうことがヒロシさんの場合は結構多いですよね。レディメイドのときもプロテクトの現場に一緒に行って。普通だったら色がないはずのベニヤを見て「何で色がついているの？」という話から始まるんですよ。本来は意味があるんですけど、それが黄色か緑かみたいなことはどうでもよくて。そういう、一般的には誰も気づかないことに反応される嗅覚だと思います。

センスという共通言語

小澤　今、紹介したこの4つのケースから、学びのポイントを整理してみます。1つ目、「クライアントをチームに巻き込む」というヒロシさんの友好的なスタイルは、非常に有効だと思います。本来、制作の仕事をしていると、クライアントとクリエイティブのチームの間には適度な距離があるもので、クライアントはチェック機構になることが多いのですが、一緒にものづくりをしていく距離感の近さが、ゴールを近くする。特にポップアップなど、期間限定のプロジェクトに対しては、スピード感が増すなと思いました。

2つ目は「肩書不要」です。プロジェクトのチームづくりって、肩書とか実績とか、その人のブランド感でパートナーを選ぶことが多いと思うんです。けれども、ヒロシさんと荒木さん、そして佐々木さん、やはり同じカルチャーで育って、センスや価値観を共有できる人を巻き込むというのが、いい仕事につながるんじゃないかなと思いました。

3つ目は「機転と融通」です。期間限定の場合はとにかくスピード感が重視されるので、ゴールを決めるというよりは、状況に応じた準備と、常にアップデートしていく感覚を打ち合わせしながら、完成形に近づけていくというのがすごく特徴的だと思いました。3人の中でそう思ったり、意識されることはありますか?

藤原　センスと価値観というよりも、共通言語をもてるかどうかで、すごく時間が短縮されますよね。説明しなくていいから。「あのときのあれって、ほら、ニューヨークのトンネルのお店がさ」みたいなことを言ったときに、全員が、ああ、とわかることが重要だと思います。それで本当に、スピード感が増す。

佐々木　あとはビジネスパートナーの選び方ですが、ビジネスということが先にくるんじゃなくて、オーガニックにやりたいことをやるというのがベースにあって、始まっていくという感覚がよかったのかもしれません。

藤原　そうですね。

モントークの、その次

小澤 ではちょっと時間が押してしまいますが、チャプター3になります。こうして4つのケースを一緒に担当され、チームづくりをされていて、今も現在進行中でお店づくりが進行しており、それが2024年中にオープン予定と聞いておりますが、ご説明いただけますか。

佐々木 はい。原宿のモントークの場所は、うちの会社が1970年代からカフェ・ド・ロぺというオープンカフェをやっていた場所で、2002年からは山本宇一さん[★16]と一緒にモントークとして運営していました。それが、原宿のいろいろな変化を感じて、この業態としての役目は終わったねという話になり、2022年に休業というか、終了しました。

その後、ビジネス的にというより、オーガニックに何かやれたらいいなとずっと考えていたんですが、今度はヒロシさんと山本宇一さんと、複合的な「V.A.」[★17]というお店をやることになりました。

藤原 まだ具体的な中身については決まっていないんですけど、もともと80年代に東京に出てきたときから、カフェ・ド・ロぺは毎日のように行くカフェでした。モントークに変わったときも、確かオープンのときのDJ、僕がやったと思うんです。それくらい長い付き合いだったので、今でも週1ぐらいでバワリーキッチン[★18]に行くくらい付き合いの長い宇一君にもお声がけしました。カフェ部門を宇一君と一緒にやりながら、PARK・INGじゃないですけど、館全体で新たな取り組みをやっていこうと思っています。

佐々木 すごくシンボリックな場所なので、いい意味でパブリックというか、いろいろな人がかかわって、みんなでプログラムを書き換えながらいいものをつくりたいですね。ジュンという企業が所有している場所ではあるけれど、そういった独占的な考え方じゃなく、より開かれた感じでヒロシさんのキュレーションのもと、面白いことができたらいいなと思っています。

藤原　もちろん今回も荒木君にお願いして、「ここはこのまま残しますよね」みたいな会話をしながら、あうんの呼吸でやっております。

小澤　ジュンさんといちばん仕事をしやすい部分というか、ジュンさんとだからこそ実現できたことってあるんでしょうか。

藤原　まずは何も言われないということ（笑）。あとはPOOLのときから同じチームでやり続けているし、それこそCONVENIのときに、かなり鍛えられた人たちもいるだろうし。だから準備も完璧だし、やりたいことを共有しやすい。すごくやりやすいです。チームワークでやっている感じですね。

佐々木　ジュン側はヒロシさんをはじめ、いろいろなクリエイターの方々を100％リスペクトしてビジネスしていくのが基本的な考え方。自分のビジネスやつくったものが売れなくていいと思っているクリエイターはいないわけで、それをどうわれわれがサポートしながら形にしていくかが、〝win‐win〟の関係につながると思っています。そんな形で今までやってきているし、これからもやっていきたいですね。

小澤　どれくらいのペースで打ち合わせを進めていくんですか。

藤原　最近ハイペースになってきました。２週間に一回ぐらいは商品の打ち合わせをして、お店では1カ月に一回ぐらい、現地に行って見ながらやっています。

小澤 基本的に対面で進めていく感じですか。

藤原 はい、みんなそうですね。

小澤 わかりました。ありがとうございます。こちらの詳細は徐々に明らかになっていくと思いますので、受講生の皆さんも楽しみにしていてください。

藤原 みんなに言うのは今日が初めてですよね。

佐々木 まだプレスリリースも出していませんので。

小澤 今回はジュンさんとヒロシさんと荒木さんの4つの取り組みから、ほかにはないお店づくりの考え方を、できる限り言語化しました。実際にお店を経営している方でなくても、ビジネスに生かせたり、事業に取り入れられるポイントがあると思います。では、最後、締めていただいてよろしいですか。

藤原 締める言葉はないんですが、これからもジュンとの取り組みはいろいろあると思うので、よろしくお願いいたします。そして次ですね。DAY6はケーススタディとして、長い間やっているスターバックスとの取り組みのお話をしたいと思います。

スターバックスが日本においてというか、世界でいちばん何を変えたかというと、僕はやっぱり景色を変えたんだと思うんです。例えば、昔は電車に乗るとみんな新聞や『ジャンプ』を読んでいたのが、今はスマホを見るようになって、誰も雑誌を読んでない。『ジャンプ』が網棚の上に置いてあることもないですよね。これも景色が一変した状況だと思います。なので、その話から始めて、スタバとの取り組みの中身について話していきたいと思います。

小澤　ありがとうございます。以上をもちましてＤＡＹ５、建築学を終わらせていただきます。今日はお二人のゲストにお越しいただきました。佐々木社長、荒木さん、どうもありがとうございました。

注

1 グレートジャーニー
イギリスの考古学者、ブライアン・M・フェイガンが名づけた現生人類拡散の旅。

2 住吉大社
大阪府大阪市にある全国約2300社余の住吉神社の総本社。

3 紙垂
しめ縄などにつけて垂らす白い紙のこと。「神聖・清浄」の標章。落雷があると稲が育ち豊作になることから、雷光、稲妻をイメージし、邪悪なものを追い払うとされる。

4 ヴァージル・アブロー
アメリカ・イリノイ州ロックフォード出身のファッションデザイナー、実業家、建築家、DJ。ファッションブランド、オフホワイトの創設者。2018年から21年までルイ・ヴィトンのメンズウェアのアーティスティック・ディレクターを務めた。（1980〜2021）

5 ジュン
1958年創業のファッションを主力とする日本の企業。

6 アダム エロペ
ジュンが展開するファッションブランド。1990年に誕生し、メンズ、レディス向けのオリジナル商品やセレクトアイテムを展開。

7 A.P.C.
フランスのファッションブランド。1987年にジャン・トゥイトゥによって設立。「Atelier de Production et de Creation」の略で、「生産と創造のアトリエ」を意味する。

8 マルセル・デュシャン
フランス生まれの美術家。現代美術におけるコンセプチュアル・アートの創始者で、20世紀で最も影響力のある芸術家の一人。（1887〜1968）

9 ロメオ・ジリ
イタリア・ファエンザ州生まれのファッションデザイナー。1991年、イギリス・バースの服飾博物館でコレクションの一つがこの年のベストドレスに選出された。34歳で大英帝国勲章を授与。（1949〜）

10 コルソコモ
元『VOGUE』編集長、カルラ・ソッツァーニがミラノに設立したセレクトショップ。正式名称は、10 CORSO COMO（ディエチ コルソ コモ）。

11 清永浩文
大分県出身のファッションデザイナー、クリエイティブディレクター。1998年、ファッションブランド、SOPH.（現SOPHNET.）を創立。2022年同ブランドの代表を退任後、Jリーグ（公益社団法人日本プロサッカーリーグ）のクリエイティブディレクターとして活動。（1967〜）

12 モントーク
東京・表参道沿いに位置するカフェ、ラウンジ。2002年のオープン以来、20年にわたり営業。2022年3月31日閉店。

13 カフェ・ド・ロペ
東京・表参道に1972年にオープン。1970〜90年代にオープンカフェの先駆けとして人気を集めた。2001年の閉店後、跡地に「モントーク」がオープン。

14 ピクニック計画
1989年8月19日、ハンガリーのショプロンで開かれた政治集会に東ドイツ市民が参加し、オーストリアを経て、西ドイツへの亡命を果たした事件。後にベルリンの壁崩壊につながる。ピクニック事件、ヨーロッパ・ピクニック計画とも呼ばれる。

15 マグニフ
東京・神保町にある雑誌を専門に扱う古書店。2009年オープン。

16 山本宇一
飲食店プロデューサー。これまでに70軒以上の飲食店をプロデュースした2000年代の東京カフェブームの立役者。（1963〜）

17 V.A.
2022年3月に閉店した「モントーク」跡地に、藤原ヒロシと山本宇一が協業し、2024年12月にオープンした複合施設。

18 バワリーキッチン
1997年に東京・駒沢に「東京の食堂」として、プロデューサーの山本宇一がオープン。当時のカフェブームを象徴するお店に。

DAY6
CASE STUDY STARBUCKS COFFEE JAPAN
ケーススタディ
―スターバックス コーヒー ジャパン―

普段コーヒーを飲まない藤原ヒロシが
なぜ数々のBREAK THE RULESを実現できたか。
「表参道B-SIDE店」「MIYASHITA PARK店」の
プロデュース事例から、クライアントワークで意識する
自身の立場と役割について
スターバックス コーヒー ジャパンとともに考えます。

2024.2.28 WED. 19:00–20:30
スターバックス コーヒー ジャパン
東京都品川区上大崎

登場人物：藤原ヒロシ、皆川壮一郎
ゲスト：鈴木教子（スターバックス コーヒー ジャパン 広報部 部長）、柳 和宏（スターバックス コーヒー ジャパン ストアデザイン・コンセプト部 サステナブルデザインチーム チームマネージャー）、柿本篤史（スターバックス コーヒー ジャパン マーチャンダイジング商品開発チーム シニア スペシャリスト）

皆川　DAY6を始めるにあたり、まずは僕のほうからこれまでの講義全体を振り返って整理してみたいと思いますので、少しお付き合いください。僕はもともと学生の頃からヒロシさんに憧れていた一人で、皆さんと同じ目線で掘り下げるのが役割と思ったときに、僕からお伝えできることは何だろうと考えました。ヒロシさんの身につけているものや持っているものを真似した人はいたかもしれないし、ヒロシさんをきっかけにファッションやサブカルチャーに興味をもった人は多いけど、一緒に仕事をしたことがある人というのは、あまりいないんじゃないかなと思ったんです。

ヒロシさんがこの前ラジオでも話されていましたが、1時間半の講義をするために、毎回すごい数の打ち合わせを重ねています。しかも一回で最長7時間ぐらい。だから、お店がもう閉まっちゃって、白金台のラ・ボエムしか開いてなくて、移動して、そこでまた何時間もやったり…。ある意味でヒロシさんへの取材の凝縮が講義の内容になっています。僕もこの1年半、ユニバーシティをつくるために、多くを学ばせてもらった経験から、何か皆さんに伝えられることはないかなと思って、復習的にまとめてみました。

仕事論、マーケティング論をちょっと格式張って伝えるのは、授業の形式として意識的に避けていて、「これが学びです」みたいな感じでは、あまりやっていません。やはり皆さんからの気づきであってほしいし、スタッフ側から野暮なことをあまり言うべきではないと思いますが、アイスブレイクと思って気楽に聞いてください。

たくさんの衛星チーム

僕はLOVOTの仕事で初めてヒロシさんと会いました。広告業界ではよくあるんですが、大御所のクリエイティブディレクターの多くはアートディレクターやコピーライター等と一緒に、複数人で打ち合わせに臨みます。でも、ヒロシさんはいつも一人か二人で来るんです。毎回、固定の藤原組というのはないようで、都度違うチームを組まれていて、仕事の数だけチームがあるというのがヒロシさんについてまず驚いたところです。

ヒロシさんの周りには、ジュンさん、ポケモンさん、モンクレールさん、ナイキさん、そして、このフラグメントユニバーシティチームというように、仕事の数だけ惑星みたいにいろいろなチームがあって、それらがたくさん同時に動いているから、大量の仕事もできる。それでいて一つ一つの仕事が非常に早いんです。たくさんのチームを動かす中で、いつものあの人にすぐ頼んじゃおうという場合も当然あるとは思うんですが、極力それをやっていないから、ヒロシさんが常にフレッシュでアップデートされ続けているのかなと、近くで見ていて感じました。

仕事の数だけ個性的なチームをもてるように僕自身もなりたいなと思ったけど、意外とこれは難しい。でもヒロシさんの場合は、仕事の数だけチームがうまく回っているという感じなんです。

現場兼クリエイティブディレクターであること

以前、『ヌメロ トウキョウ』という雑誌で読んで、どなたの記事だかは忘れてしまったんですが、「ヒロシさんの引き出しに入りたい」という言葉にとても共感しました。あの仕事だったらあいつを呼んでみよう、という引き出しの数がヒロシさんにはたくさんあって、どの仕事がきても全部、引き出しを開けちゃうみたいな感じがいつもすごいなと思っています。固定の最強チームはあえてつくらずに、いつも新しい人と会っている感覚は、スタッフとして学ばせてもらっている毎日です。

あと、社内の人間に「ヒロシさんって怒ったりするんですか?」と聞かれたことがあったんですけど、いつも感情がすごく安定していて、少なくとも今までの打ち合わせでは怒っている姿をほとんど見たことがありません。

これは多分『GQ』だったと思いますが、「支配すれども君臨せず」というタイトルの記事がとても言い当てているなと。すごいクリエイティブディレクターなんですけど、威張っていない。フラグメントユニバーシティのチームはヒロシさんがもちろん最年長で、下は20代の人がいますが、みんなの意見を聞いてくれて、みんなのことをいじったり、笑わせたり、新しいお菓子のこと、新しい映画のことを話したりする。気配りや雰囲気づくりが、まるで現場の人みたいなんです。

クライアントもワンチームに

これはスターバックスさんを交えて、この講義全体で話していきたいと思うんですけど、クライアントと自分が同じチームという感覚をもっていること。これも言うは易しです。「クライアント」と呼んでいる時点でどこか線を引いているわけですが、いつも一人か二人でしか打ち合わせに行かないから、あとはクライアントの中からチームのメンバーを見つける。誰がいるかもわからないクライアント先で、この人、面白そうだからチームになろう、と考える。もちろんダメなときもあるし、後から別のスタッフを突っ込むときもあると思うんですけど、運とか縁を大事にしながらチームをつくって、また次の現場に臨む、そういうスタイルだからチームがどんどん増えていくんだなと。

クライアントとワンチームになるための姿勢とかやり方というのは、過去5回の講義でもお伝えしたと思うんですが、僕自身、一つ教えてもらって次にやってみたいのは、初回の打ち合わせ、プレゼンで必ずちょっと無理めなことを言うことです。そういえばLOVOTの打ち合わせでもそうだったなと。ヒロシさんが「LOVOTに寿命をつくったらどうですか」と言って、クライアントはあまりに驚いて顔面蒼白になっていました。さすがにこれはできないんじゃないの、ということを最初の一回は言うんだけど、そこからはぐぐっとクライアントの中に入っていって、ダメだったらすぐあきらめて次にいく、そういう柔軟性ももち合わせていました。

近くでいろいろ打ち合わせをさせてもらったり、仕事をさせてもらっている中だけでも多くの学びがあるので、それをぜひともシェアしたいし、何やっているかわからないヒロシさんという人物を言語化するのが「非言語マーケティング」の狙いです。今日はスターバックスさんにこの会場をご提供いただいています。僕自身、とても楽しみにしていた回なので、皆さんもぜひお楽しみください。では、ヒロシさん、よろしくお願いします。

藤原　ちょっと聞いていて恥ずかしかったです。でも、打ち合わせをずっとやっているのは本当で、夜中の3時くらいまでやっているんですけど、わざわざここでポエムの名前を出さずに、スターバックスでやっているとかでよかったんじゃないの？（笑）

皆川　そうでした。気が利かずにすみません。

藤原　僕はこの授業をやっていて、何がいちばんよかったかというと、大変なんですけど、いっぱい勉強して、何というんだろう。考えることが増えて、それが実になっているような気がします。なので、スタッフ全員が楽しみながらやっていると思います。

街に溶け込む店づくりは正しいか

藤原　さて、まずは皆さんが、もし大きいコーヒー会社のオーナーだったらどうするか、という話をしたいと思います。企業名はとりあえず、フラグメントコーヒーにしましょうか。みんなはそのオーナーになったと思って聞いてくださいね。オーナーになったときには、もう日本に1500店舗ぐらいあります。かなり大きいです。ある日、東京都の知事さんからこういう連絡がありました。「今、インバウンドで観光客がいっぱい来ているから、原宿と渋谷の街をリニューアルしたいと思っております。原宿をピンクのイメージ、渋谷をオレンジのイメージに変えたいのですが、フラグメントコーヒーさんはいろいろなところに店舗があって、緑のロゴがかなり目立つので、渋谷にあるお店は全部オレンジに、原宿のお店はピンクに変えてもらえませんか」という電話が直接きたんです。

皆川　オーナーである皆さんに、ということですね。

藤原　そう。緑の服を着た人から、ピンクとオレンジに変えてくれというのがきたんです。皆さんはオーナーです。では、「わかりました、ピンク、オレンジに変えましょう」という気持ちの人、手を挙げてください。（全体を見渡して）あ、結構皆さん変えますね。あなたは言われたら従いますか？

生徒A　とりあえず従って、その後、めっちゃ考えます。

藤原　先にまず従う。

生徒A　はい。

藤原　僕は一応、こっちの女性の方に聞いたんですけどね（笑）。

生徒A　すみません。

藤原　どうですか？

生徒B　そこから何か新しいことができそうなので、とりあえずいったん受け入れて、新しい提案を考えます。

藤原　まずは自分からピンクに乗り換える。

生徒B　はい。

藤原　大体15人くらいですね。では、次は京都府の知事さんからこんな連絡がありました。「実は八坂神社のエリアはどこの店舗も色を合わせていただいているので、フラグメントコーヒーのグリーンのロゴを茶色にしてもらえませんか」という電話がきました。そのとき、「じゃあ、茶色にします」というオーナーの方、手を挙げてください。

（全体を見渡して）こっちのほうがやっぱり多いですね。それは何ででしょう。ピンクは嫌だけど、茶色はＯＫですか。色の問題？

生徒Ｃ　ピンクを受け入れるのは自分の意志を曲げた感じがするので嫌ですが、確かに京都は周りがみんな茶色で、悪目立ちはしたくないから従います。

藤原　どうですか、ほかに違った意見の方。

生徒Ｄ　その土地と一緒に共創することで新しいメニューが生まれたり、新しい体験を生み出せると思うので…。

藤原　それは茶色のほうですね。

生徒Ｄ　はい、茶色です。でもピンクもやりたいと思います。

藤原　なるほど、自分の会社のロゴの色は自由に変えちゃうタイプですね。

生徒Ｄ　僕はわりとそうですね。いろいろな体験を生んでいきたいので。

古い価値観に合わせ、新しい感覚に合わせない

藤原　じゃあ、ちょっと僕の意見を。僕は何でこんなことを考えたかというと、景色が変わ

る感じがあると思うんですね。実際に八坂神社のほうに行くと、ローソンが、スターバックスが茶色になっています。そこだけ景色が変わっていて、すごく面白いと思うんです。ただ、オレンジやピンクにしてくれと言われても多分やらないと思います。

なぜかというと、新しくつくり上げるものに同調するのが、オリジナリティではないというか、一緒にみんなでつくり上げていきましょうという雰囲気がちょっと苦手なんです。企業にもそれぞれ色があるから、そこは従わなくていいかなと思うんですよ。でも、歴史がある古いものに揃えるのはまた意味が違って、いいんじゃないかと。だから、京都は茶色にしてもいいけれども、東京の原宿、渋谷でカラフルにするのはやめておこうと思います。

そう思うのは僕だけじゃなく、ここにいる人たちの中の15人ぐらいはピンクに変えてもいいと思ったみたいだけど、その他大勢の人は自分の企業の色でやっていこうと考えた。それがマジョリティな意見ではないでしょうか。それくらい新しく景色をつくり変えるのは難しいことだと思うんです。と、いうより色を変えることを含めて、「渋谷の街をこういうふうに変えましょう」と言っても、きっとなかなか難しい。

僕は90年代に毎年のようにニューヨークに行っていました。初めて80年代にニューヨークに行ったときは、冷たいコーヒーってなかったんですよ。缶コーヒーもないし、冷たいお茶もない。缶ジュースみたいな飲み物すらなかったんです。それが90年代になると、冷たくないにしても、みんながカップを持って外を歩いているんです。道を歩く人がカップを持っていて、座っている人もカップを持っていた。この人たちは何でいつもカップを持っているんだろう？と思いました。何かすごく街が変わって見えたんですね。それがスターバックスという存在でした。90年代にスターバックスはアメリカの景色を変えたと思います。渋谷と京都のたとえ話のように、景色を新しく変えるってとても難しいはずなのに、成功した。そんなスターバックスの話をゆっくりしたいと思います。よろしくお願いします。

スターバックスの歴史

皆川　今日はスターバックスのお三方をゲスト講師に迎えて、一緒にお話をしていきたいと思います。拍手でお迎えしましょう。鈴木（教子）さん、柳（和宏）さん、柿本（篤史）さん、よろしくお願いします。

鈴木　よろしくお願いします。

皆川　お願いします。今日はスターバックスの社員の方々もたくさんいらっしゃいますね。

鈴木　はい、後ろのほうに。

皆川　スターバックスに関してはマーケティングの本などで読んだことがあります。この講義の内容を考える打ち合わせ自体もすごく学びがあって、今日はそれがふんだんに盛り込まれています。まずは簡単にブランドの歴史から入りたいと思います。

鈴木　皆さん、こんばんは。よろしくお願いいたします。では、私のほうから、まずスターバックスの歴史について簡単にお話をさせていただきます。スターバックスは1971年にシアトルのパイク・プレイス・マーケットで誕生しました。最初はカフェではなく、コーヒーとティーとスパイスを量り売りするお店でした。

スライドを見ていただくと、これが1号店のお店のロゴ［写真1］です。1971年頃、ファウンダーのハワード・シュルツ[*1]はまだ社員ではありませんでした。その後、ハワードはスターバックスの社員になって、ミラノに出張に行ったときにエスプレッソに出会います。その当時、アメリカでコーヒーというと基本的にはドリップコーヒーでした。そして各家庭のコーヒーメーカーで飲まれていたのが普通だったんですけれども、ハワードがミラノでエスプレッソに出会って、本当においしいコーヒーだと感動し、アメリカに持って帰ったというところから、スターバックスの旅が始まりました。

喫茶文化とカフェ文化

鈴木　これはスターバックスの日本の1号店の写真［写真2］です。どこにあるか、皆さんご存じですか？

生徒　原宿。

鈴木　惜しいです（笑）。これは銀座の松屋の裏にあるお店なんですね。そこが1号店になります。

藤原　まだありますよね。

鈴木　はい。今も営業しております。スターバックスにとって日本はものすごく大事なマーケットであるということをちょっとお話しさせてください。実は北米以外で初の海外出店をしたマーケットが日本でした。この成功がなければ、現在のような、世界に広がっているよ

写真1　シアトルにあるスターバックス世界1号店には、今もこの開業時のロゴが掲出され歴史を伝えている。

写真2　1996年に銀座・松屋通りに日本初出店。2017年にリニューアルするも、オープン時の面影は色濃く残る。©aflo

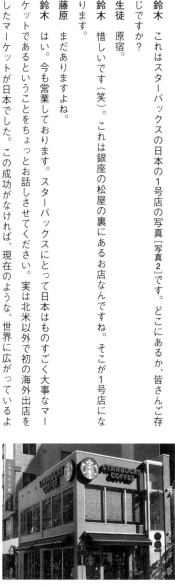

うな状況はなかったでしょう。今、スターバックスは全世界で80カ国、約3万7000店舗（2024年1月現在）にまで成長しているような状況です。なので、スターバックスのこの大きな成功のスタートが日本からだったことから、いかに大事なマーケットであるかがおわかりいただけるかと思います。

皆川　何で日本だったのでしょうか。

鈴木　ちょっと話が長くなっちゃうかもしれないんですけれども、日本のササビーでカフェを展開されていた方が、ハワードにぜひ日本に進出してこないかという手紙を書いたんですね。そこからハワードが日本に来て、日本の現状を見て、出店を検討したのが始まりになります。ですが、そこにはちょっとした紆余曲折がありました。本当はスターバックスのコンサル会社の人は、日本は喫茶文化が浸透しているからコーヒーを持ち歩いて飲むなんて下品な行為はやらない、だから行かないほうがいい、とハワードに提言したそうなんです。しかしハワードは、俺は日本に行くと言って聞かず、日本に進出したということをよく話しています。

皆川　現在は国内で1900店舗だそうです。すごいですね。

鈴木　そうですね。基本的には年に100店舗ぐらいオープンしています。

皆川　調べたところ、ミニストップさんと同じぐらいですね。

柿本　そう考えるとすごいですね（笑）。

藤原　僕はもう20年以上、おそらく皆さんより長くスターバックスと契約しているので、実はいちばん先輩かもしれません（笑）。僕が契約した頃は1000店舗が夢、みたいな時代だったんですよね。600店舗くらい? そんなになかったかな。

HF起用の目的は「スターバックスに男性を」

皆川　そもそも仕事の始まりは何だったのでしょうか?

柿本　では私から。実は今、ヒロシさんが言われたとおりで、私は入社してまだ7年目なので、藤原さんよりも歴は短いということで。

藤原　後輩ですね。

柿本　はい、後輩になっちゃうんですけれども、実はその当時のマーケティングのトップに、ヒロシさんとのお付き合いの経緯を尋ねたことがありまして、ひとこと言われたのが、男性にもスターバックスに来てほしかった、ということでした。そのときは正直、あまり実感が湧かなかったんですが、今日の、受講生の皆さんの大半が男性というところで、やっぱり正しかったんだなと思いました。

藤原　僕も知らなかったんですけど、僕が入るまでは、スターバックスのお客さんって女性のほうが多かったと思うんです。

柿本　そうです。

藤原　実はそのイメージがあんまりなかったんですよ。

柿本　今でもどちらかというと女性のほうが多い、というのは特徴としてありますね。

皆川　もう一つ、これはスターバックス側から伺った話で、よく考えたらヒロシさんのほかにコラボしている人っていないですよね。実はコラボレーションの基準がすごく厳しいらしく、ただその条件はかなりはっきりしているそうですね。

柿本　少し大ざっぱな表現になっちゃうんですが、弊社がブランドコラボレーションをさせていただく際に、自分たちだけでは行けないところに連れて行ってくださるような方とお仕事をさせていただくことに、コラボレーションの意味があると思うんです。

藤原　コラボレーションするにあたっての基本ですけどね。

柿本　なので、男性がいっぱいいるところに連れて行っていただきました。

BREAK THE RULESへの共感

皆川　一方、これは打ち合わせで初めて聞いたんですけど、「ルールを壊せ」という合言葉が社内にあって、ここで同じ感覚をもっていると思ったと、ヒロシさんは言ったんです。これについてはどうですか。

柿本　これは弊社内にある言葉で、ハワードの言葉でしたっけ。要は、人を感動させるぐらいの素晴らしいものを生み出すには、既存の考えを捨てないとダメだということなんですけれども。

皆川　ということは、ここにいるスターバックスの皆さんは全員、〝BREAK THE RULES〟。

鈴木　すごく意識しているというよりは、「スターバックスっぽいよね」「スターバックスっぽくないよね」という会話をよくするんです。いろいろなものを組み上げるときに、商品であったり、店舗であったり、いろいろ異なる分野で話をしていても、「それってスターバックスっぽくないからやめよう」みたいな会話が出てきます。その中にはきっとこの〝BREAK THE RULES〟の考え方があって、その「ぽい」「ぽくない」は、どこにも明文化されていないので完全に感覚なんですが、多分この3人は同じ感覚をもっていると思います。面白いか、面白くないか、難しいことをファンに伝える、ファンにするにはどうする、という話を常にしているので、合言葉のように話すことはないですが、確実にあると思います。

藤原　要するに〝BREAK THE RULES〟は社内のルールを壊すというよりは、そうじゃなくて、世の中のルールを壊していくということですね。

鈴木　そうですね。

初仕事はスターバックスカード

皆川　僕も知らなかったんですけど、これがヒロシさんとスターバックスさんのいちばん最初の仕事［写真3］なんですね。

藤原　偶然これになったということですけどね。多分最初に契約みたいなものを結んで、打ち合わせをしていて、じゃあ、カードをつくってみましょうと言ったんです。そのときすでにカードはあったんですが、いわゆる〝BREAK THE RULES〟できないスターバックスの、壁紙みたいなデザインのカードばかりだったので、何か変わったものはできないですかという話になってつくりました。

写真3　藤原ヒロシとの最初のプロジェクトはスターバックスカード。フラグメントロゴのデザインが話題に。

皆川　ご存じない方がいるかもしれないので、これは何のカードですか。
藤原　コーヒーを買うためのプリペイドカードです。これは今もあるんですか?
柿本　今はエコになって紙のカードになりましたが、当時はプラスチック製でしたね。
藤原　2010年。
皆川　まだiPhoneとか、アプリがそこまで普及していない時代に、スターバックスがファッションというか、ライフスタイルブランドになり始めていたように消費者としてすごく感じていました。
藤原　このカードをつくった頃から、表参道のB-S-DE店［写真4］というのがもうすでにあって、そこをリニューアルするという話になったときに、僕も最初から参加させてもらいました。
皆川　ちなみに表参道のB-S-DEのスターバックスに行ったことがある人、どれぐらいいますか。
藤原　まあまあ、いますね。
皆川　行ったことがない方には想像しづらいかもしれませんので、なるべく解像度を上げて話していきたいと思います。
柳　年配というか、僕らもその世代なんですけど、ヒロシさんが入られて、改装される前のスターバックスって、どこかに有機的な形があって、いろいろ要素があるようなイメージだったと思うんです。
藤原　ベージュが基準で、薄い壁紙に何かプリントがあって、よくいえばトラヴィス・スコッ

写真4　表参道B-SIDE店は2001年にオープンし、2011年以降は藤原ヒロシがプロデュース。2019年に閉店。

トが好きそうな（笑）。

柳　当時はまだブランドを全世界に広めていくフェーズだったので、どのお店も決まったコンセプトのデザインだったんです。なので、ヒロシさんがおっしゃる壁紙とかグラフィックみたいなものも全部統一されていました。

藤原　ばっちり決まっていて何もできなかったですね。全然ブレイクしてなかった（笑）。

居心地のよいサードプレイスを

柳　そういう店舗デザインの頃でしたね。コーヒーのローストとかアロマとかを表現している壁紙を掲げることで、ブランドの世界観をマーケットの皆さんに感じてもらって、そういうキャラクターのお店なんだと伝えるためのデザインだった頃ですね。微妙に、例えばアロマとかローストとか、表現するものはコーヒーをテーマに違いはありますが、わかりやすい直接的な表現が多かったかなと思います。

皆川　全店が同じ、コーヒーとか豆から発想された壁紙なんですね。だから30～40代の人とかは、このイメージが強いのかもしれません。

柳　そうですね。僕も初めて行ったときは、異国情緒を若干感じる雰囲気のスターバックスを、新鮮に思ったのを覚えています。今見ると、だいぶ違うデザインですね。

皆川　ヒロシさんはB-SIDE店には、もともとお客さんとして行っていたんですか。

藤原　行ったこともある、くらいですね。

柳　これは改装後［写真5］ですね。黒を基調にしてすごくシックに、もともとグリーンだったレターサインを白に変えたり、緑のところは新しいロゴに替えたりとかいうのはありますけど、かなり外観の印象から変わった感じですね。

藤原　建て直すことができなかったので、外から見るとそんなに変わってないかもしれませんが、中に入ると結構違っていました。

皆川　これは木目調中心のお店から、ちょっとずつモダンな方向に移行した過渡期という感じですか。

柳　そうですね。木は今でも使っているんですけど、もっと直接的なコーヒー豆とか、そういうわかりやすい色味が店内に広がっていたのが、だんだん色数が減っていった流れの中にはありました。ちょうど切り替わるタイミングでヒロシさんのB-SIDEのお店ができたという感じですね。

皆川　行ったことがある人は、このソファが印象的だったんじゃないかと思いますが、ヒロシさんご説明いただけますか。

藤原　これはテラス席みたいなものをつくりたかったのと、みんなにとって居心地がいいスペースがあればいいなと思っていたんです。そもそもスターバックスってそういうお店だと思っていたので、その居心地のよさを強調しようということでした。

柳　今でこそ、アウトドアリビング[★2]的な考え方ってあると思うんですけど、ちょうど完成したときにこのお店を見に行って、僕が知っているスターバックスじゃないと思ったことをよく覚えています。外にソファがあって、かっこいい人が座っていて。この外と中の関係性、

写真5　改装後の表参道B-SIDE店はテラス席で寛げるソファが画期的で、モダンな印象を与えた。

お店と街との関係性が、すごく豊かだなという印象を受けました。今では外用のソファが普通に並んでいますが、この当時、B-SIDE店は店内用のソファをそのまま外に置いていたので、雨のときは慌てて下げるみたいなことをやっていました。

皆川　このヒロシさんの提案はスターバックスさんに嫌がられなかったんですか？

藤原　どうでしょう。多分僕はわがままを言う人という認識だったので、許してもらえていたのかもしれません。

皆川　これは店内ですが、スターバックスにVIPルームがあるみたいな感じ、小上がりだったんですね。

柳　そうですね。右下の階段を下ると、コーヒーやエスプレッソをつくったりするバーがありました。その隣のスペースが少し上がっていて特別感をもたせていました。その前がテラスですね。

藤原　反対の道路側も一応開くので、全部テラスっぽくしようと思ったんですけど、それはなかなかできなくて。ここだけでも外とのつながりがあるように、外にいるのか、中にいるのかわからないぐらいの感覚でつくることにしました。

皆川　サードプレイス[★3]というふうに聞いてはいましたが、家と職場の中間的な場所としてよく使わせてもらっていました。インテリアなんかもルールを壊しているんですか？

柳　そうですね。色も決まっていて、その中から選ぶというレギュレーションだったのを、変えてデザインしていただきました。

藤原　今まで白い壁とか、こういうのはなかったと思います。世界で初めてのわがままなスターバックスです。

ルールを変えるためにコンセプトを変える

皆川　当時は600〜700店舗、いやもっと、1000店舗くらいですか。

柳　1000店弱です。

藤原　そうですね。1000店舗はなかったですね。

柳　それはまだ達してなくて。

皆川　ちなみにアメリカにこういう店はあったんですか。

柳　ちょうどこのくらいの時期に、今まではこの色じゃないといけない、絶対このアイテムを使わなきゃいけないというルールが少し緩くなったというか、コンセプトがやわらかくなって、ある程度マーケットに合わせて、解釈してつくっていく動きが増えてきつつありました。それでこの新しいコンセプトでヒロシさんにお店をつくっていただいた。ここから、このお店に影響された他店舗が世界で見られるようになったと思います。

藤原　海外から来日したスタバの人たちは、大体ここに来ていました。

皆川　ヒロシさんはカフェをプロデュースしたのは初めてですか。

藤原　そうですね、初めて。自分ではプロデュースしたという感覚もないんですけど。あくまでスターバックスと一緒に考えました。いち社員の気持ちでやっていたんです。

皆川　ヒロシさんご自身は初めての仕事とか、前例のないことをやるときに、不安だったり、躊躇《ちゅうちょ》したりすることはないんですか。

藤原　スターバックスに関しては、普通に洋服のお店の内装をやるのと同じ感じです。カフェだから特別という意識もなかったので、初めての仕事という感覚はありませんでした。

皆川　このスペースの縁はもともとあった？

藤原　もともとあったんです。ここはほとんど変わらないというか、床とか、置いてある家具がちょっと変わったぐらいで、景色は変わってなかったです。この店はすごく気持ちがよかったですね。本当にみんなが長居するから、ずっと赤字だったんじゃないですか（笑）。

柳　幸い、持ち帰りの方がかなりいらっしゃったので、お店としては大丈夫だったと思います。

藤原　僕が行っても座れなかったことがたくさんありました。全然、予約とかさせてくれないし（笑）。

皆川　みんなに平等。リニューアル前と比較するとだいぶ変わりました。

柳　そうですね。要素がだいぶ減ってすっきりしたことで、かなり印象が変わったんじゃないかと思います。

実験的なアプローチをちりばめる

藤原　だから、たまたま僕が加わったタイミングが、ちょうど過渡期というか、ここからガラッと変わっていったと思います。あと、ネオンサインを壁につけようと思ったときに、ちょうどこの頃、どこだったか、セブン-イレブンでしたっけ？

皆川　マクドナルド・コーヒー事件[★4]ですね。

藤原　そうでした。マクドナルドでコーヒーをこぼした人が訴えて、めちゃめちゃお金持ちになったという事件があったので、熱いので気をつけてくださいよというサインを大きく書いていますね［写真6］。

柳　当時はカップに書いてあったサインを。

藤原　そうですね。それをそのまま大きく。

皆川　今の裏話というか、奥にある話は皆さん知っていたんですか？

藤原　お客さんは知らなかったんじゃないですか。これを見て、何と書いてあるんだろうとちゃんと読む人もそんなにいなかったかもしれないし。わりと大きいサインだったんですよ。

皆川　階段のところに大きくありました。

柳　パートナー（お店の従業員）とちょっと仲よくなると、「実はこのメッセージは…」っていう話はされていたと思いますけどね。

皆川　こういう皮肉めいたというか、ぴりっとした感じも、それまではあまり許されなかった。

柳　オリジナルのメッセージを店内に表示することがまずなかったです。ブランドを表現するメッセージを店内にデザインするということは、この後出てくるんですけど、それまでは本当になかったですね。

皆川　実験的なことをヒロシさんはちょっとやっただけだと言ったんですけど、この店には本棚がありました。どんな本を扱っていたんですか？

藤原　本棚をつくったものの、本がないから、僕の事務所からどんどん持っていったんです。

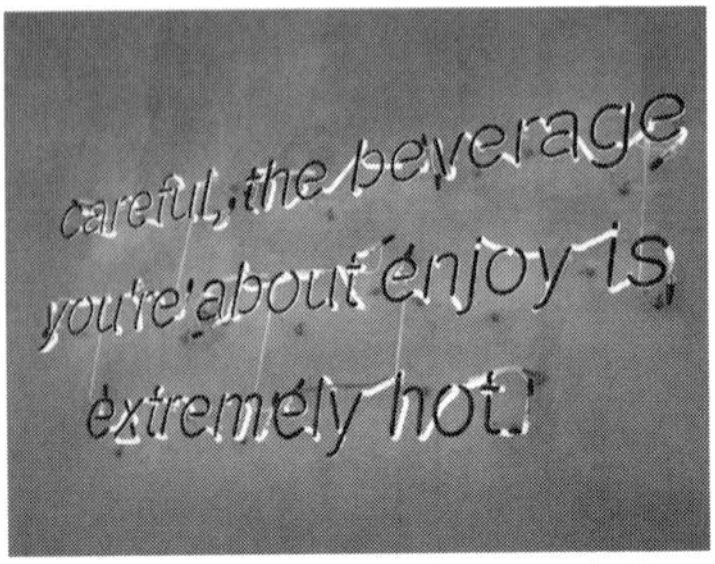

写真6　「飲み物はとても熱いのでご注意ください」と書いてあるネオンサインのメッセージ。

そのときはほかのお客さんにも、ここに本を置いていってもらえばいいんじゃない、くらいに考えていたんですけど。

皆川　それもすごくフランクですね。オペレーションとかどうなっちゃうの？という感じではありますけど。

藤原　実際には、お客さんが置いていった本は多分ないですよ。持っていっちゃった人はいるかもしれないですけど。

柳　僕も初めてここでよくわからない英語の本を手にして、とりあえず座って見たりしてみました。

皆川　本なんて置いてしまったらみんな長居してしまう、そんな非効率なアイデアをよく採用しているなと不思議に思うお店でしたよね。本当に類似したつくりのお店が、ありませんでした。

僕を免罪符にしてもらいたい

柳　そうですね。あの当時、ヒロシさんが考えて一緒につくったB-SIDEの雰囲気やアイデアに、おそらく当時の設計部デザイナーたちは影響を受けていたと思います。公園の店舗にアウトドアリビング的な空間をつくって、その前の広場的なところに繰り広げられる豊かな光景を想像したりとか、それらのもとになる部分はB-SIDE的な街との関係がインスピレーションになっていたところはあると思います。

柿本　先ほど〝BREAK THE RULES〟というキーワードがありましたけど、あれって頭でわかってはいても、自分たちだけでやることはなかなか難しい。なので、ヒロシさんのような外部の方にあえて入っていただき、そこから新たな視点、新たな発言、新たなディレクションみたいなものをいただくことで、結果として〝BREAK THE RULES〟するということですかね。もちろん、「すみません、それはできません…」ということも、ちょくちょくありますけど。

柳　多分デザイナーとして、新卒でスターバックスに入っている人っていないんです。みんな何かしら社外で経験を積んできているから、新しいことができるかといえば多分できる。でも、今までずっと決められたパレットの中で工夫しながらデザインしてきたので、どこまでやっていいかの判断はしにくかったと思います。B-SIDEをきっかけに、アウトプットの幅が広がっていったところはあると思いますね。

皆川　これはどちらですか？

柳　これはおそらく上越市（新潟県）の郊外にあるドライブスルーのお店ですね［写真7］。このお店はすごく人気で、ワンちゃんを連れてきて一緒に座ることができたり、本当ににぎわっているんです。今までテラス席って冷たそうなスチールの椅子が置いてあるだけだったんですけど、外側が少し豊かになって、また違ったサードプレイスができたのかなと思っています。

皆川　ヒロシさんはご自身の立場を、スターバックスの人が言えないことを言う係だと自分で言っていて。これはヒロシさん自身も感じていらっしゃるし、企業もここにありがたみを感じている。この役割について、ちょっと両者に伺いたいと思います。

藤原　ちょっと違うかもしれないけど、先ほど話したように外部だからこそ言えることがあるのは自分でも理解しています。そもそも会社のルールを知らないから、「これはできるでしょう」とか「何でできないの？」というところから入ってしまうので。そしてスターバックスに限らず会社の人たちはそんな僕の名前を使って上にお伺いを立てる。でも、それはすごくいいことだと思うんです。やっぱり上司の前や、海外では言いたいことが言えなかったりすることもあるだろうし。

会社に気づきを与える提案を意識する

皆川　広告会社の立場で見ると、やっぱりスターバックスさんってみなさんの自社愛がすごく強いと感じていて。すごくいいことなのですが、その強さが必ずしも変革や進化のスピードとは比例しないこともありそうだなと思うんです。このあたり、お三方、いかがでしょうか。

柳　この後の話にも出てくるんですが、社員はみんな、すごくブランドや会社のことを考えているんですね。

皆川　それは打ち合わせでもすごく伝わってきました。

柳　でもインハウスデザイナーですので、ある程度決まった枠の中で仕事している感覚があるんです。そこにぽっと気づきを与えてくれるというか。気づきを与えてもらえると、あれ、そもそも何でダメなんだっけ？みたいな根本的な問題について考えるようになって、「じゃあ、大丈夫じゃない？」となる、そういう道を見つけることもできます。ヒロシさんのことを

写真7　全国各地のスターバックス店舗でB-SIDE店のコンセプトが生かされるように。

免罪符的に使わせてもらったことも、なくはなかったかなと。
皆川　藤原ヒロシさんが言っているから、と。
柳　そう。それで自分たちではできないデザインとか、店づくりができたという例はあると思いますね。
藤原　便利じゃないですか、そういうのがあるほうが。成功したらその会社の功績になって、失敗したときは僕の名前を出せばいいということで。
皆川　DAY3の授業でも、インサイダーじゃない、アウトサイダーだから言えることや聞けることもあるという話がありました。つまり会社の外にいる人とパートナーシップを組むことで、企業側も新しいことにチャレンジしやすくなるということですね。
藤原　でも博報堂の立場だって似たようなものですよね。

時計で意気投合し、そのまま寿司店へ

皆川　広告会社という意味では確かに僕らもそうですが…。ヒロシさんはどんなことを意識しながらクライアントというか、仕事相手との信頼関係を構築しているんですか?
藤原　前にも話したと思うけど、最初に言うんですよ。最初の会議では先方の顔色を見ないで話して、仲よくなってから顔色を見ながらお互いに歩み寄っていくんです。
皆川　あとやっぱり、偉い人と距離感を縮めるというのを身につけたいですよね。なかなか難しいんですけど。ハワードさんも。

藤原　ハワードさんが初めて日本に来たときに僕は会ったんです。何かの取材だったかな、そのときにたまたま同じ時計をしていて。ロレックス[*5]の「ポール・ニューマン」という今はすごく値上がりしている時計［写真8］なんですけど、当時はそこまで高くなかった。そんな黒い「ポール・ニューマン」をしている人はほとんどいなかったので、時計の話をちょっとして、そのまま夜にお寿司を食べに行ったんです。

皆川　なるほど。そう聞くとすごくカジュアルな方に思えるんですが、スターバックス的には全然なんですよね。

鈴木　カジュアルではないですね（笑）。私たちにとってはある意味神様みたいな人なので、そんなに近くに寄れない感じはありますけど。でも意外と…。

皆川　社員の皆さんが苦笑しています。

鈴木　でも、昨年も日本に来てくれたんですけれど、みんなが仕事をしているところを歩いて回ってくれて、一緒に写真を撮って、みたいな。芸能人ではないですけど、やっぱり普段は会えない人っていう存在で。

そのときすごく面白かったのが、私の後ろでおそらく社歴が浅い方同士が「あの人、誰ですか？」「知らないの？　スターバックスのラストエンペラーみたいな人だよ」と話していて。その回答もどうだろうと思いましたけど（笑）、そういう立場の人なので、そんなに簡単に仲よくなるということはあまりないと思います。

藤原　15～16年前の話ですね。まだまだ神様というほどじゃなかったかもしれないけど。でも珍しくて、同じ時計をしていた人。しかも「ポール・ニューマン」。

写真8　ロレックスのポール・ニューマンモデルを着用するハワード・シュルツ。©aflo

皆川　どこかで価値観が一緒なのかなと感じたんですね。
藤原　もしかしたらイタリアを放浪していた時期に見つけたのかもしれませんね。放浪というか、イタリアでエスプレッソに出会ったと言っていましたよね。

えこひいきは平等に

皆川　今日はとにかく実験的なことをしたいなと思って、僕もこの話をするまでは、スターバックスってマーケティングのトップ・オブ・トップにいて、一点の曇りもない、キラキラして見える会社だと思っていました。でもその裏には、失敗談やボツになったアイデアもたくさんあるはず。ということで、今から実現しなかった企画シリーズを皆さんにお話しいただきたいと思います。まずはヒロシさんがやりたかったことをお話ししてもらったほうがいいですね。
藤原　やっぱりお店に通って、店員さんと仲よくなって、特別なサービスをされるとうれしいじゃないですか。それがうまくできないかなと思って、いつも来てくれるお客さんに、例えばクッキーをあげたりできないの？と話したんですが、やっぱり平等に保たなきゃいけないということで却下されてしまいました。
柳　でもスターバックスで何となく、ちょっと特別な体験をしたことがあるお客様はいらっしゃると思うんですね。
皆川　常連さんとかですか？

柳　そうですね。あとはふらっと入ったお店でも、何かコミュニケーションがあったりとか。「平等に」と言いつつも、多分、平等にちょっとだけえこひいきしているところがあると思います。もちろん、すべての方にというわけではないですが、ちょっとした瞬間のコミュニケーションはすごく大切にしています。カップに絵やメッセージを描いてあげたりとか。特別なお菓子をあげるみたいなことは多分できないと思うんですけど。

藤原　そういえば、あるときニューヨークのスターバックスで、アイス抹茶フラペチーノを頼んだんです。僕はいつもミルクを無脂肪で頼んでいるんですが、取りにいったら無脂肪じゃなかったので、それを店員さんに伝えたら「ごめんごめん」と言ってすぐにつくり直してくれたんですけど、その間違えてつくったフラペチーノを掲げて「これ、欲しい人?」ってあげちゃうんです。これもまた平等の中のえこひいきかもしれないですね。さすがに僕がもらうわけにはいかなかったですけど。

柿本　でもそれくらいアメリカはラフですよね。日本でそういうことってあまりないので。

スターバックスにマニュアルはない

皆川　接客のマニュアルはどれくらい明文化されているんですか? 言える範囲でいいのですが。

鈴木　スターバックスって、実は接客マニュアルがないんですよ。

皆川　え、ないんですか。

鈴木　なぜないかというと、一つのマニュアルに当てはまるお客様って何人いるの？という感じだと思うので。

藤原　ということはきちんと接客できる人しか採れないんですよ。

皆川　アルバイトも同じことですね。

藤原　うん。採用されるのはかなり難しいんじゃないですか。

鈴木　そうですね。しかも入ってから40時間ぐらい研修をするんですよ。その中でみんな、目の前の一人のお客様を最高に喜ばせて帰っていただこうという気持ちが芽生えていくんです。当たり前ですが、それぞれ違うお客様ですし、その一人一人も日によって機嫌も雰囲気も変わりますよね。それに対して自分は今、何ができるだろうということを考えながらお客様に接してね、というところが常にあって、それを理解して実践できる人たちがお店にいると思います。ただ、私、お店に2週間研修で入りましたけど、そんな余裕はまったくなくて。例えばレジを打つことだけに必死になってしまったりとか。それでは多分ダメなんだと思いつつ。

藤原　忙しそうですもんね、店舗の人。

鈴木　でも忙しい中で、お客様をちゃんと見て、この人は機嫌悪そうだな、時間がなさそうだなと思ったときに、その人に少しでも笑顔で店を出てもらうためには何ができるかを、レジを打っているメンバーからビバレッジをつくってお渡しするメンバーまで、全員がきっと考えていると思います。

皆川　なんかお店に行きたくなりますね。では次をお願いします。

藤原　僕はそもそもコーヒーをそんなに飲まないんです。でもコーヒー牛乳はすごく好きなので、いつかコーヒー牛乳をやりたくて。それでB-SIDEで企画としてやってみようということになって、デザインもかなり進めていたんですけど…。

皆川　ボツにした。

柿本　結果的には。

藤原　はい。でも牛乳メーカーのほうがダメだったんじゃないかな。商品名に「牛乳」を使うためには、100%生乳であることが条件になった。でも「コーヒーミルク」という響きより「コーヒー牛乳」のほうがよかったので、あきらめちゃったんです。さすがにこれはブレイクできませんでした。

MIYASHITA PARKのスターバックス

皆川　ところで、渋谷区の商業施設、MIYASHITA PARKの屋上に行ったことある人、どれくらいいますか。

柳　昔の宮下公園をご存じの方は覚えていらっしゃるかもしれないですけど、駐車場の上に公園があったのが、公園をそのままビルの屋上に上げて、その下に商業施設を入れて、見えているところが全部新しいMIYASHITA PARKとして生まれ変わった。その公園の真ん中にある唯一の建屋に、カフェとしてスターバックスが出店しました。

藤原　そもそも僕はこの施設をつくる時にコンサルタントみたいな形でかかわっていて、どういうブランドやお店を入れるか、みたいなことを話していたんです。そこまで特定のお店をプッシュしたりはしなかったんですけど。でも、このときに強く言ったのは、すべてをお店に貸すんじゃなくて、御社でポップアップをするスペースは残したほうがいいですよ、ということでした。

皆川　実際にありますよね。

藤原　で、この芝生の広場には建物を一つだけしか建てることができなかったんですよね。それでスターバックスの店舗を建てることになった。

皆川　だから広大な敷地にある唯一の店舗であることもそうですが、この先がやっぱりユニークだなと思って。これもみんなでお話ししたいと思うんですけど、商品ではなくてお店からつくっていこうという初めての試みだったと伺いました。

「らしさ」を捨てて、「面白い」を考える

柳　スターバックスのブランドとして区画を与えられたときに、どっち側に入り口をつくればいいかとか、どういう席があったほうがいいかというのはずっと前から考えていました。しかしもっと根本的な部分、そこにあるお店の意味とか、どういうお店があると面白いんだろうとか、コンセプトをフラットに戻すところが、この店のスタート地点だったんじゃないかと思います。

皆川　ヒロシさんのところに話がきたときには、この屋上の唯一の建物です、お店です、という感じですか。

藤原　そうですね。それでどういうお店にしましょうか、と。

皆川　そういうことですね。これもスターバックスさんにお伺いしたいんですけど。

柳　はい。らしさを捨てること。らしさを捨てるってすごく強い表現だと思うんですが、私たちは必死にスターバックスらしい店舗をつくろうとしていました。「あ、スタバっぽいね」とか、「なんかいい感じだな」と思ってもらえるお店を。すごく曖昧な共通言語ですけど、議論を重ねながら「こういうお店はうちっぽい」みたいな話をずっとしていくんです。そこを、今回はヒロシさんにプロデュースしてもらって、MIYASHITA PARKという施設が建つので、面白い何かを考えてみよう、というステップの話ですね。

当時、デザインレビューと呼んでいた会があって、そこでお店のデザインについて、スターバックスらしいかどうか、もうちょっとこうしたほうがいいんじゃないかという社内のレビューを経て図面ができていくんですけど、この店についてはその承認ステップを踏まないことを、デザインの責任者と決めたのがスタート地点ですね。その都度その都度、考えて判断していこうという。

皆川　それで大丈夫だったんですか？

柳　大丈夫かどうかはちょっとわかりませんけど（笑）。

藤原　最初はいろいろアイデアがあったんですよ。ガラスの箱をつくってその中に古いカフェを入れようとか、既存の店舗で発生した廃材みたいなもので、もう一度スターバックスを組み立てようとか。でも、なぜか違うアイデアに落ち着きました。

柳　大変でしたが結果的にはブランドを見直すきっかけになったと思っています。デザイン的には一見スターバックスらしくないかもしれませんが、考えていること、地域とのつながり方みたいなものは、本当にスターバックスとして大事にしているところそのものでした。

着想源は海外で見つけたガソリンスタンド

柿本　一ついいですか。

皆川　どうぞ。

柿本　〝BREAK THE RULES〟以外に弊社には〝SURPRISE&DELIGHT〟という言葉もあるんです。これは何かといいますと、〝DELIGHT〟というのは日々積み重ねるちょっとした感動のことです。スターバックスをより多くの人に愛してもらうには、それぞれの瞬間でそのお客様の期待値をちょっとずつ超えていく必要がある。さっき鈴木が申し上げたような接客も〝DELIGHT〟なんです。

ただ、それだけではどこかで飽きられてしまうから、〝SURPRISE〟をつくっていきたい。そのためには〝BREAK THE RULES〟が必要になるんです。そこが自分たち社内の人間だけでは難しいので、ヒロシさんみたいな方に力を借りる。

皆川　それで突然のガソリンスタンド。これはヒロシさんから?

藤原　これは最初に図面を見ていて、もともとホテルがいちばん奥にあって、ホテルから300メートルぐらいのところにビルがあって駅に着くんです。でも東急の意地悪なのか、駅に直結はしていないんです（笑）。僕はワンフロア下りないと駅には行けないことを知らなかったので、駅まで行けるってことは、ホテルからリモワに乗っかってそのまま行けちゃうぐらいなのかな？と思ったんですよ。だったら、グリーンがあって、コンクリートの道がつくってあるから、その中間にピットイン、ピットアウトができるような建物があったらいいんじゃないかと思いついたんです。

皆川　なるほど。

藤原　夜のアゼルバイジャンを車で走っていたときに、ぽつんと立っていたガソリンスタンドの上だけが光っていて、その形状がすごくきれいだったんです。柱の上にのっかっていた大きい屋根の上がぼーっと光っている感じをスターバックスでできないかなと思って、荒木君に相談したんです。

言われて気づくくらいがちょうどいい

皆川　荒木さんとの共作なんですね。最初に見たときはどんな感想を抱きましたか？

柳　ちょっと理解できなかったというのがありますね（笑）。ガソリンスタンドか、という。ただ、ヒロシさんから直接言われてどういうことだろう？と思ったことも、荒木さんが翻訳してくれたりするうちに理解が進んだ記憶があります。

藤原　そうですよね。

皆川　僕は飲んだり食べたりする店が、何でガソリンスタンドなんだろうと最初は思ったけど、あらためてこの形状を見て納得しました［写真9］。

28 February 2024

FRAGMENT UNIVERSITY

CASE STUDY
STARBUCKS COFFEE JAPAN

NONVERBAL MARKETING

写真9　店内空間の遊びと公園の開放感という違和感のバランスが、店で過ごす楽しく豊かな時間を演出する。

柳　そうですね。これはもう本当に、ブレイクしてないところがないぐらいのお店になったと思います。お店のデザイン的にいうと、クールで無機質なお店はそもそもオンブランド[★6]ではない表現になってしまいます。なので、デザインのレビューが、どこにでもあるような店舗の外形デザインだと意味がなくなっちゃうねというやりとりが社内であったと思います。

皆川　公園にガソリンスタンドという違和感とかミスマッチって、相反するものの組み合わせでヒロシさんの得意分野だと思うんですが、やっぱり建つまでは心配だったんじゃないですか？

藤原　でもガソリンスタンドということを売りにしていたわけじゃないので。ここにいる人も、説明されて初めてガソリンスタンドだったんだ、って気づいたくらいだと思うし。

皆川　実際にピットイン、ピットアウト的に利用されるお客様は多いんですか？

柳　そうですね。オープンした時はちょうどコロナ禍に入ってしまっていたので、客席を置かずにほとんど持ち帰り専門みたいな使われ方になっていました。店内に入ってバーで少しコミュニケーションして、商品を選んで買って次のところに行く、またはちょっと公園のベンチに座って飲むみたいな、本当にピットイン、ピットアウトにふさわしいつくりになっていましたね。

皆川　いいところにMD（マーチャンダイジング）のコーナーがありますよね。僕もここでTシャツを買ってしまいました。

鈴木　でも、ヒロシさんがピットイン、ピットアウトの話をされたときに、宮下公園がそもそも渋谷の中にあって、みんなそこからまた別のところに行くよねと。エネルギーをチャージして、他所へまたすぐに移動していく中継地点のような場所だよね、というお話を伺って、すごく納得感があって、ＰＲしやすかった印象がありました。

メタファーを先に決めて、生産性を高める

皆川　ピットインして、チャージして、次の目的地へ行くという回転率なんかも考えていたんですか?

藤原　いや、そこは全然考えていませんでした。ただ、やっぱり内装を変えるだけではコンセプトを表現できないじゃないですか。そう思うと形状をイチから考えて建てられたのはよかったですね。

柳　そしてこんなに白いお店をつくった例は後にも先にもないと思います。なので、デザインとしては本当にクールで無気質なんですが、いつもの従業員が働いていて、いつものＢＡＲがあって、いつものお店のように入ってビバレッジを買って出ていける。その違和感がこのお店の特徴なのかなと思います。

皆川　ヒロシさんのほかの仕事とも共通するんですけど、ＤＡＹ5の講義にあったTHE PARK・ING GINZAとかTHE CONVENIとか、このフラグメントユニバーシティもそうだと思うんですけど、メタファーが見つかると一気にスピードを上げて転がっていく感覚がすごいと思うんです。しかもその先の転がり方まで意識しながら。

藤原　いや、そんなことないですよ。ただ、何かいいテーマが生まれれば、そこに寄り添うよ

うに物事を考えられるから楽ですよね。

皆川　そうですね。キーワードがやっぱり大切だなと思って。「ガソリンスタンド」「ピットイン」「ピットアウト」にひもづけていろいろなアイデアを整理していく。もちろん関係ないこともあるんですけど。ちなみにこのお店は正面や側面がフルオープンですが、冬はどうなっているんですか。

柳　寒いときはさすがに閉めていることが多いですが、やっぱり気持ちいいときに開いているというのは、このお店らしい特別なところですね。

皆川　ここまで開けたお店はほかにはなさそうですね。

柳　はい、虫の問題などもありますし。これは余談かもしれませんが、もともとのデザインとして出されていたこの建物の形状ってコンクリートの道が続いている通路側に開いていたんです。だけど話している中で、植栽がある側に開いたほうが面白いじゃないとヒロシさんが言って、建物の向きを変えるという大きい判断が途中でありました。

藤原　そもそもすでにある公園の上に誰かがぽんと建物を置いたイメージなので、どの向きにしようが別に構わないというか。だから荒木君にお願いして、中にわざと道と同じようなコンクリートの部分をつくって、その道と地続きに見えるようにつくり込んでいます。

コーヒーに関係するものしかつくらない

皆川　オリジナルユニフォームとかはよくつくられているんですか。

柿本　いや、これも初めてだと思います。最初はガソリンスタンドの店員さんみたいなユニフォーム案もありました。

藤原　海外のガソリンスタンドとか車屋さんの服って、タイヤメーカーや自動車メーカーのワッペンがばーっと刺繍されているでしょう。それをやりたかったんです。あと、ガソリンスタンドとは関係ないけど、昔、近づくとガラスが開くバング＆オルフセンのCDプレーヤーがあったんですね。それがかっこよかったので、どうせオープンなつくりなんだから、中の商品棚に自動ドア［写真10］をつけたらいいんじゃない？と思ってやってみました。商品棚が自動で開くというすごく無駄なつくりは、多分ほかにはないんじゃないかな。荒木君は喜んでやっていたと思います。

皆川　この中にアパレルやフラグメントデザインの商品が格納されているんですね。皆さん、何か思い出深いアイテムがあったらお話しいただきたいです。

柿本　B-SIDEのお店のオープンからMIYASHITA PARKまで何年くらい空いていますかね。10年ぐらいでしょうか。

藤原　10年ぐらいは空いていますね。

柿本　その間も毎年、何かしらコラボレーションさせていただいていて、アンダーカバー[★7]とか、あとはフラワーアーティストの東信[★8]さんとのトリプルネームなどもありました。

ただ、ヒロシさんに「グッズに関してはコーヒー関連のものしかやりたくない」と一度はっきりと言われたことがあって。ヒロシさんはファッション分野のゴッドファーザーなので、バッグとかつくりませんか、という感じで気軽に言ってしまったんですが、はっきりノーと

写真10　アイデアはCDプレーヤーから。ドアが自動開閉して同店限定のタンブラーなどが取り出せる構造。

言ってくれました。

メジャーであり続けるために、メジャーでないことを

皆川　あと10分ほどになりました。スターバックスの皆さんとヒロシさんは、この一連の仕事でお互いから何を得たのかを聞いてみたいと思います。

鈴木　得たものといったら、いちばんわかりやすいのは自分たちでは行けなかったところに連れていっていただいたことです。それは商品もそうですし、店舗もそうですし、そしてブランドとして。スターバックスはすごく多くの皆様に知られている存在です。でも、よく知られているブランドってどうしても面白くないブランドになってしまいがちなところを、ヒロシさんと一緒にお仕事することで、ちょっと変わったことをやっていて面白いな、と思っていただけているといると思います。

また、これは私たち3人がヒロシさんと接する時間が長いから感じるのかもしれないんですが、ヒロシさんは本当にいつ、誰と会っても同じようにフラットなんです。多分ハワードへの接し方と私たちへの接し方も、何ら変わらないと思うんですよね。役職を得たり、人に崇められる存在になるほど、好き嫌いが出たり、人によって態度を変えたりとかが起こってくると思うんですけど、それがまったくない。

私たちのリクエストに関しても、嫌な顔をせずに一緒に考えてくださるスタンスがすごくうれしいです。ずっとコラボレーションしたいと思っていただけるブランドでありたいと、

私たちはいつも話をしています。

皆川　いつも楽しそうに仕事をやっていらっしゃる印象がありますよね。

鈴木　そうですね。本質って、きっとご自身の中にあって、いい、悪いとか周りの評価ではなく、すべてはヒロシさんの中でジャッジされているんだなと感じる出来事も最近ありました。

藤原　スターバックスはメジャーな会社だから、メジャーであることを延々やり続けないといけない。でも、だからこそ僕みたいな人間が自由にわがままなことができる。そういう立場がありがたいですよね。これからも常にメジャーで大きな会社であってもらいたいし、そうであるための一つの手段として僕が利用されていればいいなと思います。

今日はスターバックス コーヒー ジャパンの社長も最後までいてくださっているので。最初はちょっとだけ見て帰るとおっしゃっていたんですが、次のアポイントがなくなった感じですかね？　まだいらっしゃるので、ひとことこちらに来て話していただきたいです。

皆川　では皆さん、水口貴文社長です。拍手でお迎えください。

コラボレーションは型を外す作業

水口　ものすごく視界に入るところにいてしまったので最後まで拝聴しました。すみません。水口と申します。今日はありがとうございます。

藤原　僕は水口さんより先輩です（笑）。

水口　そうですね。僕はまだスターバックス10年目なので。もともとＬＶＭＨグループにいたので、そのときから存じ上げております。何ですかね。ヒロシさんとやっていて楽しいですね。関係としては、さっきおっしゃっていたように、最近ちょっとあんまり面白いことやってないかな、じゃあ、これをやろうかな、みたいな感じでお声がけしている感覚です。宮下公園なんかもそうですよね。ヒロシさん本当は、公園の下にお店を埋めちゃえと言っていたんです（笑）。見えない店をつくるんだって、いちばん最初のミーティングですごいことをおっしゃっていたじゃないですか。

藤原　建物は入り口だけで、階段だけあって下に行くというのをやろうとしましたね。

水口　ぱっと見たときに全部公園に見える店をつくろうと言って。みんなで「これっていくらかかるんだ？」って凍りました。でも、あれも覚えていらっしゃいます？　最初、外の芝と中の芝をつなげたいと言っていて。

藤原　はい。建物を上から置いたような状態にするということで。でも難しかったですね。

水口　僕がヒロシさんと仕事をしていいなと思うのは、やっぱり会社が大きくなっていくと、気がつかないうちにどうしてもパターン化しちゃったり、みんなすごく面白いことを考えてくれるんですけど、でもどこか型にはまっちゃうんですよね。自分たちが気づかないうちにフレームに入ってしまっている状態から出してくれるというヒロシさんの存在は大きいですね。

藤原　またゆっくり話しましょう。

水口　いい関係でコラボレーションできているうちは、スターバックスも面白いことをやり続けられるんじゃないかなと思っています。

藤原　ありがとうございます。

皆川　ではスターバックスのお三方はここまでということで。どうもありがとうございました。

鈴木　どうもありがとうございました。

皆川　ではヒロシさん、次回の話をちょっとだけ。

藤原　DAY7はナイキ回です。デザインの源みたいなものは一体どこからくるのか、僕がかかわったとき、ナイキはどういう会社で、そこから今までどういう感じに成長していったかみたいな話をできれば。

皆川　今日もちょうど1時間半で終わりました。皆さん、お忙しいところありがとうございました。

藤原　ありがとうございました。

注

1　ハワード・シュルツ
アメリカ・ニューヨーク出身の実業家。コーヒーチェーン、スターバックスの事実上の創業者。コーヒーショップから世界的なカフェ文化を象徴するブランドへ変革させた。(1953〜)

2　アウトドアリビング
テラスや中庭、デッキなどを室内とつなげることで、リビングのように寛げる共有空間を屋外につくり出すこと。

3　サードプレイス
家庭(ファーストプレイス)、職場(セカンドプレイス)とは異なるコミュニティの中で人々がリラックスして交流できる場所を指す。社会学者、レイ・オルデンバーグが提唱した概念。

4　マクドナルド・コーヒー事件
1992年、アメリカ・ニューメキシコ州のマクドナルドで購入したホットコーヒーが原因で女性が大やけどを負った事件と、それをめぐる裁判のこと。

5　ロレックスの「ポール・ニューマン」
ロレックスの腕時計「デイトナ」のバリエーションの一つ。俳優、ポール・ニューマンが愛用していたことからその名がつけられた。

6　オンブランド
英語表記で、on-brand。「〜らしい」あるいは「ブランドイメージに合っている」という表現。

7　アンダーカバー
日本のファッションブランド。1990年、高橋盾が文化服装学院在学中に設立。2002年にパリ・コレクションに進出。

8　東信
福岡県生まれのフラワーアーティスト。2009年より実験的植物集団「東信、花樹研究所(AMKK)」を立ち上げ、現在はオートクチュールの生花店「JARDINS des FLEURS」を東京・南青山に構える。(1976〜)

DAY 7
CASE STUDY NIKE
ケーススタディ
―ナイキ―

運動靴がカルチャーを帯び始めてから現在に至るまで、
スニーカーはどう誕生し、進化し続けてきたのか。
約30年も続くナイキとのパートナーシップをともに振り返りながら、サブカルチャーへの造詣とストーリーテリングの重要な関係について考察します。

2024.3.20 WED. 19:00–20:30
ナイキジャパン　東京都港区赤坂

登場人物：藤原ヒロシ、小澤匡行
ゲスト：山根正揮（ジョーダン ジャパン NMP ディレクター）、フレイザー・クック（ナイキ グローバル エナジー マーケティング スペシャル プロジェクト）

藤原　こんにちは。ではフラグメントユニバーシティ、DAY7を始めたいと思います。この会場に来ていることでわかると思いますが、ナイキですね。ケーススタディ・ナイキ。僕はもうナイキの仕事を始めてから30年ぐらいたちましたが、そのもっと前からナイキという会社は存在していて、そもそもナイキの前にスニーカーというものがありました。今日はそのあたりの話から始めたいと思います。

　チャプター1、まず「1985年」というのが、僕はスニーカーにおけるキーワードの一つだと思っています。ただ、その話をするには、もうちょっと前に遡らないとわからないので、そもそもスニーカーとはどういうものだったのかを話したいと思います。

　[★1]コンバースのオールスター。僕、中学のときからバスケットボールをやっていて、バスケットボールシューズを探していたというか、履いていたんですね。その頃はみんな[★2]オニツカタイガーのバスケットボールシューズを履いていました。で、輸入物としてコンバースがあったんですよ。だいたいオールスターが6800円ぐらいで、すごく高かったんですけど。それが70年代ですね。

　当時のバスケットボールの靴、そしてほとんどのスニーカーは同じような形だったと思います。コンバースもケッズも、ほとんど似たような形だったんですね。

　70年代から80年代にかけてのプーマもそうですね。プーマにはあまりバスケットボールシューズというイメージはなかったですけど、みんなこの靴を履いていて、ヒップホップの人たちも80年代はこういう同じようなシェイプの靴を履いていました。それから[★3]Run-D.M.C.が「My Adidas」という曲を出してアディダスの[★4]スーパースターを履きだしたんですけど、スーパースターも僕が中学でバスケットをやっている頃に、お金持ちの家の子は履いていたんですよね。確か当時で1万3000円ぐらいだったと思います。ビースティ・ボーイズ[★5]もアディダスを履いていたし、スニーカーとはそういうものだったんですね。

1985年のエア ジョーダン

しかし1985年になってから、みんなが今までと違う靴を履きだした感じがありました。僕はこれがバスケットボールシューズかどうかもわからなかったんですけど、エア ジョーダンです。この頃に僕はスケートボードをもう一度やり始めたんですけど、スケートボードをやっている人たちがみんな急にこの靴を履きだして、確かにそれまでのヴァンズ[★6]とか、コンバースやアディダスがつくっていたバスケットシューズとは、明らかにデザインが違うものでした。

スケーターだけじゃなくて、ヒップホップではLL COOL J[★7]が履いていたり、とにかく急にみんながこの靴を履きだした。今までとは違う、何か得体の知れないスニーカーで、僕の目には何のシューズかわからないようなものを。もちろん本気でバスケットをしている人たちは、これが何であるかをわかっていたと思うんですけど、「何か今までと違うな」と思ったのが1985年でした。

キース・ヘリング[★8]が履いている写真もありますが、とにかくいろいろな人が履いていた。それが1985年。それまでのスニーカーと明らかに違うデザインのもので、なおかつカルチャーっぽいものをすべて巻き込んだ感じで出てきたんだと思うんです。

もちろんナイキやマイケル・ジョーダンは、いいバスケットボールシューズをつくろうと思ってやったんでしょうけど、その結果、とにかくいろいろなカルチャーまわりの人が履きだした。

そして僕もスケートボードをするのに履いていたんですね。だからこれが「ミート・ザ・カルチャー」。1985年にスニーカーを起点として、カルチャーが出会った。ジョーダン1みたいなスニーカーをキーとして、みんなが集まってきた感はちょっとあったのかなと思います。

さて、1995年。何となく「ああ、あれが出た年ね」と思うかもしれませんが、1995年はカルチャーまわりの人たちが履きだしたというより、それに何か一つアドオンされた感じがあったんです。チェコのプラハで地下鉄に乗ったときに「これってエアマックス95[★9]じゃん」と驚いたんで。これですね［写真1］。

別に、これを真似てつくったとは思ってないし、偶然かもしれないですが、このインダストリアルなデザインをスニーカーに落とし込んだのが1995年のエアマックス［写真2］かなと思いました。確実に、今までとは何か違うデザインのエレメントが入ってきたものだと思います。

プラハの地下鉄の別の駅に行くと、ロシア・アヴァンギャルド[★10]の時代のポスターみたいに、モノトーンとヴィヴィッドな色を組み合わせたデザインもありました。1985年のエアジョーダンにはカルチャーが絡んできたけれど、それとは違うグラフィックデザインのような要素を落とし込むようになったのが1995年かなと思います。

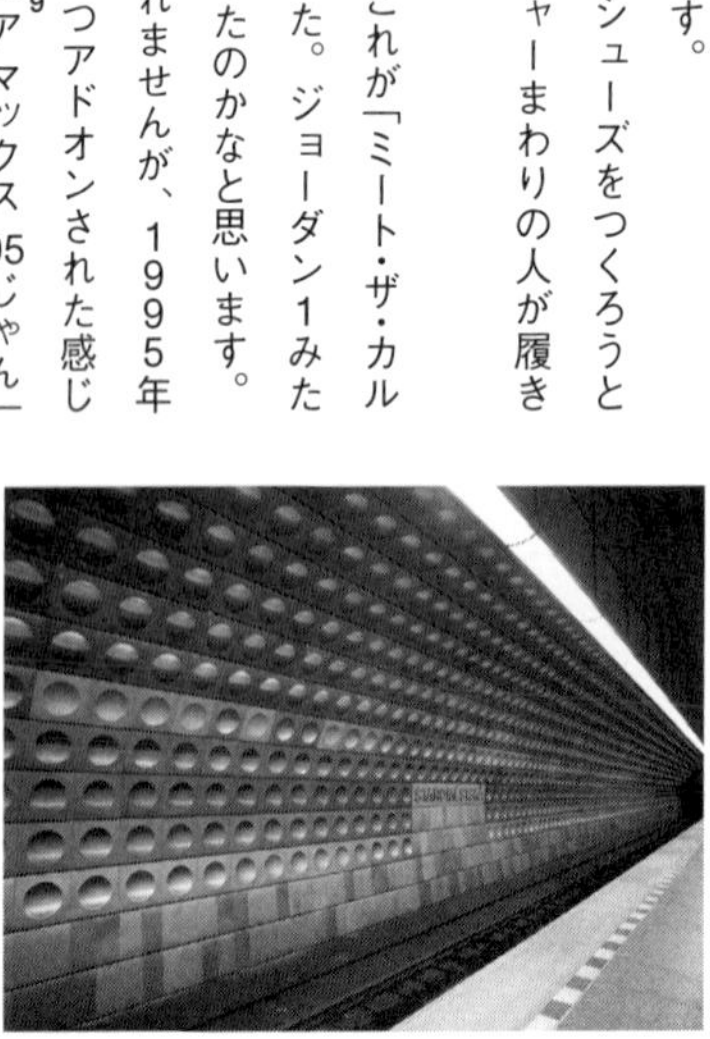

写真1　ネオンカラーとグレーのグラデーションで彩られた、チェコ・プラハのとある地下鉄の駅構内。©aflo

都市伝説とインスピレーション

ロシア・アヴァンギャルドの話をしましたが、それまでもナイキは、最初のエア マックスをつくるときにポンピドゥー・センター[★11]をモチーフにしてデザインしたといわれています。ナイキにはそういう都市伝説みたいな話がいろいろあるんですが、確かに僕もそれを聞いたときに、ポンピドゥー・センターの鉄骨が露出されたデザインを思い出しました。

これも都市伝説的な噂の一つで、フェラーリ・テスタロッサ[★12]をモチーフにしたと言われているのが、1990年に発売されたエア マックスなんですが、実はこれにはあまりピンときてないんですよね。あとは、新幹線がインスピレーションソースになったとされるエア マックス97。いわれてみればそんな気もしますが、本当かどうかは僕にはわからないです。ただ今までのスニーカーとは違うデザインを入れ込んだのがエア マックスだったんです。

それまでのいわゆる運動靴やズックといわれるスニーカーとは、もう確実に変わってきたのがこの時代で、何となくファッションが好きな人たちも、「あれ？　スニーカーってもしかしたら面白いんじゃないか」と気づきだしたのが1995年だったんじゃないかな。「ミート・ザ・デザイン」というものでした。

社会とデザインが機能し始める

さて、次は2000年。この頃から僕はナイキの仕事を、厳密にはそのちょっと前からして

写真2　エア マックス 95。ソールに向かって濃度が高くなるデザインは、オレゴンの地層がモチーフ。

いたんですけど、初めてナイキのヘッドクオーターに遊びにというか、呼ばれて行ったんです。この頃はティンカー[13]の部屋に行くと、スニーカーの新しいサンプルなんかがいっぱい置いてありました。で、バネがついたジャンピングシューズの写真が壁に貼ってあったんです。まさかナイキがこんなシューズをつくるなんて思ってなかったので、ポスターを見て最初に僕が「これって飛べるの?」と聞いたら、「飛べるわけないじゃん」と笑われました(笑)。これは着地したときのクッションが素晴らしい、と言われたんですね。

あの靴から発想して、こういうバネの形になったものをしっかりデザインに入れ込むというのは、イノベーションというか、またこれも、それまでのグラフィックデザインを落とし込むところからアップデートがあったんじゃないかなと思いました。ナイキのショックス、ですね。

次はエア[14] プレスト。プレストも僕はすごく革新的だったと思うんですけど、まずサイズ展開が当時はS、M、Lだったんです。だから中間の人は少し大きかったり、小さかったりしたと思うんですけど、なおかつ何か今までにない、コンフォタブルというか履きやすい、包み込まれるような感じの靴でしたね。

そしてエア[15]ウーブン。実はプレストを見る前に、社長のマーク・パーカー[16]が履いていたウーブンを見せてもらったことがあって、そのときに、どこかの洞窟で発見された靴の原型のようなものが、こういう編み込んであるものだったらしいという話を聞いたんです。僕はひと目見て面白いと気に入ったんですが、この靴のいちばんのイノベーションの部分は何だったかというと、靴ってレザーだったり、ファブリックだったりを型紙に合わせて切って使うから端切れがすごく出てしまう。でも、一本のひも状のものを編んで靴をつくれば端切れが出ないから、素材のロスが出ないというところ。今でいう「エコ」みたいな言葉がまだそこまで世の中に浸透してなかったときに、すごく先をいっていたイノベーティブなシューズだと思います。

だからデザインだけでも面白いし、循環させることで地球に負荷をかけないという点でも面白いコンセプトだったと思います。それが「ミート・ザ・イノベーション」ですかね。だから、1985年の、それまでなかったカルチャーを巻き込んだアプローチ。そしてグラフィックデザインやインダストリアルなデザインを取り入れた1995年。そして2000年にはもっとイノベーティブな技術ができてきた。スニーカーの進化って、常にナイキがリードしてきたんじゃないかと思います。

韓国で偶然出会ったダンク

藤原　チャプター2からは、准教授の小澤君とやっていきたいと思います。よろしくお願いします。

小澤　よろしくお願いします。今日はナイキさんから複数のゲストに登壇していただきます。まずは山根正揮さんです。よろしくお願いいたします。

山根　はい、よろしくお願いします。

小澤　山根さん、簡単に自己紹介をお願いします。

山根　ジョーダンジャパンの山根と申します。過去にヒロシさんと一緒にものづくりや、コラボレーションを担当した経緯もありまして、今回参加させていただくことになりました。よろしくお願いします。

小澤　先ほどチャプター1では、ヒロシさんの視点でとらえた80年代から2000年にかけてのスニーカー進化論を説明させていただきました。ここからは、実際にヒロシさんがナイキとどういう仕事をしてきたか、またそれに対して、隠されたマーケティングがあったのかをお伝えできたらと思います。

まず、これはヒロシさんの私物のダンク[★17]だと思うんですけれども。

山根　古いですね。

藤原　山根君とやっていた頃の人たちは、もう会社にはほとんどいないですし、そのもっと前の話だったかな。僕がナイキジャパンに初めて呼ばれた頃は、エア マックス 95がすごくヒットしていて「何か一緒にやりましょう、何をやりたいですか?」と聞かれたときに、いちばん最初に持っていったのがダンクだったんです。

僕はそのときまだスケートボードをしていたのでダンクをよく履いていたのと、そこまで有名じゃないシューズだったので復刻したいと言ったんですけど、その頃はまだ、物を再販するという考えがなかった時代だったこともあり、あまりピンとこなかったみたいで結局実現しませんでした。

小澤　ヒロシさんが初めてダンクを履いてスケートをしていたのは、いつだったんですか。

藤原　いつぐらいでしょう。80年代後半か90年代前半くらいだと思います。その頃はエアジョーダン 1を探していたんですよ。ジョーダンっていろいろな色があったけど、日本にはほとんど入ってきてなくて。ナイキジャパンでは扱っていましたか？

山根　そうですね、4色くらいはありました。

藤原　でも展開色が限られていて、黒×青だったり黒×グレーみたいなものは全然日本になかったんですよ。僕の初めての黒×青は、ビームスに輸入物として売っていたのを、こんな色があるんだと思って買ったんです。それで気になって調べていったら、いっぱいいろいろな色が出ていることを知って、それを探しによく海外に行ってました。で、韓国でたまたまダンクを見つけたんです。

韓国のナイキストアみたいなショップに行ったら、いろいろな色が売れ残っていて。そのときはこんな色のエア ジョーダン 1があるんだと思って買ったんです。で、日本に持って帰ったらそれがジョーダンではなくダンクだったことを知りました。その頃は本当に情報がなくてわからなかったんですよ。

ナイキは復刻をしないカンパニーだった

小澤　ナイキとのリレーションが始まったきっかけは覚えていらっしゃるんですか。

藤原　僕が雑誌のコラムをいろいろやっていて、多少は影響力があったんですかね。それでナイキが声をかけてくれました。

小澤　ヒロシさんはそうやって80年代のダンクをスケートボードで履いて、自分のカルチャーの中にスポーツシューズを落とし込みつつ、最新のハイテクも並行して履いていたのが90年代ということでいいんでしょうか。

藤原　そうですね。

小澤　この頃、復刻というのは、まだ概念としてはあまりなかったんですか。

藤原　なかったと思います。

山根　ナイキはイノベーションカンパニーを標榜しているので、何かを復刻するとか、そもそもスポーツシューズに対してのスニーカーという考え方をしていなかったです。

藤原　スニーカーという言葉自体も、まだあまり浸透していなかったんじゃないかな。やっぱりまだ「運動靴」で、ファッションの人たちもスニーカーを履くという環境じゃなかった。

小澤　ナイキがイノベーションというものに向いている中で、日本はヴィンテージだったり、アメリカの古いカルチャーを追い求める時代があったので、ダンクのように古いものが重宝される状況が並行してあったと個人的に思うんですが、会社として、「古いものを新しくする」という概念はまだない時代だったということですね。

　そしてヒロシさんは、当時のナイキ本国の副社長だったマーク・パーカーさんと出会うことになります。

藤原　はい、マーク・パーカーはバイスプレジデントだったんですけど、彼が日本に来るということになり、その頃PRをやっていたワイデンアンドケネディのジョン・C・ジェイから、ナイキの人が来るので会いませんか？と連絡がきて原宿でランチしたんです。それが最初でした。

HTMプロジェクトが発足する

小澤　そこではどういう話をされたんですか。
藤原　プロモーションというか、雑誌でいろいろ紹介してくれてありがとう、みたいな話から始まって、「ナイキで何かやるとしたらどんなことをしたい？」ということを話したような。そのときにもう「HTM」のアイデアを出しました、初めて会ったときに。
小澤　「HTM」という言葉について、山根さんからご説明いただけますか。
山根　はい。HTMは「Hiroshi Fujiwara」の頭文字の「H」と、弊社デザインの担当をしています、ティンカー・ハットフィールドの「T」、そして今、話に出ましたマーク・パーカーの「M」、それぞれの頭文字を取ったプロジェクト名になります。
藤原　そもそもナイキの中で何ができるか、何がしたいかと聞かれたときに、その頃はまだ色を変えて再販することもなかったんですが、とにかく新しい靴をつくるよりも、ナイキにいっぱいあるいいアーカイブに何かプラスアルファして、スペシャルエディションみたいなものを出せればいいんじゃないかということで、メルセデス・ベンツに対してのAMG[★18]の関係を話したんですね。
　ベンツという既存のいい車があって、それをもっと速くしよう、ラグジュアリーにしようと改造する会社がAMGですよね。だからナイキでもそういうAMGみたいなものをつくれれば、すごく面白いんじゃないですか、という話をしたんですよ。
小澤　ではAMGのコンセプトは、既存のものに手を加えて、パフォーマンスを上げるためのもの、ということでしょうか。

藤原　実際にはパフォーマンスだけじゃなくて、いわゆるカスタムなんですよね。例えばレザーシートを替えたり、内装のグレードを高めることもできるし、まさにHTMもそういうことでした。それで、「面白いね、やってみよう」となったんです。

小澤　もともとはスポーツシューズがスニーカーになり、それに加えて斬新であるとか、最新であることを考えたのがHTMのプロジェクトでした。

AMGの社名は、二人のエンジニアと会社の場所の頭文字が由来になっています。「A」がハンス・ヴェルナー・アウフレヒト、「M」がエアハルト・メルヒャー、「G」がその場所であるグロース・アスパッハ。その頭文字を取ったものがAMGで、それと同じコンセプトでこのプロジェクト名ができたということなんですね。

藤原　AMGの「G」も人の名前だと思っていたんですが、最後の「G」が場所の名前だとは、最近知りました。

とりあえずAMGのように頭文字を取った「HTM」というコードネームで呼んでいたんですけど、おそらくパーカーが気に入って、そのまま正式名称にしたんですかね。僕は実際は違う名前になるのかなと思っていたんです。「H」を先頭にしておいてよかったです（笑）。

山根　ご存じの方もいらっしゃるかもしれませんが、HTMが発足したのが2002年。もう22年前のことになります。

アップデートとアップグレード

小澤　では具体的にどんなコンセプトで、どんなシューズをつくったのか教えていただけますか。

藤原　最初はプレストをアップデートさせてブーツ型にして、アウトドアっぽく、トレイルランニングっぽくしたものですね。

山根　HTM エア プレスト ローム［写真3］ですね。その後にエア モック ミッドがリリースされました。ちなみにどちらもミッドカットでしたが、そのときは気分だったとか？

藤原　いや、そういうわけでもないんですけど、プレストがそもそもローカットだったので。やっぱり色を変えるだけでなく、それをどうアップデートできるかを試行錯誤していて、結果トレイルっぽくしたんですよね。

小澤　次の一例になります。

藤原　これ［写真4］はその次の年かちょっと後ですかね。

山根　そうですね。

藤原　さっき言った「パフォーマンス」というより、いわゆるスポーツシューズに、ラグジュアリーなレザーシートにあるステッチをつける感じで、いい革にして、いいステッチにして。

山根　先ほどのエア プレスト ロームやエア モック ミッドだったりが、新しいデザインへの「アップデート」なら、この2003年に販売したHTM エア フォース 1は既存モデルの「アップグレード」ともいえます。そして、もう一つHTMの特徴に、シリアルナンバーがあ

写真4　高級なレザーとステッチが特徴のHTM エア フォース1。

写真3　HTM初期の作品、エア プレスト ローム。2002年発表。

りました。「1/1500」とか、ナンバリングしてあったのもHTMらしさかと思います。

小澤　それは生産数を絞るみたいなことがプロジェクトの中で大事なことだったんですか？稀少性を煽《あお》るというか。

藤原　アート作品の意匠みたいなところだったと思います。

小澤　じゃあ、スニーカーを、また別の芸術作品的にとらえようという動きがそういう表現になったということですね。

藤原　1000だったか1500だったか覚えてないですけど、HTMは数をつくってもそんなに売り切れるものでもなかったです。

山根　そんなこともなかったと思いますよ（笑）。

藤原　いや、売るの、結構大変だったと思いますよ。エアフォース（Air Force 1）とかは別として、なかなか売り切れない靴もあったんじゃないかな。

山根　もうそのときは販売はレディメイドではなく、ヘッドポーターだったかな。販売店もすごく絞っていたのですぐに売り切れていた印象しかありませんでした。

小澤　続きまして、その少し後には、エア ズーム[19] マクロパスというモデルもありました。

藤原　ナイキのアーカイブではなく、いわゆるストリートでみんながよく履いているようなワラビーブーツをスニーカーに置き換えてアップデートしたら、どういうものができるかを考えてみたんです。

山根　ワラビーとマクロパスのネーミングの関係ですね。あと大きな特徴としてインソールにフルレングスのズーム[20] エアが入っていました。もともとのクレープソールのワラビーを、ナイキのイノベーションを使ってどのように表現するかを考えて、ズーム エアのソックライナーを搭載したりしてアップデートした形になったと思います。

藤原　ワラビーは最初からラバーソールになっていて履きやすかったんですけど、いわゆるドレスシューズにスニーカーのソールをつけるというのが出てきたのが、ちょうどこの頃ですね。

コンセプトを進化させ、形にする

小澤　続きましては、エア ソックダート[★21]ですね。2005年にすごく少量で発売されました。こちらはまた、今までとは見た目の趣向が違うというか。

藤原　このソックダートの布石としてそもそもエア プレストがあって、ティンカーはプレストのアップデート版みたいなことをやりたかったんだと思います。ソックダートのいちばん最初のサンプルって、本当に薄いストッキングみたいな靴下にソールをくっつけて、実験していたんですよ。すごくフューチャリスティックというか、本当に近未来の宇宙船の中で履くような靴に見えていて、もっとハイソックスだったし、「これ、何なの?」みたいなことを言ってやりだしていたのがソックダートですね。

その後に、ラバーのストラップをつけるとかいろいろやって、形になっていって。僕はすごく好きだったんですけど、実験的に売られただけで、あまり多くは売らなかったですよね。

山根　すごく少なかったですね。

藤原　そうですね、世界的に。

山根　ソックダートはコンピューターニッティングを最初に使ったシューズになりまして、それが2012年のフライニット[★22]の誕生につながるんですけど、その段階では、コンピューターでアッパーを編むのでもっと数をつくろうと思っていたみたいなんですね。ただ結果的につくれなかった。それで今、ヒロシさんもおっしゃっていましたけど、これ実は、エアウーブンのときからサステナビリティというコンセプトで一貫しているんです。コンピューターニッティングによって無駄が省かれたアッパーのデザインで、最初にソックダートで採用し、その流れで、フライニットというイノベーションが完成した際にも、HTMとして紹介させていただいたという形になります。

藤原　そうですね。ここはタイムラグが結構ありますもんね。

山根　はい。7年程先の話になります。

小澤　とにかくスペシャルな限定モデルがあって、それがカルチャーを盛り上げる施策になっていると思っていた人って当時はすごく多かったと思うんです。しかしこのHTMはそういった煽動行為ではなくて、新しいナイキを発表するための場所であり、プロジェクトであることを非常に意識していたと思います。物を高級に見せるとか、新しい機能を入れるとか、あらゆる実験的なものをお披露目する場であったということで間違いないですよね。

藤原　そうですね。そういえば山根君、NIKE+[★23]ってあったでしょう。Appleとつくったやつ。あれ、いつでしたっけ。

山根　確か北京の祭典に絡んでいましたから、2007年とかですかね。

藤原　その頃、僕は年に何回かナイキ本社に行っていたんですが、初めて守秘義務のサインをさせられたんですよ。そもそもナイキとは契約書を交わしていたのでやっていることの情報を外に出すことはもちろんなかったんですけど、あるプロジェクト単体の契約みたいなものがあって、何だろうと思ったら、「実は今、Appleとやっている」と紹介されたのがNIKE+でした。

　その後にスティーブ・ジョブズともたしかお会いしたんですが、あれっていちばん最初のモデルの発表はHTMじゃなかったですかね。

山根　NIKE+はHTMではなかったです。

藤原　そうでしたか。でも、僕も一緒にやっていたんですよね。だからハイテク系のイノベーションも同時にやっていた時期でした。

山根　HTMのプロジェクトであれば、フライニット レーサー[★24]ですね。あのモデルはまさにシリアスランナー向けのハイパフォーマンスシューズでした。

藤原　ニットの構想を最初に聞いたときに、「ニットなんだったらもっとニットらしくしたほうがいい」と僕は言いました。結果的に却下というか、できなかったんですが、カウチンセーターやスキーニットのような柄を入れるとか、普通のストライプにしようとかいろいろ言ったんです。ただ、コンピューターでプログラミングして編むから、靴の部位によって伸縮の具合が微妙に違ったりして、柄を入れるのは不可能だったんです。結局、霜降りみたいなものならギリギリできるとなって、スプレープリントみたいなもので表現してできたんですよね。

マーク・パーカーにとってのHF

小澤　あらためてこのHTMは、ヒロシさんとナイキのトップ二人がアイデアを出し合いながらプロダクトをつくるというスペシャルなプロジェクトだったと思うんですが、これまでの講義からもわかるとおり、ヒロシさんなりの仕事の進め方があるからこそ実現した部分があると思っています。

　これはヒロシさんについて書かれた書籍から抜粋させていただくんですけれども、このときのマーク・パーカー氏の言葉にもあるとおり「ヒロシとナイキの関係は非常にユニークです」と。通常ナイキはアスリートやスポーツチームと契約することが多いです。しかも単体のプロジェクトでアサインされて提携することが多い中で、ヒロシさんとはプロジェクトに関係なく、という感じなんですかね。「リレーションをとるというのはすごく独特だ」とおっしゃっていました。

藤原　そうですね。僕はもうすでに中にいたので全然、気づかなかったですけど、確かにアスリート以外で契約をしたのは僕だけだと最初は言っていました。

小澤　ずっとかかわるとなると、コンサルティングに近いようなかかわり方だったということですね。

藤原　いや、むしろ社員っぽい感じもあったかもしれないですね。HTMに関係なくても、いろいろ見せてもらって「これはこうしたらいいんじゃない？」と話したり。毎回、新しいものをいろいろ見せてもらえていたので、面白かったです。

小澤　また、こういうこともあります。ＨＴＭはとても非公式な形というか、カジュアルな進め方をしていました。アイデアをシェアし、みんなが気に入ったらプロジェクトとして走りだす、その場が決裁の場になるというのもあると思うんですが、非常にラフな進め方。それはみんながそういう形が好きだったんですか？　それともヒロシさんのスタイルに合わせていたんでしょうか？

藤原　僕は常にこういうスタイルですけど、この頃は、確かパーカーはＣＥＯになっていたと思うんですよね。いいチームに入れたというか、彼が僕に自由を与えてくれたのがいちばんだと思います。

ＨＴＭとは実験の現場である

小澤　これも象徴的でした。「ヒロシさんはとても優れた編集力をもっている。どう再解釈するか、どう再構築するかなど、編集作業において才能を発揮してくれる」と。ヒロシさんは中にいて深く携わっていたと思うんですけど、外の人だからこそ出せるアイデアみたいなものも、やっぱりありますよね。

藤原　いえ、周りがあまりに偉すぎて意見できなかったですね。僕が行くと、常にティンカーとの3人のミーティングがあって、帰る前に、1時間ぐらいパーカーと二人の時間があったんです。そこで全体的な「ナイキのこれ、どう思う？」みたいなことを聞かれたりしていたんです。

小澤　当時はまだ、オフィシャルな情報を自社で発信する時代ではありませんでした。何か一つ雑誌なり、メディアのレイヤーを経て情報を伝えていたので、ファッション誌であれば、どうしてもファッション誌の主観が加わってその情報が発信されていた。すごく限定的なスペシャルプロダクト、スニーカーカルチャーを盛り上げるためのものというのが、日本のメディアのHTMのプロジェクトに対するとらえ方だったと思いますが、実際には最新のものを追求していくために何ができるか、を常に実践していたんじゃないかと思います。

藤原　確かに、僕は自分が履きたいものをつくりたいから、ファッションのほうに寄せよう、寄せようとするんですけど、そのたびにティンカーが違うほうに寄せていくので。

山根　イノベーションのほうにですね。

藤原　そう、寄せていくので、すごく突拍子もないデザインのものが出たり。そういう意味では、「実験的なことをやるHTM」という部屋みたいになりましたね。

小澤　擦り合わせをしていく場所ですね。ここで一つ、いくつかお話の中で挙がっていたキーワードをまとめてみました。

究極の普通

小澤　ありそうでないもの。それを実際に形にするのは非常に難しいことではあるんですけれども、ヒロシさんはこの「普通」への意識は常にしているんですか。

藤原　そんなに意識はしてないですけど、やっぱり自分で履きたいものをつくりたいとは思っています。

ストーリーをデザインする

小澤　シンプルなものをつくる。見た目のシンプルは誰でもできることかもしれませんが、それだけではなかなか消費者を動かすことは難しい。経験という段階的な情報の蓄積が、どうデザインに落とし込まれるか。これが奥行きかなと思っています。

究極の普通をつくるためにいちばん必要なのがストーリーテリングではないかと。どんなストーリーがあるかが、常にヒロシさんが、ナイキの仕事に限らず、考えているところかと思います。その事例を一つ説明してください。

藤原　これはジョーダンのプロジェクトを最初にやらせてもらったときのものです。当時、エア ジョーダン 1というのは誰も手をつけられなかった聖域だったのですが、何かのタイミングでジョーダンをやらないかと言われて、もちろんやりたいと答えました。で、その頃はまだなかった真っ黒もいいなとか、いろいろ考えていたんですが、結局僕が初めてビームスで買った黒青のロイヤル（Royal）をベースにすることにしました。エア ジョーダン 1といえば黒赤のブレッド（Bred）がいちばん有名だと思いますが、それに似たブラックトウ（Black Toe）という配色があるんです。山根君、これって実際に売られていたんでしたっけ？

山根　はい、販売していました。

藤原　そうですか。僕らは、80年代にこのブラックトウをほとんど見たことがなかったから、マイケルが試合では履いていたけれど、実はサンプルしか存在しない、都市伝説のような靴だと思っていたことをずっと覚えていて、「実はこのロイヤルにもブラックトウに相当する色があったんじゃないか」という都市伝説みたいなストーリーをつくったら面白いんじゃないかと考えたんです。

ここに有名なジョーダンのポスター〔写真5〕があるんですが、赤い部分を青に変えて、本当は青のバージョンも準備されていて、青も出るはずだったのに出なくなった、という架空のストーリーをつくってみたんです。それでできたのがこのポスターですね。僕もブルーが好きだったので、思ったとおりにいい色ができたんです。

山根 商品的な小ネタとしては、エア ジョーダン 1は一般的に「ハイオージー（HIGH OG）」という商品が販売されているんですが、実はフラグメントのモデル〔写真6〕は木型が違うんです。比較的最近になってから発売されたエア ジョーダン 1[★25] 1985に用いられている、オリジナルに忠実な木型を特別に使っていました。つまり1985のエア ジョーダン 1は、このフラグメントとのコラボレーションがお披露目だったんです。すごく形にこだわって細かくつくり直したというか、リマスターしています。

藤原 それまではおそらく誰もジョーダン 1で新しいことができなかったので、ナイキのジョーダンチームというか、デザイナーたちも面白がってくれたのかもしれないです。

小澤 でも、こういうストーリーのプレゼンテーションによってプロダクトが出来上がっていたということですよね。

藤原 はい。

小澤　ＨＴＭのときと比べると、具体的なストーリーはあっても、考え方や進め方はあまり変わらなかったですか？

藤原　これはほとんど僕一人でやったので、ＨＴＭとは違いました。むしろ自由というか、僕のアイデアだけで進めたものです。

ナイキがコラボレーションに求めること

小澤　ありがとうございます。ここでナイキという企業はどういうコラボレーションを会社として理想としているか、どういうものを社外に求めているかを聞きたいと思います。ご紹介いただけますか。

藤原　はい。彼がナイキに入る前から仲がいいんですが、フレイザー・クックさんです。

山根　ここからは彼に一人で話してもらおうと思います。

フレイザー　皆さん、こんばんは。

小澤　じゃあ、ここではフレイザーさんにナイキについて、いろいろ話していただきます。僕から質問しますので、英語で答えたものを翻訳でお伝えします。フレイザーさん、今日はよろしくお願いいたします。

フレイザー　よろしくお願いします。

小澤　ではまず簡単に、フレイザーさんの経歴、またナイキ社内でどういうポジションで仕事をされているかを教えてください。

写真5　藤原ヒロシによる架空のストーリー「ブラックトウにもしロイヤルが存在したら」のイメージポスター。

CASE STUDY
"NIKE"

NONVERBAL MARKETING

写真6　オリジナルに忠実な細身の木型を採用したフラグメントモデルのエア ジョーダン1。2014年発表。（撮影:杉田裕一）

フレイザー　私はイギリスのロンドン出身です。小さな頃からいろいろなことに興味があって、11歳でスケートボードを始めました。するとスケートボードにのるときのフットウェアに興味がいくわけです。いつも人とちょっと違ったもの、変わったものを買っていました。

今、私は57歳なので、1970年代のカルチャーを存分に楽しんでいました。子どもの頃からアメリカの雑誌なんかをぱらぱら見ていますと、スケートボードがあって、そこに載っているフットウェアに目がいくわけです。当時からいろいろなブランドがありましたが、その中にナイキも確かにありました。そんなティーンエイジャーでしたが、今も本質的にはあまり変わっていません。

ヘアスタイリングやファッションにも興味があって、理容師もやっていました。80年代はロンドンのヘアサロンやブティックにいましたが、そういうところで働いていると、ナイトクラブとのつながりも出てくるのでよく行ってましたね。

サブカルチャーを理解する人材を求めて

当時、お店に出入りしていた友人の多くはファッション関係だったんですが、そのつながりからニューヨークにバイヤーとして月に一回、1週間ほど行くようになりました。1989年のことです。ロンドンのアンダーグラウンドカルチャーを若干知っていたので、それに合う服やシューズを買い付けるようになりました。

ニューヨークに行くようになったら、今度はニューヨークでも友達がいろいろできるわけです。その縁でストリートウェアに偶然出会い、買い付けたTシャツなどは『FACE magazine』なんかでフィーチャーしてもらっていました。そして私の電話番号が問い合わせ先として雑誌に載ったんですね。すると、あちこちから電話が鳴り始めて、これを買ってくれないか、あれを買ってくれないかと。気がついたら流通業者になっていて、本格的にブティックをオープンすることになったんです。

[★26]マイケル・コッペルマンとともにギミーファイブという会社を設立し、いろいろな商品を展開することができるようになりました。ヒロシと出会ったのは、このギミーファイブのブティックをオープンする直前だったと思います。

　その後、シューズの専門店としてフットパトロールをオープンし、いよいよ本格的にシューズを販売するようになって、ヒロシとのつながりも深まりました。バイヤーの仕事で日本の友人もたくさん増えてコラボレーションの輪が広がり、またHTMもちょうどスタートした頃で、ナイキの目に私が留まったんです。好きなものを共有している人間が集まり、サブカルチャーのシーンを楽しんでいる状況を見て、そういう人をナイキが採用したがっていると。サブカルチャーをちゃんと理解して、シーンとの架け橋になれる人材ということで、僕が選ばれたんです。

小澤　ありがとうございます。

フレイザー　2004年に入社したのでもう20年いるんですが、基本的にはずっと同じことをしています。ナイキが新しい商品を出すときのコンセプトには、テクノロジーやデザインなどいろいろ要素がある中で、やっぱり大事なのは誰に向けてコミュニケーションをとるかです。アーリーアダプター、つまり平均以上に感度が高く、いろいろなアンテナが立っている人に向けてコミュニケーションしたい。そういう考えのもとで、誰とコラボレーションしようかなということを考えています。

新しいアイデアをコンテンポラリーな形で

小澤　ではフレイザーさんにとって、またナイキにとって藤原ヒロシとはどういう存在であり、どういうところに魅力を感じているんでしょうか。

フレイザー　まずは好奇心にあふれる人で、何より自身がサブカルチャーのファンであるということ。そしてあらゆる歴史についての知識や造詣が非常に深い点が挙げられます。もう何十年も前、サブカルチャーが生まれたときからサブカルチャーを知っている人ですから。

それでいて、新しいものを常にウォッチしている。何が今、新しく生まれてきているかについても感度高く知っています。例えば、ナイキではコラボレーションのパートナーとしてレジェンド級のアスリートを起用してきましたが、同じぐらいヒロシはレジェンドで、サブカルチャーの歴史を最初から知っている。そしてその経験を今につなげて、商品にしっかりと表現している。

ここがヒロシの偉大なところです。結局アウトプットとして出てくるのは、皆さんが見たこともないような、新しく、面白いアイデア。それをコンテンポラリーな形で見せてくれるんです。

小澤　フレイザーさんはスニーカーカルチャーにコラボレーションというのはどれくらい必要だと思っていますか。

フレイザー　ナイキはそもそも、創業時からコラボレーションなんです。アスリート[27]とトラックコーチが創業者で、アスリートもいろいろなもの、いろいろな人とコラボレーションしている。その中で製品に対するフィードバックをくれるわけです。かなり前からナイキはコラボレーションを文化的にとらえていて、非常に開放的で、オープンであることを示しています。

この講義に参加している皆さんは、カルチャーについて感度が高く、サブカルチャーにどっぷり浸かっている方も多いと思います。本当に好きなものがあって、それに対して深掘りしていきたい人たちに対してコミュニケーションしていくことは、とても重要な戦略になってくるんです。最後に、もう一つ有意義な点は、やっぱりナイキ社外の人とコラボレーションをすること、違うバックグラウンドをもった人たちとつながることで、フレッシュでコンテンポラリーなアイデアが出てくるメリットがあるんです。

小澤　ありがとうございます。最後の質問なんですけれども、ナイキにヒロシさんがかかわることで、スニーカーのカルチャーが大きな盛り上がりを見せるようになりました。今後は、どうやって未来を盛り上げていきたいですか。

フレイザー　今までどおり、コラボレーションはずっと続いていくものだと思います。いつも面白くて革新的な何かを生み出すもの。つまりコラボレーションとはニューイノベーションだと思います。

当然ですよね。ナイキ社外から得たいいアイデアを解釈し、外部のパートナーと一緒に何かをつくり上げていくわけですから。それは何もプロダクトに限らず、そのプロダクトを伝えるためのコミュニケーションの段階で誰かとコラボレーションして、ストーリーを波及させることもできるわけです。

そういう意味で、コラボレーションはいつも2ウェイです。双方向に対話を継続していく。それが真髄ではないでしょうか。

加えてナイキはブランドであって、ナイキという人物が存在するわけではありません。だからルーツに忠実であることは前提に、常に多くの人の声を取り入れていく必要があります。それによって現代的なプロダクトを出していけると考えています。

小澤　ありがとうございました。本当に長い間ナイキのコラボレーターとして、社外のパートナーを発掘し、プロジェクトに向かって進めていく方です。もちろんヒロシさんとも長いリレーションを継続しています。

コラボレーションに必要な3つの視点

小澤　あらためて整理してみたいと思います。自分がコラボレーターである人、コラボレーターに何かお願いする立場にある人、どちらにもいえることかなと思います。

まずは「既存のものに敬意を示す」こと。コラボレーション相手にはまず最大のリスペクトをすることが大事だと思います。ヒロシさんも、もともとナイキの商品を深く知って、好きであるからこそ、新しいものをアップデートさせるものづくりができている。まずはそのブランドのことが好きであることが大事だと思います。

誰も想像できないようなまったく新しいものを考えることが大事なのではなく、そのブランドをよくするため、という発想をもつことが、コラボレーションには必要です。

そして、リスペクトしつつも「定番を疑う」こと。世の中、所有することで満足できる名品といわれるものっていっぱいあると思うんです。そのような「多くの人が好きなもの」こそ、自分だったらどうしたいかを考えるのが、ヒロシさんのプロダクトのつくり方だと思います。

例えば完成された真っ白なエア フォース 1でも、それだけでは満足しない。そこに何を加えればいいかを常に考え、疑い、ひらめきを求めることが大事です。

3つ目です。「小さなひねりで大きなうねり」。これはかつてナイキのデザイナーがヒロシさんについて話していた言葉です。既存のものに敬意を払っているからこそ、大きく手を加えない。それはすごく大事なことだと思います。つまり、ひねるところはすごく小さいけれど、お話、ストーリーテリングでデザインに奥行きをもたせる。その奥行きがあればあるほど、うねりは大きくなる。そのためには、ブランドを深く知ること、ストーリーをちゃんともつこと。それが大きなうねりにつながるというのが学びのポイントかなと思いました。

藤原　「定番を疑う」と「リスペクトがある」って、何となくちぐはぐな感じがするんですが、定番を疑う前に、やっぱり定番をリスペクトする気持ちがいちばん最初にあるほうがいいと思うんです。コラボレーションで物をつくるときにいちばん難しいのは、何をやっても、結果的に真っ白のエア フォース 1に勝てないんじゃないかという葛藤があるんですよ。だからこの色を変えてとか、ラグジュアリーな素材にしてとか、僕もいろいろやりましたが、最終的には「何にもないエア フォース 1がいちばんいいんじゃないか」というところにぶつかってしまうのが難しいところですよね。
　それでも何かをやりたいというところで、ちょっとだけ手を加えるとかしていくんだと思います。だから、シュプリームとのコラボレーションのように小さいロゴを入れるだけとかは、すごく効果的だと思いましたね。

「復刻」とは「テセウスの船」のようなもの

小澤　わかりました。ではチャプター3に入らせていただきます。ここからは世の中に一般的にある、スニーカーの重要なキーワードについてヒロシさんに考えていただきます。
　例えば一つに「復刻」というものがあります。過去のものをまたつくり直すことですね。復刻について、今までの事例もありますが、あらためてこの先、どういうことが大事なんでしょうか。

藤原　今は復刻自体は、それほど難しいことじゃないと思います。僕は新しいパーツを使って組み立てた新しい現在のものが、過去のオリジナルとははたして同じものか、という疑問に行き着くのですが、それって伊勢神宮のときもお話しした「テセウスの船」ですよね。つまり復刻も同じことだと思うんです。

小澤　ヒロシさんの中でいい復刻とよくない復刻について、感じたりすることはあるんですか。

藤原　どうだろう。興味があるものしか見てないからわからないけど、する必要がない復刻も多分あるんですよね。

小澤　例えば音楽の世界でも再発みたいなことがあると思いますが、そうやって過去の音楽がまた世に出ることについてはどうですか。

藤原　いや、音楽や本のようなものは常にあってもいいというか。アーカイブとしてたまっていくもので、プロダクトじゃないから復刻とは意味合いが違うと思います。

人と一緒じゃつまらないけど、一人では不安

小澤　では次のキーワードです。「限定」。これは当然、生産数に限りがあるという意味で世の中のものはすべて限定では、という話もあるんですが、数が限られていることに対してはどうお考えですか。

藤原　ポジティブもネガティブもあんまりないですけどね。ただ「限定だから買えない」と文句を言う人がいますけど、それはその人に運がないのと、努力が足りないんだと思います。僕だって中学、高校のときは、欲しいものなんてめちゃめちゃ頑張って探して買いましたし。今はどちらかというと、楽に手に入れようと思えば手に入るんじゃないですか。

でも「リミテッドだから欲しい」という、まやかしみたいなものはよくない気がします。売るほうも買うほうもよく考えたほうがいい。

小澤　ヒロシさんの格言というか、「人と一緒じゃつまらないけど、それが自分一人では不安」というのが、スニーカーに限らず物事の本質をとらえていると思うんですが。

藤原　例えば学校に行ったら、みんなと違う格好をしたくなって服をカスタマイズしたり、自分だけ違うスニーカーを履いたりするんですけど、それが自分一人だと単なる変わり者みたいになっちゃうから、かっこいいグループがそれをしている中でやりたいということですよね。これって数の原理なのかわからないけど、難しいところだと思います。

小澤　ヒロシさん自身は人と同じ物を持つこととか、人と同じスニーカーを履くことに特別な感情を抱いたり、こだわったりすることはないですか。

藤原　物によるけど、そんなにこだわってはないですね。みんなが履いているから嫌というより、あの人と同じだから嫌というのはあるかもしれないです（笑）。

限定でないけど唯一無二のNike By You

小澤　そんな中で、「限定」とは少しニュアンスが異なりますが、ヒロシさんが今はまっているというか、ライフワークとなっているのが「Nike By You」[★28]です。

藤原　これはもともとNike IDといわれていて、最初は「めちゃめちゃいいじゃん」と思ったんですけど、結局みんな、たった一つのものを自分でつくるより、「誰かがいいと思って履いているけど、あまり誰も持ってない」限定のほうが欲しいんですよね。Nike By Youのように自分一人のためにつくったものってだいたい失敗するんですよ、なぜか。僕も最初の頃は、いろいろやっても、出来上がってみるとよくないというものがいっぱいあったので、Nike By Youって難しいんです。ただ、いいやり方もいっぱいあるので、みんなもトライすればいいと思います。

小澤　そのいいやり方とは何ですか。

藤原　シンプルなところからスタートする。自分が好きな色からスタートする。最初からいろいろ色を混ぜようと思わない。ただNike By Youのページって意地悪で（笑）、この色、誰が履くの？みたいなベースカラーからスタートすることが多いんです。なのでシンプルな色に変えてからスタートするといいと思うんですけど。

小澤　おそらくここまでの色が使えるよというレンジの広さを表現していると思いますが。

藤原　そうですね。でもそれをやると、大体やりすぎになっちゃうんですよね。

小澤　ヒロシさんにとってNike By Youのいちばんの魅力って何ですか？

藤原　すぐ届く。早ければ2週間ぐらいで届くので、そのスピード感はすごいなと思います。まあ、失敗したらもう一回やればいいかなという考えもちょっとあったりして。

小澤　あとは「可能性が無限ではない」ことですね。

藤原　これは僕がいつも言っていることなんですけど、リミットされているものというか、限られた範囲内で何ができるかを試すのがすごく楽しくて、面白いことだと思います。Nike By Youって同じモデルでも時期によって使えるカラーが変わるんです。だから僕は週1くらいのペースでNike By Youをパトロールしています。どんな靴が新しく追加されたか、とか。

小澤　本当にヒロシさんは、打ち合わせをしているかと思ったらパソコンでNike By Youをやっているし、僕が知る限りでもずっとやっている印象があります。実際にブレーザー[29]一つとっても、いろいろなカラーでつくったり。今日履いているフェニックス ワッフルもNike

By Youでつくられましたね。

藤原　何か新しい靴ないかな、と探していたらウィメンズにあったんですよね。フェニックス ワッフル［写真7］ってメンズは出てこなかったんですけど、もしかしたら面白いんじゃないかなと思ってつくってみたら案外よくて。普通にインライン[★30]で売っているものなんですけど。

小澤　インラインの色もよかったんですね。

藤原　よかったですね。

小澤　一足しかつくれないものですけど、そこからみんなでシェアしたり、知り合いに配ったり、プレゼントしたりとかはありますよね。

藤原　ありますね。普通に白いスニーカーを買おうと思ったときに、真っ白にして1カ所だけ何かポイントをつけることもできるので。例えばナイキ エアのところにだけイニシャルを入れるとか、自分の好きな言葉を入れるとかでもいいかもしれない。

消費者が偉すぎてもいけないと思う

小澤　最後に考えてみたいキーワードは「販売方法」です。実際、コラボレーションやリミテッドものをリリースするときに、いろいろな販売方法が今はあると思います。これについてちょっと話したいんですけど。

藤原　販売方法って今、本当にいろいろありますが、レアなスニーカーに対して、まずオンライン販売がいいか、店舗での抽選がいいか、どっちがいいと思います？　みなさんどちらか

写真7　藤原ヒロシがNike By Youでデザインしたフェニックス ワッフル。講義中も着用していたシューズ。

に手を挙げてください。オンラインか店舗、まずオンラインがいいと思う人はどのぐらいいますか。オンラインのほうが少ないですね。店舗販売のほうが多い。なぜですか？

生徒A 東京に住んでいるとメリットがあるので。

藤原 なるほど。

生徒A 体験も含めて買えると思います。例えばシュプリームだと、東京に3店舗あるじゃないですか。でも地方に行っちゃうとお店がない、もしくは1店舗しかない場合があるから。そうなると東京に住んでいる人が店舗をはしごできるので、有利だと思います。

藤原 東京に住んでいるなら抽選のほうがいい。では地方の人はオンラインのほうがいいですかね。じゃあオンラインのほうがいいと思う人の意見を。

生徒B 買えないから。

藤原 僕が思うに、まずオンライン販売のデメリットは、結局誰でも応募できるから、まるで愛のない人も応募できるし、買えることもある。もし欲しいと思ったらオンラインで、家族や友人みんなに自分のサイズで応募してもらうこともできますよね。すると結果的にどんどん買えなくなってしまう。抽選だと、やっぱり店舗に行くのは大変だし、誰かを雇って代わりに行ってもらう作戦もあるかもしれないけど、ハードルが一つ上がって買いやすくなるというか、手に入る可能性が高くなるんじゃないかな。

僕も、ナイキじゃないけど、すごく欲しいものがあるお店に入荷するときに並ぶ経験はもちろんあって。僕の前の人までが買えて、僕は買えなかった、みたいなことも何度もあったから、その悔しさはわかります。ただ、悔しいからって、お店やメーカーに「おまえの会社どうなってるんだ」と文句を言うことはなかったですよね。今はそういう文句を言う人がいっぱいいるから、そこが問題だと思うんです。それは公平、不公平の話じゃなく、自分に運がなかったことを認めたほうがいい。

これ、どこかにメモしていたんですよね。あ、これだ。「消費者が偉そう」と書いてあります(笑)。でも、そうなんです。消費者が平等を訴えすぎるというか。今、世の中が何もかも平等になっているから仕方ないかもしれないですけど、そこまで本当は平等じゃなく、自分なりの努力が必要なんだよ、と思います。

「いいね」は後からついてくる

小澤 ではヒロシさんにとってはフィジカルな体験で物を買うことこそ、この時代でもやっぱり大事なことでしょうか。

藤原 大事だと思いますね。だから売るほうも何もアナウンスしないで販売するのがすごくいいと思います。さっきの「消費者が偉そう」ということにも関係しますが、「何月何日の発売です」とアナウンスしないと、「勝手に売りやがって」とみんな文句を言うでしょう。でも、僕は必要ないと思っていて、ふわっと出して、好きだったら買ってもらえる、ラッキーだったらその人が買える、そういう感じがいいかな。

小澤 今のお話は、「みんなが欲しがるものをどう売るか」ということですが、逆に売れるかどうかわからない、というときはどうすればいいと思いますか。

藤原　やっぱりプロモーションするんでしょうね。でも、売れるかどうかわからないけど、つくり手がいいと思ったら売れることを信じるしかないですよね。

小澤　まずはいいものをつくるということがいちばん大事。

藤原　1週間とか10日間だけ申し込みできますよ、その間に申し込んでお金を振り込んでくれたら全部つくりますよ、という受注システムに関しては皆さんどうですか？　受注がいいと思う人？　あんまりいない。裕福な考え方ですね。いや、僕も受注はいらないと思うんですけど。なぜ受注がいいんですか？

生徒C　確実に買えるから僕は賛成です。

藤原　そうか。でも僕は、いちばんいいのはやっぱり自分を信じて買うこと。誰もいいと思っていないものをたまたま見つけて買って、それが後から「いいね」と言われるようになるのがいちばんうれしいですよね。僕も普通に、友達が履いているものを見て「すごくいいね、それどこの？」と聞いて真似して買うことが多いので。

小澤　昔とは、時代も売らなきゃいけない数も違う中で、ナイキさんもすごくいろいろなことを考えていますよね。

藤原　でも誰でも買えちゃう抽選販売は、ちょっと問題ありますよね。結局どうでもいい人が買ってしまって売れ残ったりもするだろうし、何か新しいやり方が出てくる可能性もありますね。そういうものが未来のマーケティングにつながるのかなと思います。

小澤　ちょっと時間を超えてしまいましたが、ありがとうございました。これでDAY7を終了とさせていただきます。こちらの会場はすごく特別なスタジオで、なかなか一般の方が入る機会のない場所なのですが、ナイキさんのご厚意で提供していただきました。皆さんで拍手で終われたらいいなと思います。ありがとうございました。

注

1 コンバースのオールスター
1917年にコンバースの創業者、マーキス・M・コンバースによって、バスケットボール専用シューズとして生産された。ブランドを代表するアイコンシューズ。

2 オニツカタイガー
日本のスポーツファッションブランド。1949年創業。現在はアシックスが展開するブランドの一つ。

3 Run-D.M.C.
アメリカ・ニューヨーク州出身の3人組ヒップホップ・グループ。ヒップホップカルチャーとスニーカーカルチャーが密接な関係となったきっかけ「My Adidas」を1986年にリリース。

4 スーパースター
1969年にバスケットボールシューズとしてデビュー。Run-D.M.C.がひもなしで着用したことから音楽、カルチャーシーンにも広がった。

5 ビースティ・ボーイズ
アメリカ・ニューヨーク州出身の3人組ヒップホップ・グループ。1986年に、アメリカのレコードレーベル、デフ・ジャムからメジャー・デビュー。一躍ヒップホップ界の革命児に。

6 ヴァンズ
1966年、ポール・ヴァン・ドーレンらによってアメリカ・カリフォルニア州アナハイムにてデッキシューズのメーカー兼ショップとして創業。

7 LL COOL J
アメリカ・ニューヨーク州クイーンズ出身のラッパー、俳優。（1968〜）

8 キース・ヘリング
アメリカ・ペンシルベニア州生まれの画家。アメリカ美術におけるグラフィティ・アートの先駆者。（1958〜1990）

9 エアマックス95
1995年発売。人体構造にインスピレーションを得たセルジオ・ロザーノがデザイン。〝エアマックス狩り〟という社会現象を起こした。

10 ロシア・アヴァンギャルド
1917年に起きたロシア革命のさなかに生まれた芸術運動。

11 ポンピドゥー・センター
1977年に設立されたフランス・パリ4区にある複合文化施設。ヨーロッパ最大の近代・現代美術コレクションを保有する。

12 テスタロッサ
イタリアの自動車メーカー、フェラーリが、1984年に製造したスポーツカー。

13 ティンカー
ティンカー・ハットフィールド。アメリカ・オレゴン州生まれのスポーツブランド「ナイキ」のシューズデザイナー。（1952〜）

14 エアプレスト
2000年に発売されたランニングシューズ。特にアフターランに適した設計。

15 エアウーブン
2000年に登場した独特な編み込みメッシュ構造のアッパーが特徴的なシューズ。当時、裏原宿から発信されて爆発的な人気を誇った。

16 マーク・パーカー
アメリカ・ニューヨーク州生まれ。現在ナイキ社の会長。シューズデザイナーとして入社後、2006年から2022年まで社長兼CEOを務める。（1955〜）

17 ダンク
1985年にナイキから発売されたバスケットボールシューズ。1999年に復刻。

18 AMG
1967年にレース車両用エンジンを手がける会社として創業。1999年、吸収合併によりメルセデス・ベンツ傘下に。サブブランド「メルセデスAMG」を展開。

19 エアズーム マクロパス
HTMから発売されたカジュアルブーツタイプのスニーカー。マクロパスとは有袋類のカンガルー属を意味しており、有名なワラビーシューズにかけてネーミングされた。

20 ズームエア
ナイキのシューズに搭載されているクッショニングシステム。主にスポーツシューズに使用される。

21 エア ソックダート
2005年、初のコンピューター制御によるニット素材を使用して誕生。「ソックスとスニーカーのハイブリッド」をコンセプトに開発されたシューズ。

22 フライニットの誕生
2012年に誕生したほぼ継ぎ目のないアッパー。複数の異なるニットパターンを採用し、きつめに編み込んでサポート力を強化。

23 NIKE+
小型センサーが内蔵されたナイキの専用ランニングシューズ。音楽視聴と同時に走行距離や活動量情報が、当時Appleが発売していたiPod nano本体で確認できた。

24 フライニット レーサー
2012年に足にぴったりフィットする、ほぼシームレスなフライニットアッパーを纏いリリース。約168gという圧倒的な軽さが特徴。

25 エアジョーダン1 1985
1985年に当時、プロバスケットボール選手で、「バスケットボールの神様」と呼ばれたマイケル・ジョーダンが手がけた最初のスニーカーの一つ。

26 マイケル・コッペルマン
イギリス・ロンドンのファッションブランド「ギミーファイブ(Gimme Five)」創設者。ステューシーUKやシュプリームのディストリビューターとして活動。

27 アスリートとトラックコーチが創業者
ナイキは1972年に、オレゴン大学の陸上選手だったフィル・ナイトとその名コーチだったビル・バウワーマンの師弟によって設立された。

28 Nike By You
ナイキのシューズをカスタムし、オリジナルシューズをつくることができるカスタマイズサービス。

29 ブレーザー
1972年に誕生した、ナイキ初のバスケットボールシューズ。

30 インライン
メーカーがリテーラーに提案する展示会を通して受注できるブランドオリジナルのシューズラインのこと。

DAY8
FINAL LECTURE
最終講義

非言語マーケティングの正体とは一体何だったのか?
生徒から寄せられた多くの質問に答えながら考えます。

2024.3.28 THU. 19:00-20:30
東京大学 伊藤国際学術研究センター
伊藤謝恩ホール　東京都文京区本郷

登場人物:藤原ヒロシ、小澤匡行、
皆川壮一郎

皆川　では最終講義、始めたいと思います。今日で全8回が終わるんですけど、振り返ってみて思うところなどありますか。あっという間でしたけど。

藤原　今、あっという間だったと言おうと思ったら、先に言われてしまいました(笑)。

皆川　最終講義は、事前に生徒の皆さんから募集した質問に答えていくという、ヒロシさんと生徒の皆さんでつくっていく授業になります。なので、皆さんからの質問を借りながら、ヒロシさんのマーケティングについて、そもそもマーケティングじゃないのかもしれないということも含めて、言語化していきたいと思います。すごくたくさんの質問がきたので、答えられる限りやっていきたいなと思います。

〈質問〉よいマーケティングとダサいマーケティングの違いは何ですか?

一応、質問を全文読ませてもらいます。「教授の考えるよいマーケティングとダサいマーケティングの違いを教えてください。企業のコミュニケーションを考える仕事をしています。そもそもマーケティングという言葉自体が嫌われていることが多いんですが、生活者から受け入れられるようなマーケティング活動をしたいと思っているので、教授の考えをお聞きしたいです」ということなんですが。ヒロシさん、いかがでしょう。

藤原　これ、マーケティングというのとはちょっと違うと思うんですけど、最低だなと思ったことが最近いくつかあって。例えば、まあまあいい和食を食べに行ったときに、メニューが日本語の手書き風フォントだと、めちゃめちゃがっかりするんですよね。メニューって、いいお店だと手書きの墨文字で「本日のおすすめ」とか書いてあって、すごくよくできているんですけど。それをフォントでやってしまうと意味がなくて、フォントを使うのであれば明朝体とかゴシック体とかでいいのに、なぜか手書き風にしてしまう。それと似たようなことってほかにもあると思うんですよね。ダメなマーケティングの一例かなと思います。

皆川 ヒロシさん、いつも開始1分前ぐらいまで授業内容を手直ししていたんですけど、細かいところまでちゃんとやったほうがいいということですかね。

藤原 やりすぎるのもどうなんだろう…お店としては、細かいところまで気を配っているつもりの手書き風フォントじゃないですか。それがダメなんじゃないかと思いますね。マーケティングって本当にいろいろあって、今回この「非言語マーケティング」の講義で僕自身もわかったことの一つとして、やはり僕がやろうとしていること、やってきたことはすごくマイノリティでした。僕はそれがいいと思ってこの講義をやってきたんですけど、本当にいいかどうかはさておき、例えば僕と皆川君とでは、全然考え方が違うじゃないですか。

皆川 いや、本当に違ってびっくりしました。

藤原 さっきも皆川君は「今日はみんなの意見を聞きながらやっていきましょう」と、今日やることを先に言うんですよ。僕は、それは絶対言っちゃダメだと思っているんです。何も言わずに始めて、後からサプライズがあったほうがいいのに。最初から風呂敷を広げるのが一般的なマーケティングなんですよ。

皆川 そうなんですよね。

藤原 そうですよね。逆に僕はそれをひた隠しにして、後で広げていくというやり方をずっとやってきた。だから、場合によってはそっちのほうが効果的である、ということが今回わかったと思います。

皆川　僕もこの1年半、「皆川君って本当に〝言語マーケティング〟の人だよね」と揶揄されてきたんですけど、本当に広告会社がやっていることとヒロシさんがやっていることは真逆で。

藤原　いや、僕も学びがいっぱいあります。そういう意味では。

皆川　小澤さんは編集者という立場なのでまた全然違うと思うんですけど、どうですか。

小澤　編集も、先に答えを出すメディアと、連続性の中で最後に答えを出すメディアと両方のやり方があると思います。多分読者の性質とか、話し手のとらえ方によって、ページのつくり方がすごく変わるな、と。例えばウェブ記事の場合はタイトルで先に答えを出さないと引っかからないとか。

藤原　読んでもらえないということですね。

小澤　はい。そういうことが広告にも影響しているんじゃないか、と感じます。

藤原　だから、一般的な広告と僕がやろうとしているマーケティングというのは、本当に真逆のもので、例えばスーパーの安売りのチラシをつくるなら、野菜の写真があって、220円とか値段をちゃんと打ち出して「すごい」と思わせなきゃいけないだろうし、逆にラグジュアリーブランド、例えばルイ・ヴィトンがショップのオープニングでパーティをやるときに、「今日はジャケットが8万8000円です」って出しても絶対にダメじゃないですか。そこはミステリアスにしなきゃいけない。だから、立場によって違うやり方があるんですよね。

皆川　これ、ホットな話題なのでもう少し話したいんですけど、ちょっと突き放すようなマーケティングというか、少しだけ壁をつくるという話がこれまでの講義の中でもありました。でも普通の人はなかなかそういうことはできなくて、ヒロシさんみたいにちょっと突き放す、かといって冷たいわけでもない、その塩梅がすごく難しいと思ってしまいます。

藤原　時代もあるかもしれません。僕らの頃はネットもなかったし、どこかのメディアに出ている写真一枚の中からすべてを汲み取らなきゃいけなかった。アーティストの写真を見て、背景に貼ってあるポスターは何だろう、その脇に置いてあるものは何なんだろうとか、そういうことを気にしていたんですよね。

〈質問〉ブランドが注目を浴びるためのポイントは何でしょう?

皆川　では2つ目の質問。「現在、大手アパレルブランドの新製品などのマーケティングコンサルを行っているんですが、なぜか施策検討の段階で思いつくのはありきたりなことばかりです。新しいことを求めているのに、いつも同じものを思いついてしまうときはどうすればいいんですか?」という。この講座の中にもたくさんヒントがあったとは思うんですけど、これはどうでしょうか。

藤原　さっき言ったことと答えは近いですよね。僕はブランドが注目を浴びるためには、やっぱりミステリアスにするのがいいと思います。

皆川　なるほど。

藤原　何ていうんでしょう。何をやるかあまり表に出さないというか、途中でサプライズみたいなものがバンバンとあるといいと思うけど。
皆川　そうですよね。ブランドに関する質問は多くて、実は3つ目の質問とも少し重複している部分があるんですけど、「壊したいアイデンティティやブランドはありますか？　どのようにディスラプトしたいかも、イメージがあれば教えてください。広告会社に勤めており、ブランドをアップデートしていく仕事をしています」。ちょっと横文字が多いですが、壊すという話も何度もこの講義で出てきました。ただ、壊せばいいというものでもないですよね。
藤原　そうですね。壊すというのは何となく言葉として使っているだけで、実際は壊さないです。

〈質問〉程よいアンバランス感覚の基準や見極め方はあるんでしょうか？

皆川　「アンバランス感覚」という言葉が授業の中で出てきて、これはヒロシさんの真骨頂だと思うんですけど、「既存の大衆的な表の存在や媒体を壊し、違和感をもたせることの大切さを学びました。程よいアンバランス感覚の基準や見極め方はあるのでしょうか？　逆に壊しすぎると負のイメージがついてしまう危険性があるのではないか」という質問です。
藤原　そうですね。壊すというのは、さっきも言ったように間違いで、「アンバランスな違和感」ぐらいで止めておくのがいいと思います。でも、違和感はわりと重要だと思います。
皆川　例えばエア フォース 1をシュプリームがいろいろアレンジするのかと思ったら実はワンポイントだけだった、というように、壊し方とかずらし方の塩梅というのは結構難しいと思うんですけど、小澤さんはどうお考えですか。

小澤　あらためて考えると、ヒロシさんが「壊した」ものというのは一つもなかったと思います。既存のものをリスペクトするというのは、何回もお伝えしていたキーワードで、壊すとかブレイクするとか、強い言葉だからつい使ってしまいがちなんですけど、そうじゃないことをこの講義でずっと話し合ってきましたよね。

藤原　僕の言う違和感って、DAY1でも紹介しましたけど、昔のニューバランスの広告でおばあちゃんがスニーカーを履いている写真だったりとか、アフリカの先住民がウォークマンをつけている写真だったりとか、猿がウォークマンを聴いているとか、そういうアナログとハイテクのミックスみたいな感じですよね。

皆川　「コラボレーションでは相手をリスペクトすることが大切」ということについてもう一度お伺いしたいんですけど、なぜなんでしょうか。

藤原　何でしょう。やっぱりそれがないとできないんですよ。コラボするということは、何かをアレンジしたりするわけだから、そもそもいいものをアレンジしないと、ダメなものをアレンジでよくするのは僕は得意じゃない。売れている、大きい会社が普段と違う方向で何かやりたいというときに使われるタイプ、会社の税金対策の一環でやりたいタイプなので、ダメなものをアップデートさせるのは難しいんですよね。

〈質問〉ポッドキャストはメディアの主役になれるでしょうか？

皆川　メディアに対する質問もたくさんあって。ちょっと専門的な話なので、このまま読ませてもらいます。

「ポッドキャストはメディアの主役になれるでしょうか？　〝ア・リトル・ノーレッジ〟（『メンズノンノ』連載）のように、個人のもつ情報をベースにしつつも、そこに編集者のフィルターやクリエイターのセンスを掛け合わせることで、権威性をもちながら時代をリードするメディアをつくりたいと思っています。しかし、YouTubeやInstagramやTikTokではそれが難しいのではないかと。一方、ポッドキャストは以下のポイントがメディア論の講義（DAY2）で藤原教授がおっしゃっていた要件を満たしていて、とても可能性を感じています。1つ目、個人の名前ではなく番組名がブランド化されていて、プロ同士の会話を盗み聞きするようなものが人気。2つ目、リスナーがコメントできない。一方通行で、藤原教授がおっしゃっていた〝次にくる〟ポイントを押さえているんじゃないか」

藤原　逆に僕も聞きたいんですけど、ポッドキャストと普通のラジオは何が違うんでしょう。ポッドキャストって名前が新しくて面白そうだとは思うんですけど、じゃあ、二人が話しているのをYouTubeでずっと流しているのと何が違うのかなと。

生徒　YouTubeで二人でしゃべっているものは、今はビデオポッドキャストと呼ばれています。

藤原　それもポッドキャストなんですね。

生徒　はい。ラジオとポッドキャストの違いですが、ラジオは基本的にラジオ局が制作して、電波で流す。radikoで流している番組も、ポッドキャストとはいわないです。というのは、スマートフォンなどにアーカイブして、過去のものをいつでも聴けるようになってないから。ポッドキャストは基本、アーカイブがたまっていって、過去のコンテンツをいつでも聴けるものという感じです。

藤原　過去のものを聴けるほうがいいんですか。演者としては、もう振り返りたくないものもあるんじゃないですか。

生徒　ポッドキャストで人気なのが、専門的なテーマについて話すものなんです。教授もよくNetflixでドラマを一気に見たりとかしていると思うんですけど、ああいうノリで、一晩のうちに何かの分野に没頭する、みたいなことをやりやすいのがポッドキャストだと思います。

藤原　なるほど。僕もポッドキャストというか、人の話を聞いたり、そういう会話をiTunesなり何なりで聴くのは好きなほうだと思うんですね。ただ、日本はラジオを聴く習慣がそこまでないじゃないですか。アメリカなんかだと絶対どこかでラジオが流れているから、ポッドキャストみたいに耳だけに入ってくるものがすんなり受け入れられるんですけど、日本ってなかなか難しいんじゃないかなと思うのと、収益化はどうするんですか。

生徒　今、いろいろな事例が出てきているんですけど、例えば本にして売る。すごく強いファンコミュニティが出来上がるので、過去のポッドキャストを書籍化すると、結構売れる。あとはグッズをつくったり、公開収録のイベントに課金してもらったり、オンラインサロン的にファンがお金を毎月払って支える、というスタイルができています。もう一つ、ビデオポッドキャストの路線でいくと、動画になっているので広告費がすごく高いんですよ。動画の広告費としてお金をもらうと、YouTubeやTikTokで頑張るぐらいには稼げます。

藤原　ビデオポッドキャストは、ただしゃべっているだけですよね。

生徒　しゃべっているだけです。

藤原　そこで何か物を紹介したりは？

生徒　しないです。昔のYouTubeだとそれでは人気が出なかったんですけど、今アメリカではすごく流行っていて、日本にもコムドットというユーチューバーがいるんですが、ビデオポッドキャストに近いスタイルで動画をやっています。

藤原　じゃあ、フラグメントユニバーシティ・ポッドキャスト、やってみましょうか。番外編として。

生徒　やってくれるんですか？

藤原　メンバーを何人か入れて、交代で実験的に。今回のフラグメントユニバーシティが終わったらどうしようか、大学院をやりたいなと思っているところなので、大学院をつくって、そこにポッドキャスト部門もつくればいいんじゃないでしょうか。僕もまだポッドキャストの本当のよさをわかっていないので。

生徒　ありがとうございます。

藤原　やりましょう。

〈質問〉次にメディアをつくるとしたら？

皆川　メディアまわりの質問はほかにもあります。「今、世の中のSNSや特定のプラットフォームと組むか、SNSを利用して新しいメディアをつくり出すとしたら、どんなメディアがいいですか？」という質問です。結果的に10年に一回、表現の異なる新しいメディアをつくってきたヒロシさんはいかがでしょうか。

藤原　最新のメディアでやると失敗しそうなので、ある程度熟してから後発でやるタイプなんですけど。何をやろうって言ったんでしたっけ？　壁新聞か。

皆川　はい。

藤原　すぐに拡散されるものではなく、学級新聞のようなものをつくって、わかりにくいところに貼り出すのがいいんじゃないかと。それを見つけた誰かがコピーしたりして広めるのは別に自由ですけど、こちらからオリジナルの原本を出すのは1枚、あるいは10枚で、どこかに適当に貼る。手書きでもいいし、ガリ版刷りでもいいし、そういうメディアがいいんじゃないかなと。

皆川　アナログすぎますね。

藤原　うん。それとポッドキャストを融合して何かやりましょう（笑）。僕、前にも話しましたけど、たまに母親にインタビューするんですよ。普通の母親との会話って言葉がなくなってしまうんですけど、iPhoneを目の前に置いて録音すると、どんどん質問できて話が弾むんですね。皆さんも一回やってみると面白いと思います。

　僕の母親はかろうじて戦争を経験していて、終戦のときは子どもだったんですけど、「玉音放送は一体どうやって聴いたの？」と質問したんですね。玉音放送って天皇陛下が「戦争に負けました、ポツダム宣言を受諾しました」と報告する話なんですけど、よくわからないじゃないですか。そもそも玉音放送が流れることをどうやって知ったの？　その情報がないじゃないですか。

皆川　確かに。

藤原　なんでみんな、そのときラジオの前にいたのかなと思って。どうやらその1週間くらい前から、8月15日の正午からラジオ放送があるというのが噂で流れていたらしいんです。

皆川　すごい情報網ですね。

藤原　だから時間がかかるかもしれないんですけど、重要なことが噂として流れてくるというのは面白いなと思って。壁新聞も、どこかに貼ってあるものが、タイムラグとともに噂として広まっていく、というのはできるかもしれません。

小澤　ヒロシさんがやってきたメディアでいちばん重要なのは、スタイルがなんであれ、一定の距離感というものを無意識に意識していたことかなと思います。多分世の中は、発信側と消費者の距離を近づけようとしすぎているために、お互いが仲よくすることがいちばん大事と考えがちな気がするんですけど、そこはどうですか。

藤原　でも、僕らがメディアでやっていたときは、みんなといちばん近くで話せそうな位置にいたと思うんですよね。それがよかったというか。ＡＫＢ的な、握手ができるアイドルとか、そういう感じじゃないですか。モデルの人たちはすごいポーズをとっていてすごく遠い存在だったけど、僕のページはもっと身近で、もし会えたら気軽に話せるんじゃないか、という。だから、もし今のメディアが消費者とすごく近い距離にいるんだったら、その中ですごく遠いことをやるのもいいかもしれません。

小澤　それが違和感につながっていくということですね。

〈質問〉0から1を生み出すにはどうすればいいですか？

皆川　生徒の中にはご自身でクリエイションをされている方も多くて、一つ悩ましい質問をいただきました。全文読みます。「私は自身で0から1を生み出すのが苦手です。また、ゼロからイチを生み出すのが得意な方の意図をすぐに把握するのも、なかなか難しいと感じています。とりあえずやってみて、時がたってからその価値に気づくことが何度もあります。自身にクリエイティビティがなくても、世の中にポジティブな影響を与える、そういう仕事はできるんでしょうか?」という質問。ゼロからイチを生み出せるのかと。いかがでしょうか。

藤原　いや、そもそもゼロなんてないですからね。ゼロからイチを考えようとすることが間違いだと思います。

皆川　そうですよね。振り返ってみるとこれ、以前の講義でも受けた質問かもしれないですけど、得意な人なんていないですよね。

藤原　何でもゼロはないと考えたらいいんじゃないですか。服をつくるにしても、そもそも袖は二つだし、パンツは長いのと短いのしかないし、すでにあるものをアップデートしていくわけじゃないですか。

皆川　そうですね。

藤原　何でもそうだと思いますよ。だから「0から1の0」を考えるよりも、「1の中でいい1」を探すほうがいいんじゃないでしょうか。

皆川　ナイキの講義でも同じような話がありましたよね。

小澤　でも確かにゼロイチのほうがインパクトが強いから、そういうふうに見せるものが世の中には多いし、世の中の評価を得られやすいように思います。

藤原　みんな、ウソをついているんじゃないですかね。あたかも「ゼロイチ」のように言ってるけれど、そもそもゼロからじゃなかった。例えばグミというお菓子を出しました、今までこんなものはなかった、新しい食感だ、というけれど、実はゼリーの延長線上にあったとか。ゼロからじゃないのに、ゼロからと言い張ってるんじゃないですか。

小澤　ガジェットの世界でもそう見えるものってありますけど、本当は何かしらのアップデートの結果ということですね。

皆川　でも「0から1よりも、1から10で大丈夫」という話にはほっとしたんですけど、「1から10にするときに、いい1を探す」にはどうすればいいんですかね。何かコツとかあったりするんですか。

藤原　仕事のカテゴリーによりますよね。

皆川　なるほど。

藤原　僕の場合、例えばナイキに会議に行くと新しい靴が10足用意されていて、この中からどれか選んでと言われてピックアップするじゃないですか。それと同じで、いくつか選択肢がある中で自分がアレンジしやすいものを選ぶということですかね。

皆川　なるほど。この「0から1論」だったり、「ちょっと自分に自信がないんです」みたいな質問もたくさんあったんですけど、こういうやり方があるんだというヒントが講義の中にたくさんあったと思うので、復習してもらえればと思います。

〈質問〉クライアントから選ばれるクリエイターの条件とは？

皆川　これまた、毎日の仕事に悩むクリエイターの人から。この人はデザイナーみたいなんですけど、「クライアントから選ばれるクリエイター、クライアントと持続的にプロジェクトを継続できるクリエイターの条件とは何ですか？　独創的な表現など作家性の高さが評価されるケースが多いように思うのですが、一方でデザイナーはアーティストではないので、経済活動への関与、売り上げや集客への結果が求められます。一見相反する条件の中で結果を残してきた教授の視点において、作家性と結果を両立させるにはどうすればいいのでしょうか？」という質問で、実は同じような質問がほかにもあったんですけど、どこから答えていきましょうか。まず、クライアントとのお付き合いの仕方というのは、結構いろいろな学びがありました。

藤原　何かありましたっけ？

皆川　例えば、ヒロシさんがいつもパートナー企業の皆さんと仲がよくて、フラットな関係を築いていると思ったんですけど、実はいちばん最初はクライアントの顔色を窺わない、という話とか。

藤原　そうですね。でも仲が悪くなったクライアントもいっぱいいたんじゃないかな。ただ、そもそも最初からやらないことが多いとは思います。

皆川　そういうクライアントさんとは。

藤原　だからクライアントの顔色を見て仕事をしてはいけなくて、まず最初は自分が好きなようにやるために、クライアントが「これはどう?」と言っても突っぱねるようにして、仲よくなってから初めて、その人のためを思って顔色を見るようにする。

皆川　難易度が高いですね。

藤原　いや、だから最初は嫌なことをやらなきゃいいんですよ。

皆川　最初は。

藤原　はい。仲よくなったら、「じゃあ1周年だし、仕方ないな、やりましょう」と。それが普通だと思うんですよね。

皆川　徐々に。

藤原　徐々にというか、仲よくなってからいろいろなことをやり始めたらいいんです。相手のことをよくわからない最初のうちから無理難題を頼まれて、でも仕事だからやらなきゃいけない、という人も多いと思いますけど、僕はそれはやらないですね。

皆川　そもそも無理難題を押しつけられるような立場にならないように振る舞っている、みたいな話もなかったでしたっけ。

藤原　それもそうだけど、いろいろ頼まれても「全然違うな」と思ったら最初から断るので。大体みんな、とりあえず「面白そうですね」とか言っちゃうじゃないですか。

皆川　言っちゃいます。

藤原　それがダメなんですよ。無理なときは無理と言ったほうがいいです。

小澤　ヒロシさんは例えば最初の打ち合わせの前に、自分に対しての依頼内容を知ってから臨むんですか。それともその場で聞かされて、できる、できないを判断するんですか。

藤原　場合によりますよ。最初の一文で「これ、絶対無理じゃない?」というものもいっぱいあるし、何となく話を聞いてみようかな、と思うものもありますし。

いちばん最初につくったものがいちばん好きに決まってる

皆川　あと、「これはダメです」と言われた提案については、深追いしないというのがすごく意外だったんですけど、あっさりあきらめるって言ってましたよね?

藤原　はい。

皆川　それでも40年間にわたってヒットを出し続けて、「あきらめなきゃよかったな」ということはなかったんですか。

藤原　いや、時間の無駄だと思っちゃうんです。それこそ一般的な広告会社のやり方だと、クライアントにデザインを頼まれたら、一つじゃなくて、代案を含めて5案も10案も出すんですよね。

皆川　そうですね。

藤原　僕はそれはすごく無駄だと思うんですよ。だって、いちばん最初につくったものがいちばん好きに決まってるじゃないですか。代案の5つ目がいいですねと言われても、それって僕のセンスを完全に無視されているわけだから、やっていてもつまらない。だから、5つの案から選びたいのであれば、僕が5つ出すのではなく、5人のアーティストにやってもらってコンペというんですか、それでやってもらったほうがいいと思います。

皆川　実に本質的だと思います。

藤原　実際には、自分でもデザインを決めきれないことはありますよ。これも考えて、あれも考えて、3つできてしまって、全部いいな。じゃあ3つの中からどれか好きなものを選んでください、というのはありますけど、頼まれて代案を出してと言われたら、結局1番より2番、3番は下になっちゃいますもんね。

皆川　そうですよね。明日からは強い心をもってクライアントに臨まないと。

藤原　いえ、そのままでいてくれたほうが、僕に仕事が回ってきていいと思います（笑）。

クリエイティブと、ビジネスと

皆川　これ、結構重要な話だと思うんですけど、さっきの作家性と売れる、売れない、ビジネスが両立できるのかどうかという質問はすごく多くて、非言語マーケティングと資本主義市場、ビジネスの世界って相反して乖離《かいり》しているように思います、と。いかがでしょうか。

藤原　両立は多分できると思うんですけど、それはビジネスをやる人が考えることであって、クリエイティブをやる人はビジネスを考えなくていいと思います。

皆川　なるほど。

藤原　だから今悩んでいる方は、ビジネスサイドであれば、どのクリエイティブを選ぶかでビジネスを考えればいいと思いますけど、クリエイティブサイドだとしたら、そこまでビジネスについて考える必要はないと思いますけどね。

皆川　そうありたいです。本当に毎日の仕事で考えさせられるんですけど、ビジネスを担当している、つかさどっているのがクライアントである場合が多いと。ただ、完全にそこに境界線が引かれているかというと、そんなこともないなと思って。今日ここにもいらしているパートナー企業の皆さん、ジュンさんもポケモンさんもスターバックスさんもナイキさんも、ビジネスにすごく興味津々だけど、やっぱりクリエイティブも好きですよね。お金のことばかり考えているクライアントだと、やりにくいところもありますか。

藤原　だからビジネスの人はクリエイティブも考えればいいんじゃないですか。でもクリエイティブの人はビジネスについてそれほど考える必要はなく、いいビジネスパートナーを見つければいいですよね、自分で抱え込まずに。

小澤　ヒロシさんにとってのいい、やりやすいビジネスパートナーってどういう人ですか。

藤原　僕は臨機応変にできるので、やりたいことを認めてくれたら誰とでもやれるような気がします。

皆川　意外と柔軟ですよね。

藤原　そしてあまり関与しないようにしています。例えば僕が何かつくったとして、ナイキでもモンクレールでもそうですけど、つくったものをどこでどれだけ売るかについてはあまり関与してないです。知らないことが多いです。

皆川　いや、本当にパートナーの皆さんとの関係性がよくて、こうありたいなと思いました。そうこう言っているうちに40分がたったので……。

藤原　チャプター2にいきますか。それで時間が余ったら質問に戻りましょう。

BIRDS OF THE WEST INDIESの謎

藤原　ではチャプター2、ちょっと動画から始まりますが、僕が好きだったものを考えながらつくってみました。父親が『007』好きだったので、子どもの頃から映画を観に連れていってもらうのは『007』か『寅さん』、そのどちらかでした。『007』の何に惹かれたかというと、彼らが使っているガジェットだったり物だったりしたんですよね。

例えば僕らの時代だったら『007』とか『仮面ライダー』がありましたけど、「仮面ライダー」って書いてある服は欲しくなくて、仮面ライダーがつけているベルトは欲しかったんですよね。今だって、「NewJeans」と書いてあるTシャツは別にいらないけど、NewJeansのメンバーがつけているアクセサリーは欲しいというK-POP好きの女の子もいると思うんです。

僕の場合は『007』が好きだったんですけど、どういうガジェットを使っていて、それが

写真1　劇中の伝説の殺し屋、フランシスコ・スカラマンガが所有する黄金銃は多用途な組立式の武器だった。©aflo

どういうものなのかということにすごく興味がありました。

例えば『007／黄金銃を持つ男』[★1]に出てきた黄金銃［写真1］は、万年筆、ライター、シガレットケースなどを組み合わせると銃になる。あと、有名なアストン・マーティンですね。シートが飛び上がったり、タイヤのところから武器が出たりするようなガジェット。黄金銃は実はレプリカが販売されていて、僕もそれを買いました。レプリカのよさは、やはりアクチュアルサイズであること。本物と同じサイズのものが手に入るというのがすごくよかったです。

あるとき、ジェームズ・ボンドはブラックフェイスのロレックスをつけているというのが話題になって、同じものが欲しいと思って初めて黒いエアキング[★2]を買いました。その頃は8万円ぐらいで買えたのですごく安かったんですけど、その後いろいろな情報が出てきて、ジェームズ・ボンドのロレックスは黒いエアキングではなく、実はサブマリーナーだということがわかった。ほかにも、チェ・ゲバラがつけていたのは実はロレックスのGMTマスターだったとか、そういう話にすごく興味があって、同じものを買いたいと思いました。とにかくジェームズ・ボンドの映画にはそういうガジェットがいっぱい出てきたんです。それで、この本を発見したんですよ［写真2］。10年くらい前ですかね。タリン・サイモン[★3]という人の本で、装丁がすごくきれいで、別にジェームズ・ボンド大全集とか、『007』のことは何一つ書いてないです。

でも中を開くと、『007』のガジェットが黒バックできれいに並べられている。本当にデータの本、図鑑までもいかない。説明も何もない本なんですね。それがすごくいいなと思って。さらに調べてみたら、『BIRDS of the WEST INDIES』という同じタイトルの本［写真3］を見つ

写真3　ジェームズ・ボンドによる『BIRDS of the WEST INDIES』。

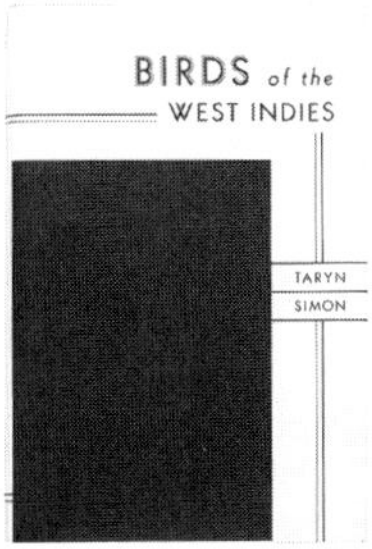

写真2　タリン・サイモンによる『BIRDS of the WEST INDIES』。（撮影：杉田裕一）

けたんです。しかも、この本にはなぜか「JAMES BOND」と書いてあります。これは1950年代かな、40年代の本なのかな。装丁もサイズ感もまるっきり同じです。つまりタリン・サイモンは、この本を元ネタにして『007』の図鑑をつくった。どういうことか。実はイアン[★4]・フレミングがジェームズ・ボンドの小説を書きだした頃、たまたま買って読んでいたのがこの『BIRDS of the WEST INDIES』という図鑑で、著者が鳥類博士のジェームズ・ボンドという人だったので、そのまま主人公の名前に採用したらしいんです。その事実を知って、タリン・サイモンは同じ体裁の本をつくったというわけなんです。僕はいまだにこのオリジナル本を探しているんですけど、なかなか出てこなくて買えていません。でもいつか手に入れたいと思っている本の一つです。

非言語マーケティングとは「奥行き」

何が言いたいかというと、このジェームズ・ボンドの本を見るだけで奥行きがどんどん広がっていく。表紙に「『007』大全集」と書いてあったらそこで終わっちゃうんですけど、『BIRDS of the WEST INDIES』というタイトルで、元ネタの本があるということを発見すると、さらに興味の対象が広がっていく。それが物事の奥行きだと思うんですね。

今回の講義全体でもこの「奥行き」というのは鍵になっていて、例えば最初の講義のパンクの話。パンクは反社会的な音楽だよね、で済ませるのか、パンクって髪を立てていてかっこいいな、だけで済ませるのか。でももっと調べていくとヒップホップにたどり着いたり、ハウスにたどり着いたり、いろいろなものにたどり着く。

逆に言うと、パンク以降に実は大きなポップカルチャーの渦が現れて、今の音楽を聴いたら、ポップカルチャーの初期のほうにはパンクというものがある。そういう奥行きがあると思うんですね。

アイ・ウェイウェイのコカ・コーラの壺も「面白いね。今ちょうど80年代、90年代ブームだしいいんじゃない?」で終わらせるのか、それとも深く調べていって、コカ・コーラというのは資本主義のメタファーで、「これ、めちゃめちゃコカ・コーラじゃん」みたいな言い方をすることによって、アメリカや資本主義を小ばかにしているというメッセージを読み取るか。アイ・ウェイウェイの壺をただ見るだけではそこまでたどり着かないけど、実は奥に何かが広がっている。

モスクワに、今もあるかどうかわからないんですけど、「ホワイトラビット」というレストランがありました。そこはすごくおいしくてミシュラン三つ星を取ったことがあって、なおかつ「ベスト・フィフティ・レストラン」[★5]にも必ず入ってくるようないいレストランでした。

その名前がホワイトラビットで、みんな「ロシアの白ウサギか、かわいいね」なんて言ってるんですけど、そこで終わってしまうと奥行きがない。でも調べてみると、もともとロシアは映画の検閲がすごく厳しくて、好きなようにつくれないので、何か激しいメッセージを発したいときに、ストーリーに全然関係のないウサギを出すらしいんです。すると検閲する側は邪魔なウサギに気をとられて、大事なシーンの改変を免れるというケースがあったらしくて。ロシアの白ウサギというのは、そういう検閲に対する隠れみのみたいな意味があるんですね。

その事実を知ると、そのレストランがなおさらよく感じる。ちょっと反社会的なところがあって、ロシアの中では変わったことをやっている。普通に「あ、白ウサギ、ネーミングかわいい」で終わるのではなく、「え、何で白ウサギなんだろう」と調べてみると、こういう事実にたどり着く。これが奥行きで、これを調べるかどうか、知るかどうかで違ってくると思うんですよね。

つまり今までやっていた「非言語マーケティング」の正体は、実は「奥行き」だったんじゃないか。この「奥行き」というものの大切さ、つくり方を、僕は皆さんに知ってもらいたかったんだと思います。奥行きというのは、その奥に広がるストーリーですね。例えば黒いピカチュウ。かわいいけれども、その奥に実はストーリーがあって、そのストーリーを知るともっと面白い。

それは時間がたってから知られてもいいものです。「黒のピカチュウ面白いね」と言っていたけど、そもそも黒いピカチュウをつくることは本来は不可能だった。でも「暗闇の中に普通のピカチュウが立っているシーンです」と言い聞かせることによって実現した。そういうストーリーがありました。

THE PARK・ING GINZAも、何でこのお店を地下でやったかというと、そもそもは銀座の地下駐車場に車を停めたら、なぜか中華料理店が一軒だけ駐車場の真ん中にある、という違和感が面白くてやったというストーリー。マイケル・ジョーダンの靴をつくるときも、「もしや黒青のブラックトウも存在していたんじゃないか」という都市伝説というか、架空のストーリーを考えた。つまりフィクションの話で奥行きをつくって盛り上げたいと思ったんです。

いい情報を得るには、いい友達が必要

読んだ人もいるかもしれませんけど、『サピエンス全史』という本があります。僕は流し読みレベルで読んだので、しっかりとは理解できてないと思うんですけど、この中で得ためちゃめちゃ面白かった内容が「フィクション、虚構をつくれるのはホモ・サピエンスだけ。僕ら人間だけに許されたもので、だからストーリーをつくることができる」というものでした。

確かにほかの動物はストーリーなんかつくらないですけど、僕らはウソをついて、そのウソを膨らませて面白い会話もできる。さっきのジョーダンの話もまるっきりウソですけど、あれはフィクションのストーリーをつくることで物事を面白くできるという例でした。

さっきのロシアの白ウサギだったり『007』もそうですけど、知識や情報みたいなものをもっていればいるほど、奥にある物事の本質にたどり着くものなんですね。だから、「この黒いピカチュウは、何で黒にできたんだろう。いやいや、ポケモン社は絶対、黄色以外のピカチュウを許すわけがない。どういうことだろう」という伏線回収ができるんですね。作っているほうも、提供されるほうも、それがあるとすごく面白いんじゃないかと思います。

そういう情報を得るためには、やはりソーシャルメディアは目が粗いので、結局は信頼できる人の話、それがすごく重要になってくると思います。だから僕は深夜に友達とお茶をする。その時々に必ず違うトピックがあるので、信頼できる人との会話はすごく重要だと思います。いい情報を得るには、いい友達をつくることですね。

面白いミュージアムグッズ

さて、「奥行きストーリー」をつくる練習が、もしかしたらできるんじゃないかと思いました。最近僕が買ったものの話なんですが、僕、暇なときにネットでミュージアムショップをパトロールしているんです。いろいろなミュージアムのサイトに行って、何か面白いものはないかなとパトロールをすると、つまらないモネのネクタイとか、ピカソの壁紙とか出てくるんですけど、例えばガゴシアン（スイスのギャラリー）で売っていたティーカップは、グッゲンハイムミュージアムの建物をそのまま落とし込んだデザインが面白かった。ありがちなのは、例えばゴッホの展覧会をやったら、マグカップに『ひまわり』が描いてあるとか、そういうものばっかりなんですけど、たまに面白い視点のものが見つかる。そういうものを探すことは頭の体操になると思います。

これは本当はあまり人に教えたくないんですけど、スイスのバイエラー財団がやっているミュージアムのオンラインショップで見つけたティルマンスのカッティングボード［写真4］ですね。これがモネやピカソのまな板だったら全然面白くないんですけど、このカッティングボードはアクリルでできていてきれいに印刷できるから、写真だったら絶対いいんですよ。それをティルマンスでやるというのが、そのミュージアムのセンスだと思います。すごく面白いアイデアだと思いました。

実際にはつくらないにしても、「このアーティストでこういうものをつくったら面白いんじゃない？」と考えてみたりすることはできると思います。そういう練習をしてみようと

写真4　ドイツ出身の写真家、ヴォルフガング・ティルマンスの作品をプリントしたカッティングボード。（撮影：杉田裕一）

思って、自分で考えたのが、ゴッホのバターナイフです。

トーストにバターを塗るときに、ゴッホタッチにできるんじゃないかなと思って。バターナイフに「Gogh」と書いてあったら、僕は絶対買っちゃうと思います。そういうものをみんなで考えるのは面白いんじゃないかな。もしフラグメントユニバーシティのその先に大学院をやるのであれば、実際にそういうものを考えて商品化までできれば、ものすごく面白いと思います。興味のないものに無理やり興味をもつ必要はまったくありません。ただ、興味のあるものに対して、奥に進んでみると必ず何かがあるんですよね。

〈質問〉どうやって言葉をブラッシュアップさせるのか？

藤原　ではもう少し時間があるので、さっきの質問に戻ろうかな。准教授のお二人、もう一回壇上に来てもらっていいですか。

皆川　では質問に戻ります。「言葉をブラッシュアップさせるためにやっていることを教えてください」。どうやって言葉を磨いているんでしょうかという。

あとは「仕事をスピードアップさせるために言葉を共有しやすい人とチームを組むという話がありましたが、伝わりやすい言葉を蓄えるためにしていることがあれば教えてください」という質問です。

藤原　普通に生活してしゃべっている会話がいちばん伝わりやすいですよね。でもそうじゃない面白い言葉もたくさんあると思うんです。僕はそんなに言葉を知っているほうじゃないんですが、賢い人の会話を聞いていると、「こんなところでこんな言葉を使うのか」というのがたまにあるじゃないですか。

皆川　よくありますね。

藤原　生きていて、「十把《じゅっぱ》一絡《ひとから》げ」なんて普通は使わない。でも、そういう言葉を上手に使ったりする。実際に使えるチャンスは一生に一度もないかもしれないけれど、面白いと思った言葉を覚えておいて、蓄えておくのはいいと思います。

皆川　最近注目している言葉とかあるんですか。

藤原　僕は昔、世界中の国の首都を覚えようとしたことがあるんですよ。難しいところ。ブルガリアのソフィアとか。そして、これはきっと誰も知らないだろうな、と思う首都を一つ覚えました。

皆川　どちらの。

藤原　そんなに話題になる国でもないし、世界情勢の話をしていても、その国の話はほとんど出てこないんですよね。それはパプアニューギニアの首都なんですけど、普段パプアニューギニアの話をすること、ないじゃないですか。

皆川　しないですね。

藤原　でも何年か前に、首都がパプアニューギニアから独立するという動きがあって、国が新しくできるんじゃないかっていうのを国連決議でいろいろやっていたときに、「ああ、ポートモレスビーでしょう」と軽く言えるという。そのポートモレスビーという名前を覚えるためだけに何年かを使って、何年かずっとためておいた。そういうことがたまにあります。

皆川　なぜか皆さんメモされていますね。
藤原　ポートモレスビーです。
皆川　言葉の話をもうちょっと引っ張ると、人とのそういうコミュニケーションがヒロシさんは好きなんじゃないかなと思っていて、そもそも共通言語がある人たちと仕事したり。
藤原　そうですね。あと、自分より頭のいい人と会話をする。
皆川　なるほど。
藤原　僕からしたら、皆さんは僕より全然頭がいいんですよ。ちゃんと大学を出て。僕なんてギリギリ高校も出られるか出られないかみたいな感じだったので、言葉をあまり知らないんですよね。ただ、言葉は新聞や本を読んだり、映画を観たりするたびに延々学んでいけるので。

言葉は学んでいける

藤原　10年ぐらい前に、友達15人ぐらいで実家にいたときに、高校受験のドリルを買ってきてやってみたことがあったんですね。
皆川　10年前に。
藤原　はい。高校受験のテストをやってみたんですよ。僕は英語と数学が得意だったので自信があったんだけど、社会と国語が嫌いで、漢字もろくに書けないし、ダメだと思っていたら、英語はよかったんですけど、数学が30点ぐらいで。計算の凡ミスが多くて、逆に絶対ダメだろうなと思っていた国語と社会の点がめちゃめちゃよかったんですよ。
国語と社会は延々勉強し続けているんですよね。数学は高校を出た途端に終わっちゃうから、基本的には。だから言葉の学びというのは、生きていればずっと続けていけるんじゃないかと思います。

皆川　本当にヒロシさん、社会情勢にも詳しいから。

藤原　ＮＨＫの朝のニュースを見ているだけです。

皆川　何でしたっけ、番組名。

藤原　『キャッチ！世界のトップニュース』。前はＮＨＫのＢＳで８時からだったんですけど、今はＮＨＫ総合で10時から。

皆川　ポートモレスビーよりもメモしていいところなんじゃないかと思います。

藤原　本当に面白いですよ。

〈質問〉日本らしいもので注目しているものは？

皆川　次です。この質問も多いんですけど、「ヒロシさんの考える日本らしいもので、注目しているものは何ですか？」という。

藤原　何でしょう。日本らしいものが、僕はあんまり得意ではないんです。日本らしいといわれたり、アジア代表とか、日本代表としてって質問されると、「僕は日本代表でもアジア代表でもなく、あなたと同じ人間なので」と答えてしまうタイプなんですよ。

リージョンを前に出すことは苦手なんですよね。ただCONVENIは日本っぽいものの一つだと思ってやりました。

皆川 「クールジャパン」が注目されたりした後で。

藤原 「クールジャパン」で浮世絵とかアニメといっても、別に面白くないじゃないですか。そういう意味ではコンビニのほうが面白いかな。

皆川 日本人が日本を推すのは、親が自分の子どもが描いた変な絵を推すようなものだから、注意したほうがいいと言っていました。

藤原 そうです。親バカと同じですよね。

皆川 そういう意味では、今、日本らしいとされているものはすでに遅れてしまっている可能性があると思って。何かと何かをミックスして違和感をつくり出すやり方が今、日本らしいといわれたりしているんですけど、ヒロシさんは別に「日本らしい」からやっていたわけじゃないですもんね。

藤原 そうですね。好きなことをやっていただけなので日本らしさとは違うと思いますが、日本人はそういうことが得意というのはあるかもしれないです。海外から見たときに、日本人は物を選んだりカスタムするのが得意な印象はあると思います。

〈質問〉地方にはどれくらい可能性がありますか？

皆川 もう一つ、今、地方都市に住んでいらっしゃる、もしくはそこで仕事をしている方からの質問ですかね。「地方の都市や街をリブランディングする、既存の観光資源に別の切り口から光を当てたり、異様な何かを掛け合わせたりすることで新たな価値を浮き彫りにする。そういったことをやりたいと思っていますか？　地方にはどれぐらい可能性があるんでしょうか。ヒロシさんの地方観を教えてください」。

藤原　地方都市そのものに可能性があるというよりも、地方にある何かに可能性があると思うんですよね。だからといって都市をまず最初にフィーチャーして、例えば島根のここを盛り上げたいから、何かいいものを探そう、というアプローチは難しい。たまたまある鍾乳洞、この鍾乳洞がすごく深くて面白いんですよ、水がきれいなんですよというのを盛り上げて、それがたまたま島根県にあった。そういうことだったら可能性はあると思うんです。

あんまり自分のリージョンを考えずに、田舎のいいものだったりとか、都会のいいものだったりとか、違和感があるものだったりとかを探すのがいいんじゃないでしょうか。

皆川　今インバウンドの人が行きたいところとして盛岡が…。

藤原　一時2位だったんですよね。ニューヨーク・タイムズか何かで。でもいいですよね、そういうほうが面白くて。僕ですら、インスタグラムに日本のきれいな景色がいっぱい出てくると、行ってみたいなって。行ったらきっと「だまされた」と思うんでしょうけど（笑）、そういう場所がいっぱいありますもんね。

皆川　そうですね。

藤原　僕は伊勢出身ですけど、伊勢のことで何か頼まれても絶対断るんです。

皆川　伊勢を愛していますよね。

藤原　愛していたとしてもそれは、僕がやることじゃなくて、ほかの人が伊勢のよさに気づいてやるからこそいいと思うんですよ。
皆川　伊勢出身のヒロシさんがやると、それは違うと。
藤原　親バカと同じことになるので。

〈質問〉事を起こすのに最適なタイミングの見極め方は？

皆川　少しずつ講義の終わりの時間が見えてきたので次の質問に。「事を起こすのに最適なタイミングはいつですか？」という、ちょっと抽象的な質問ではあるんですけど、何かをやるタイミングの見極めはどうやればいいのか。
藤原　思いついたときにやるのがいちばんいいんですよね。
皆川　シンプル。
藤原　例えば、ある雑誌でアンダー30歳にフォーカスする特集があるとするじゃないですか。アンダー30歳って結局、22歳でも28歳でもいいですよね。でも22歳ですごく才能がある人を見つけても、30歳まであと8年あるから、この人はまだ紹介しなくていいかな、もうちょっと待ってもいいや、ということがあるらしいんです。でも待ってる間にダメになっちゃうかもしれないから、そういうことを考えずに、見つけたときにパッと紹介するほうがいいと思いました。タイミングを考えずにやるのがいちばんいいと思います。
　僕も、仕事でつくったものを早く発売したいと思っても、いろいろな事情でなかなか出せなかったりすることが多々あるので、そこはもどかしい気持ちになりますね。

皆川　だから「Nike By You」をやるという話もありました。

藤原　そうですね。

〈質問〉今18歳だったら何をしますか？

皆川　これ、結構エモーショナル質問だと思うんですけど、18歳の生徒からきています。

藤原　何をするか、でしたっけ？

皆川　もうちょっと話しますね。「ヒロシさんは20歳のときにすでに世界に飛び出していろいろやっていましたけど、もしその時点でまだ何者でもなかったら、どんなことをしますか？」。フラグメントユニバーシティには高校生の生徒がいて、多分その方からの質問だと思います。

藤原　何をしようかなんて考えなくてもいいかもしれませんね。目の前にあることをやるだけで。いまだに僕は、「さあ何かをしよう」とか、あんまり考えることがなくて、そのときに面白いと思ったり、誘われたりしたことをきっかけに、周りの環境に合わせてやっていく。

皆川　あんまり計画的な生き方じゃないということですか。

藤原　まったくないですね。

皆川　世界に出ていったほうがいいとか、英語を学んでおいたほうがいいとか、そういう答えをこの18歳の方は期待していたかと思うんですけど。

藤原　そう思ったらそうしたらいい。自分で。英語なんて一生使わないという人もいるだろうし。

皆川　そうですよね。逆に30歳だったらどうです？　「30歳で何者でもなかったらどうですか？」という質問もあったんですけど。

藤原　30歳で何者でもなかったら、もう遅いと考えたほうがいいと思います。

皆川　もう遅い。18歳の人は未来がありますよね。

藤原　18歳は未来があります。30歳で何者でもなかったら、何とかお金を稼いで18歳の子にご飯をおごってあげてください（笑）。

〈質問〉どんな死生観をもっていますか？

皆川　次の質問にいきます。これ、もしかしたらお葬式をお仕事にされている方からの質問かもしれないんですが、「藤原教授の死生観をお聞きしたい。現代の日本は超高齢化社会に突入しています。藤原さんは死んだらどうなるんだ、とか考えたりしますか？」という質問です。

藤原　僕は死んだら無になると思っていて、その後の感覚とか、オカルト的なことはまったく信じないタイプ。寝ている状態と同じになると思うので、あまり死に対する恐怖はないんですね。ただ、健康寿命で死にたいと思います。

皆川　なるほど。現役のうちに。

藤原　現役というか、寝たきりになったりとか、人に迷惑をかけた後に亡くなるのは嫌だと思っているので、安楽死ができるならそれがいいですね。自分の意思で決められるうちに。

皆川　すみません、謎のメモで「歯医者で死ぬのが理想」と書いてあるんですけど。

藤原　僕が通っている歯医者って、麻酔で寝ている間に治療してもらえるんですね。点滴を打つと、だいたい5〜7秒ぐらいで完璧に意識がなくなるんですよ。そして2時間後ぐらいに、何事もなかったかのように起きるんです。麻酔ってすごいなと思って。

仮にその歯医者で医療ミスがあって死んだら、それほどいいことはないと思うんです。だって歯医者の後、夕飯何食べようかなとか、夜は××さんにおごってもらうんだ、とか思いながら治療に臨むじゃないですか。その状態で死んだら、うきうきした意識のまま亡くなるということだから。安楽死もいいけど、安楽死は自分で決めるわけなので。

皆川　そうですね。

藤原　事故死は痛いだろうし。やっぱり歯医者の麻酔で死ぬのがいちばんいい。

皆川　この東京大学の大人数の前で自分の死に方を発表しているというフラグメントユニバーシティ…。質問はあと1問だけです。

藤原　はい。

終わりに

皆川　さっきちょっと話が出たんですけど、「フラグメントユニバーシティというプロジェクトが終わってからも、生徒として時々ヒロシさんのもとでデザインや考え方について学習することはできますか?」という質問です。

藤原　大学院とかできれば。大学院って僕は行ったことないからわからないですけど、入るの大変なんですか?　この58人の中でまた試験をするんですかね。

皆川　普通はそうなりますよね。例えば建築の大学院とかだと、教授の実際の仕事を院生が手伝うみたいなケースがあるらしくて、そういうことができたら面白い。

藤原　ポッドキャストをやってみるというのも可能性があるし。第2期生とかもあるかもしれないですし。ただ、今のこのメンバーでとりあえず質問ができたりするコーナーというか、何かしら連絡はつけられるようにしたいと思っています。

皆川　余談ですけど、DAY3の講義で「仕事相手とは休日に会わない、というのをやめる」という話、仕事をして価値観が同じ人だったら、いい友達になれるかもしれないという話がありましたけど、今日ここにいる五十数人の生徒の皆さんも、友達になれるかもしれないなと。

藤原　そうですね。すでにこの中でも何人かご飯を食べたりするような仲の人もいますし、遊びというか、面白い話の延長線上で、それが仕事につながっていくこともあると思います。

皆川　質問は以上で、ちょうどあと5分ぐらいなんですけど、どう締めましょうか。

藤原　だから、僕がさっき話した「奥行き」というのが、8回ですか、やった授業の中でいちばん重要なことだと思います。フィクション、ストーリーというものは、せっかく僕らがもっている、ほかの生物がもっていない武器なので、それをどんどん生かして、悪いウソはもちろんダメですけど、フィクションというものを楽しんで、つくっていけるといいと思います。

皆川　はい。

藤原　雑誌に載っている一枚の写真の中から、この人がつけている時計って何だろうとか、後ろに置いてあるこのフィギュア、何のフィギュアなんだろうとか、そういうことをずっと空想していて、それがすごく役に立って今があると思えるんですね。

　だから表面的なものだけじゃなくて、もちろん表面的に面白いものをつくるのは大切だし、面白いものには魅力があるんですけど、実はその先に広がる「奥行き」というものにもすごく魅力があると思います。生徒の皆さんで物をつくっている人は、何かストーリーをプラスして物をつくるように心がけて、何かを買うときには、その物の奥に何があるかを考えると面白いと思います。今回、いちばん重要なのは、この「奥行き」ですね。皆さん、ありがとうございました。

　また、きっと会える機会があると思うので、よろしくお願いします。卒業証書はもらいました？　「フラグメントユニバーシティ卒業」ってウソをついてください（笑）。正式なものじゃないかもしれないけど、ウソをつくには十分リアルなつくりにしているので、どこかで働くときは「僕、フラグメントユニバーシティ卒業なんですよ」というフィクションをもとに仕事を始めてください。

FINAL LECTURE
NONVERBAL MARKETING
DAY 8
28 March 2024
FRAGMENT UNIVERSITY
THANK YOU !
COPYRIGHT(C)2023 SHUEISHA INC. AND HAKUHODO INC. ALL RIGHTS RESERVED

注

1　『007／黄金銃を持つ男』
1974年公開のガイ・ハミルトン監督によるスパイ・アクション映画。シリーズ9作目。

2　エアキング
スイスの腕時計メーカー、ロレックスが1945年に、航空機のパイロット向けにデザインしたモデル。

3　タリン・サイモン
アメリカ・ニューヨーク州出身のコンセプチュアル・アーティスト。ドキュメンタリー形式の写真とテキストで構成された作品で知られる。(1975～)

4　イアン・フレミング
イギリスの作家、ジャーナリスト。スパイ小説『ジェームズ・ボンド』シリーズの作者。(1908～1964)

5　ベスト・フィフティ・レストラン
2002年にレストラン評論家、ジャーナリスト、食の専門家によって創設された評価機関。世界中で最も優れたレストランをランキング形式で紹介する。

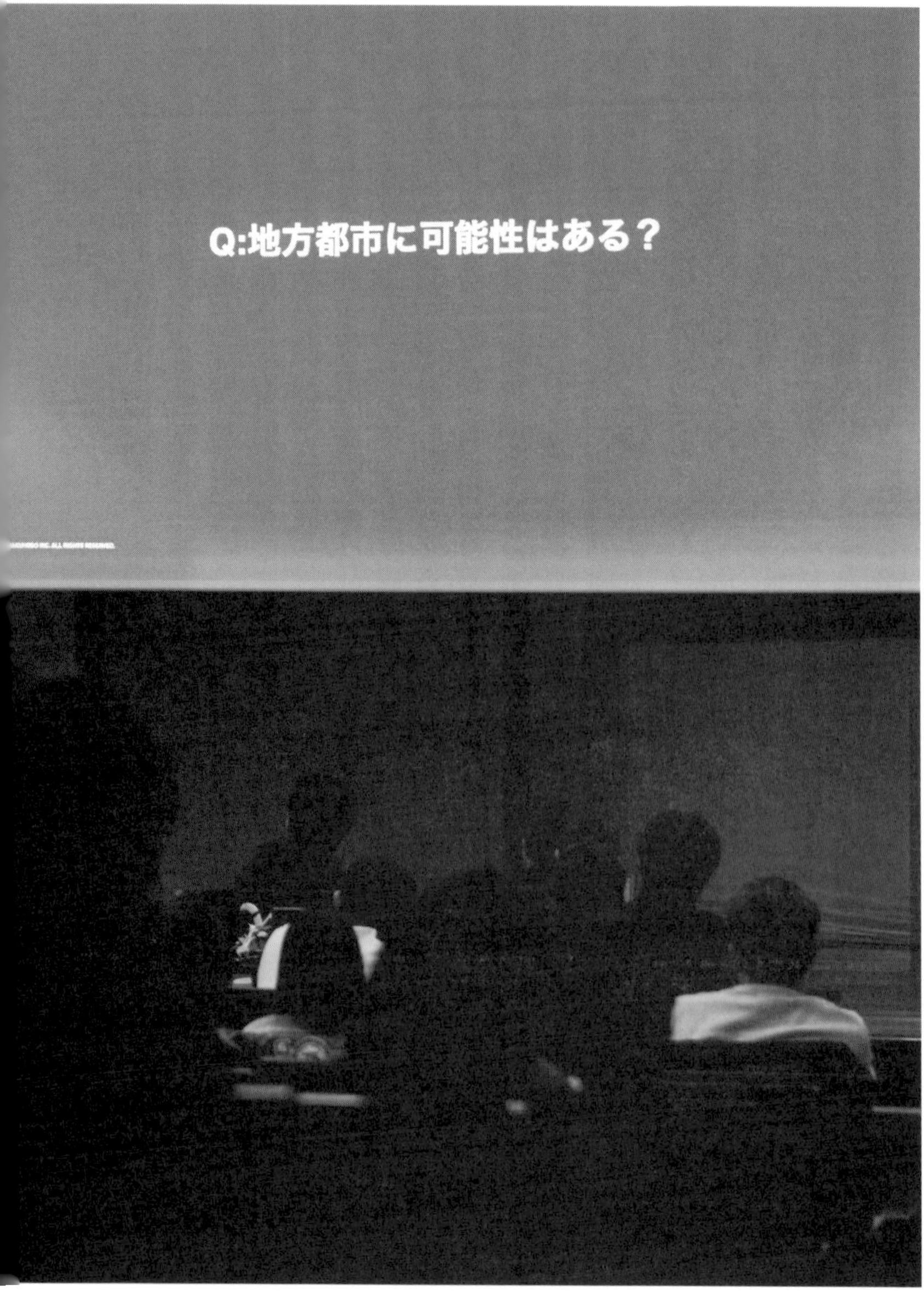
Q:地方都市に可能性はある？

撮影者:杉田裕一

あとがきにかえて

日高麻子（元集英社インターナショナル代表取締役）

ヒロシさんの今までの活動の集大成となるようなメモリアルな展覧会ができないか、という、『ウオモ』編集長の池田、博報堂ケトル（当時）の皆川さん、エディターの小澤さんからの相談を受けてヒロシさんとお会いしたのは2022年7月のこと。

それについての返事はNOでしたが、『メンズノンノ』での連載が始まって約三十年、いろいろな相談を持ちかけたときと同様、できないことはできない、から始まって、だけどこれだったらできるし面白いかも、と言ったヒロシさんのいつもの、虚を衝くアイデアとスピード感で転がり始めた企画の最終形が、この書籍、『藤原ヒロシの特殊講義　非言語マーケティング』になります。

「藤原ヒロシとは何者なのか、その存在を解き明かす」ことが、若い人だけでなく悩めるビジネスマンにも多くの気づきを与えてくれるはず、というスタッフの強い願いへの答えは、架空の大学で藤原ヒロシがマーケティングについての講義を行ったというストーリーで、その内容をまとめて書籍として出すのは面白いんじゃないか、というものでした。

だったら、生徒の前でリアルに講義をして、学生証も、大学生協グッズも、卒業証書もつくってしまおう、と。そこからのヒロシさん曰く「最も自分と遠い考え方の人代表」としての皆川さんはじめ、ヒロシさんとスタッフの連日の、時には一日7時間を超えるミーティングを経て練られたカリキュラム、キーノート、講義内容は、私の想像を超えた濃いものとなりました。

東京大学を会場とした最終講義から10カ月がたったところで、久しぶりにヒロシさんとお茶しました。書籍の校了間近のタイミングで、実際講義を終えたヒロシさんが今何を感じているかを聞いてみたいと思ったからです。

ヒロシさんの答えはシンプルで「誰よりも自分自身がいちばん勉強したと思うし、楽しかった」。情報はその奥行きが大切、ということも講義を進めていくうちに感じたことだし、自分自身が普段は意識していなかったことに面白さが隠れていることがわかったから、と。

お茶の時間は予想どおり、世間話に突入。ただ、誰もが情報に瞬時にアクセスでき、その旬でいられる時間が短いからこそ、無駄な知識が大切だしコミュニケーションスキルとしても必要な魅力となる、とヒロシさんは言います。

その日は、シュレーディンガーの猫をモチーフにしたTシャツの話から、「量子もつれ」の話題へ。世界はそこに必ず原因、過程、結果があり、数式で表せる明確なものでできているというアインシュタインの考えを覆し、すべての物体は観測するまでは実在していない、とする量子力学への挑戦は、どんなに理解しようとしてもわからないことを受け入れる、ということへの示唆なのでしょう。それでも、「もつれ」の謎に挑みたくなる物理学者たちさながら、軽やかに、楽しみながら、ヒロシさんは情報の裏側を深掘りしていきます。

現在、600人を超える応募者の中から選ばれた生徒の何人かと、進行中のプロジェクトがあるとのこと。次は大学院、そして第2期学生募集と、まだまだ続きがあるかもしれません。

藤原ヒロシ（ふじわら・ひろし）

1964年　三重県伊勢市に生まれる。
1982年　上京。初めての海外へ。
以後、海外での遊学を繰り返しながら、音楽活動やブランドを始動。
そしてさまざまな企業と外部コンサルタント契約を交わすなど、
協業を続け、現在に至る。

FRAGMENT UNIVERSITY STAFF

企画・構成：
小澤匡行（マヌスクリプト）
皆川壮一郎（みんな）

プロデュース：
池田 誠（集英社）
相良泰至（博報堂）

撮影：
杉田裕一
齋藤剛史（エイトリンクス）

事務局：
各和奈利（博報堂ケトル）
菊地原沙織（博報堂）
塩脇生成（大広）
増田章彦（フラグメント）
吉橋成美（マヌスクリプト）

FRAGMENT UNIVERSITY
藤原ヒロシの特殊講義
非言語マーケティング

発行日	2025年2月28日　第1刷発行
	2025年4月6日　第3刷発行
著者	藤原ヒロシ
発行人	岩佐きぬ子
発行所	株式会社 集英社
	〒101-8050
	東京都千代田区一ツ橋2-5-10
	電話 編集部 03-3230-6038
	読者係 03-3230-6080
	販売部 03-3230-6393（書店専用）
編集	池田 誠
	小澤匡行（マヌスクリプト）
編集アシスタント	吉橋成美（マヌスクリプト）
デザイン	REFLECTA, Inc.（岡﨑真理子＋邵琪）
印刷所	株式会社DNP出版プロダクツ
製本所	ナショナル製本協同組合

ISBN978-4-08-790194-8 C0033